商务数据
分析与应用

BUSINESS DATA
ANALYSIS AND
APPLICATION

梁坤 赵洁◎主　编

吴澎 何军◎副主编

中国财经出版传媒集团

经济科学出版社

Economic Science Press

·北 京·

图书在版编目（CIP）数据

商务数据分析与应用／梁坤，赵洁主编；吴澎，何
军副主编．--北京：经济科学出版社，2024.7
ISBN 978 - 7 - 5218 - 4756 - 7

Ⅰ．①商…　Ⅱ．①梁…②赵…③吴…④何…　Ⅲ．
①商业统计 - 统计数据 - 统计分析　Ⅳ．①F712.3

中国国家版本馆 CIP 数据核字（2023）第 081303 号

责任编辑：胡成洁
责任校对：孙　晨
责任印制：范　艳

商务数据分析与应用
SHANGWU SHUJU FENXI YU YINGYONG
梁　坤　赵　洁　主编
吴　澎　何　军　副主编
经济科学出版社出版、发行　新华书店经销
社址：北京市海淀区阜成路甲 28 号　邮编：100142
经管中心电话：010 - 88191335　发行部电话：010 - 88191522
网址：www. esp. com. cn
电子邮箱：lianyi63@ qq. com
天猫网店：经济科学出版社旗舰店
网址：http：//jjkxcbs. tmall. com
北京季蜂印刷有限公司印装
710 × 1000　16 开　18 印张　300000 字
2024 年 7 月第 1 版　2024 年 7 月第 1 次印刷
ISBN 978 - 7 - 5218 - 4756 - 7　定价：68.00 元
（图书出现印装问题，本社负责调换。电话：010 - 88191545）
（版权所有　侵权必究　打击盗版　举报热线：010 - 88191661
QQ：2242791300　营销中心电话：010 - 88191537
电子邮箱：dbts@ esp. com. cn）

本书受以下项目支持

安徽大学质量工程一流教材项目
（"商务数据分析"，项目编号 2022xjzlgc291）

教育部人文社会科学研究项目
（"基于区块链和深度学习的科技型小微企业信用
评价研究"，项目编号 23YJC630100）

随着电子商务模式的发展和新兴信息技术的使用，企业商务平台累积了海量的交易数据、运营数据和客户数据等商务数据。这些数据蕴含了巨大的商业价值，科学的数据分析和挖掘方法能够为企业和社会带来良好的经济效益。

近年来，商务数据分析逐渐受到学术界、企业界和政府部门的高度重视。学术界，自纽约大学 2013 年开设商业分析专业硕士课程以来，欧美各大名校陆续增设相关专业，国内知名学府也纷纷成立数据研究机构。企业界，越来越多的互联网企业增设了数据科学家、数据分析师等岗位；国内互联网巨头百度公司、阿里巴巴集团和腾讯公司等利用自身数据优势，通过自有数据研究中心，发布各类分析报告和数据产品，探索与挖掘商务数据的潜在价值。政府部门也鼓励企业开展数据化运营，支持数据驱动型的新型企业发展。高等院校也适应时代发展需求，主动承担起培养商务数据分析人才的重任，在电子商务、大数据管理与应用、工商管理等专业增设商务数据分析与应用方面的课程。

本书可作为相关课程的教学用书。本书从描述性分析、预测性分析和规范性分析等方面介绍了商务数据分析涉及的理论、方法与应用，并尝试将学科前沿知识融入课程内容。在研究当前广泛使用的教材的基础上，根据课程改革的要求，结合前期教学活动中的相关经验和存在问题，对教材章节内容展开总体设计。本书具有如下特色。

（1）知识体系完整。本书从理论、方法、技术、工具等多个维度，系统地介绍了商务数据分析的主要内容，知识体系完整且具有较强的逻辑性。

（2）注重实践运用。本书从实际应用出发，通过分析大量经典实例，详细讲解了不同的商务数据分析方法与工具在具体业务场景中的操作与应用。

（3）多学科知识交互融合。将统计学理论、数据挖掘模型、信息处理技术、数据分析工具应用于商业运营分析之中，深入浅出，具有较好的指导性和实用性。

（4）注重培养创新思维与创新能力。以学习数据分析方法助力数据思维的培养，启发性强，有助于造就兼具商务运营管理与数据分析能力的复合型人才。

本书由安徽大学梁坤老师主编，并负责全书内容的组织与撰写。安徽大学电子商务专业的赵洁、刘晓云、储昭昉、张瑞、汪怡、何军、陈一飞、差迎春、郭宏、吴澎和高思兵老师参与了本书的内容和配套教学资源开发。此外，韩雨诺、韩双穗、吴晓月、刘楠、汪艺茹、熊方威和徐祖峰等同学参与了资料收集和整理工作，在此深表谢意。在本书的编写过程中，借鉴了国内外许多专家学者的学术观点，参阅了大量书籍、期刊和网络资料，在此谨对各位作者表示感谢。

我们为使用本书的教师提供了教学资源，包括教学大纲、教学课件、课后习题及参考答案、模拟试卷及答案等，如有需要，请发邮件至lianyi63@qq.com获取免费下载路径。由于编者水平有限，加之商务数据分析与应用发展迅速，书中难免有疏漏之处，望广大读者批评指正。

梁　坤

2023 年 2 月

目　录
CONTENTS

第 1 章

商务数据分析概述

📖 **本章学习目标**

1. 理解商务数据分析的相关概念及意义。
2. 熟悉商务数据分析的不同类型。
3. 理解并掌握商务数据分析的流程。
4. 了解商务数据分析的主要方法和常用工具。

☞ **引例**

亚马逊的"信息公司"

如果说全球哪家公司从大数据中发掘出了最大价值，截至目前，答案可能非亚马逊莫属。亚马逊每天都要处理海量数据，这些交易数据的经济价值巨大。

作为一家"信息公司"，亚马逊不仅从每个用户的购买行为中获得信息，还将每个使用者在其网站上的所有行为都记录下来：页面停留时间、使用者是否查看评论、每个搜索的关键词、浏览的商品等。这种对数据价值的高度敏感和重视，以及强大的挖掘能力，使得亚马逊早已远远超越传统运营方式。

亚马逊 CTO Werner Vogels 在 CeBIT 上关于大数据的演讲,向与会者描述了亚马逊在大数据时代的商业蓝图。长期以来,亚马逊一直通过大数据分析,尝试定位客户和获取客户回馈。

"在此过程中,你会发现数据越大,结果越好。为什么有的企业在商业上不断犯错?那是因为他们没有足够的数据对运营和决策提供支持,"Vogels 说,"一旦进入大数据的世界,企业的手中将拥有无限可能。"从支撑新兴技术企业的基础设施到呈现消费内容的移动设备,亚马逊的触角已触及更广阔的领域。

亚马逊推荐。亚马逊的各个业务环节都离不开"数据驱动"的身影。在亚马逊上买过东西的朋友可能对它的推荐功能都很熟悉,"买过 X 商品的人,也同时买过 Y 商品"的推荐原理看上去很简单,却非常有效,同时精准推荐结果的得出过程也非常复杂。

亚马逊预测。用户需求预测是通过历史数据来预测用户未来的需求。对于书、手机、家电这些东西——亚马逊内部叫硬需求的产品,也可以认为是"标品"——预测是比较准的,甚至可以预测到对相关产品属性的需求。但是对于服装这类软需求产品,亚马逊历经十多年都没有办法预测得很好,因为这类东西受到的干扰因素太多了,比如:用户对颜色款式的喜好、穿上去合不合身、爱人朋友喜不喜欢……这类东西太易变,买的人多反而会卖不好,所以需要更为复杂的预测模型。

亚马逊测试。你以为亚马逊网站上的某段页面文字只是碰巧出现的吗?其实,亚马逊会在网站上持续不断地测试新的设计方案,从而找出转化率最高的方案。整个网站的布局、字体大小、颜色、按钮以及其他所有的设计,都是在多次审慎测试后的最优结果。

亚马逊记录。亚马逊的移动应用让用户有一个流畅的无处不在的体验的同时,也通过收集手机上的数据深入地了解了每个用户的喜好;更值得一提的是 Kindle Fire,内嵌的 Silk 浏览器可以将用户的行为数据一一记录下来。

以数据为导向的方法并不仅限于以上领域,亚马逊的企业文化是数据导向型文化。对于亚马逊来说,大数据意味着大销售量。数据能显示出什么是有效的、什么是无效的,新的商业投资项目必须要有数据的支撑。对数据的长期专注让亚马逊能够以更低的售价提供更好的服务。

问题思考：

1. 商务数据分析有什么作用？
2. 数据分析对推动亚马逊公司电子商务发展有什么意义？
3. 亚马逊的数据分析实例对中国电子商务发展有何借鉴意义？

1.1 数据分析的概念

数据是可以记录、通信和能识别的符号，它通过有意义的组合来表达现实世界中的某种实体（具体对象、事件、状态或活动）的特征。数据有很多种，最简单的是数字，也可以是文字、图像、声音等。数据可用于各类研究、设计、查证等工作。分析是将研究对象整体分为若干部分、方面、因素或层次，并分别加以考查的认识活动。分析的意义在于细致地寻找能够解决问题的主线，并以此解决问题。

数据分析指用适当的统计分析等方法对收集来的大量数据进行分析，并将它们加以汇总、理解和消化，以求最大化地开发数据的功能及发挥数据的作用。数据分析是为了提取有用信息并形成结论而对数据加以详细研究和概括总结的过程。数据分析可帮助人们做出正确的判断，以便采取适当行动。数据分析的数学与统计学基础在 20 世纪早期就已确立，但直到计算机出现才使实际操作成为可能，并使数据分析得以推广。数据分析是数学、统计学、计算机科学等相关学科相结合的产物。

数据分析的目的是把隐藏在大量看似杂乱无章的数据中的信息集中和提炼出来，找出研究对象的内在规律。在实际应用中，数据分析可以帮助人们做出判断，以便采取适当的行动。数据分析是有组织有目的地收集数据、分析数据，并使之成为信息的过程。这一过程是商务决策的支持过程。例如，在产品运营方面，包括从市场调研到售后服务和最终处置的各个过程，都需要适当运用数据分析，以提升有效性。再比如，工程师在开始进行新产品设计之前，要通过广泛的调查，以分析所得数据并判定设计方向。数据分析具有极其广泛的应用范围。

1.2 商务数据分析的类型

一般把商务数据分析分为三类：描述性分析、预测性分析和规范性分析。

1.2.1　描述性分析

描述性或报表分析（descriptive or reporting analytics）是指了解企业正在发生什么，并理解潜在的趋势和事件发生的原因。这包含了数据源的整合以及所有相关数据的可用性，规范数据的形式便于制作报表和分析。通常构建这个数据基础架构（data infrastructure）是数据仓库的一部分。通过这个数据基础架构，利用不同的报表工具和技术可以开发多种报表、进行查询和预警、预测趋势。

一种重要的技术逐渐成为此领域的关键，这就是可视化。使用市场上最新的可视化工具，可以获得关于企业运营的深入洞察。案例 1.1 和案例 1.2 展示了这些技术在医疗保健领域的应用。

案例 1.1

改善西雅图儿童医院的低效率状况

根据 *U. S. News & World Report*，西雅图儿童医院（Seattle Children's Hospital）在 2011 年全球最好的儿童医院排名中位列第 17。对于任何致力于挽救生命的机构来说，及时发现并移除系统和业务流程中低效的部分、使更多的资源可以满足患者的需求是非常重要的。在西雅图儿童医院，管理人员不断寻找新方法，以提高质量和安全性，优化患者从挂号到出院的整个流程。为此，他们花费了大量时间分析与患者相关的数据。

为了尽快将患者和医院数据转化为洞察力。西雅图儿童医院采用了 Tableau Software 公司的商务智能应用。Tableau Software 公司提供了一个基于用户使用数据分析的浏览器，使个人可以直观地产生可视化表示并理解提供的数据是什么。数据分析师、商务经理、金融分析师、护士、医生和研究人员都使用描述性分析更快地解决不同问题。他们自己正在开发可视化系统，例如仪表盘和记分卡（scorecard），帮助定义标准和当前绩效，将当前绩效与标准进行比较。通过每日、每月仪表盘的投入使用，西雅图儿童医院每天的决策水平得到了极大的改善。

西雅图儿童医院测量患者的等候时间，并借助可视化分析这些数据，以发现造成患者等待的原因。他们发现早期的延误会影响一整天。

为了解决这个问题，推出了准时的患者预约服务，缩短患者的整体等待时间并提高床位利用率。医院在整个供应链中节约了 300 万美元。此外，借助大数据工具，医院正在寻找新方法进一步节省成本，同时治疗尽可能多的孩子。

问题讨论：

1. 工具的使用者是谁？
2. 仪表盘是什么？
3. 可视化如何帮助决策？
4. 使用 Tableau 的重大作用有哪些？

从案例中可以学到什么

这个案例说明，报表分析，包括仪表盘等可视化工具，可以获得对现有数据的深入洞察，这个案例还说明企业中不同领域、不同部门的使用者如何改善业务流程和提升质量。此外，可视化地探索数据能够帮助发现问题的根源，为找出可行的解决方案打下了基础。

资料来源：Tableausoftware. com，"Eliminating Waste at Seattle Childrens"，tableausoftware. com/eliminating-waste-at-seattle-childrens（accessed February 2013）。

案例 1. 2

以思考的速度分析

作为纽约西部最大的医疗保健供货商，Kaleida Health 拥有超过 1 万名雇员、5 家医院、多所诊所和疗养院（nursing home），以及一家处理数百万患者数据记录的家访护士协会（visiting-nurse association）。Kaleida Health 的传统报表工具无法处理增速惊人的数据，他们需要一款商务智能工具有效且迅速地处理庞大的数据集，并使自己拥有更深入的数据分析能力。

在 Kaleida，如今许多计算都是在 Tableau 上完成的，主要是将数据从 Oracle 数据库转到 Excel，再将数据导入 Tableau。对于许多月度分析报告来说，直接将数据从数据仓库中提取到 Tableau 中。许多数据查询被保存起来以便重新访问，当处理上百万的数据记录时，这种方法节省了大量时间。除了速度外，Kaleida 也可以生成摘录，并使用 Tableau 合并不同的表。

利用 Tableau，Kaleida 能够分析急救室数据，确定一年中住院次数超过 10 次的患者数目。这个数据也反映了哪些是由于胃痛、头痛和发烧而不恰当地使用了急救室和急救车服务的患者。Kaleida 可以管理资源利用（即供应品的使用和消耗），最终使整个系统的资源管理更加高效与标准化。

Kaleida 拥有自己的商务智能部门，利用 Tableau 与其他医院进行比较。这种比较是多方面的，例如患者等候时间、医院服务、市场份额以及与医生的合作关系。

问题思考：

1. 用户希望报表工具具有哪些功能？

2. 在此案例中使用报表工具带来了哪些好处？

从案例中可以学到什么

正确地选择报表工具十分重要，尤其是当企业希望从报表中获取价值的时候。生成的报表和可视化展示结果应该易于理解，并且有助于不同领域的人们理解报告的内容，识别问题领域，促进问题的解决。未来企业需要的报表分析工具应能在没有第三方咨询和服务供货商的情况下，高效处理庞大数据，生成所需报表。一个真正有用的报表分析工具可以使企业免除不必要的开销。

资料来源：Tableausoftware. com，"Kaleida Health Finds Efficiencies, Stays Competitive"，tableausoftware. com/learn/stories/user-experience-speed-thought-kaleida-heath（accessed February 2013）。

1.2.2　预测性分析

预测性分析旨在确定未来可能会发生什么。这种分析技术主要是基于统计学知识以及数据挖掘技术，具有广泛的用途。例如，通过预测性分析，判断一个客户是否有可能流失，客户将要购买什么以及花费的金额，客户会对何种促销活动做出响应，客户是否有信用风险等。一系列技术被用于开发预测分析应用，包括各种分类算法。分析人员可以使用决策树和神经网络模型等分类技术预测某个电影的票房，还可以使用聚类算法将客户细分成不同的类别，再针对性地提供不同的促销活动。此外，可以使用关联挖掘技术估计不同消费行为之间的联系。也就是说，如果客户购买了某件商品，那么他还可能购买哪些其他商品？诸如此类的分析可以帮助零售商推荐和促销相关产品。案例 1.3 和案例 1.4 是预测分析在运动领域的典型案例。

案例1.3

Moneyball：体育运动中的数据分析

　　Moneyball，2011 年上映的一部传记运动类电影，由贝尼特·米勒（Bennett Miller）导演，根据迈克尔·刘易斯（Michael Lewis）的同名小说改编。影片描述了奥克兰运动家（Oakland Athletics）棒球队的 2002 赛季，以及该队总经理为组建一支有竞争力的队伍做出的努力。

　　Oakland Athletics 在 2001 赛季后在对战纽约扬基队时遭遇了巨大失败，导致队伍中许多明星球员离开，成了一支资金前景堪忧的弱队。由于队伍的资金有限，总经理重组一支强队的提议被拒绝。Oakland Athletics 选择成员时遵循传统的方式，凭主观印象决定聘用人员。之后总经理遇到了一个年轻的计算机高手，他同时拥有耶鲁大学的经济学学位。总经理决定聘请他为新的总经理助理。

　　新任总经理助理对棒球有着强烈的兴趣，并且善于处理比赛的各项数据。对比赛的兴趣使得他研发了一个理解棒球统计数据的方法。他是比尔·詹姆斯（Bill James）——一个运用理性技巧分析棒球的边缘人物的追随者。James 以不同的方式看待棒球数据，纯粹从数字入手，消除主观性。以 James 为先驱的非传统分析方法被称为 Sabermetric 方法，这个名称来自 SABR——美国棒球研究社区。总经理助理根据 Sabermetric 方法建立了预测模型，说明队伍根据上垒率（On-Base Percentage，OBP）选择队员。上垒率用于度量击球手通过除了接防失误、外场球员判断、第三棒失误、外场阻挡或者接球手干扰以外的任何途径的上垒频率。据此，总经理助理不再依靠经验和直觉，而是完全根据 OBP 数据选择球员。之后，新队伍击败了所有对手，赢得 20 连胜，并打破了联盟纪录。

问题思考：

1. *Moneyball* 中如何应用预测分析？

2. 在决策中主观方法和客观方法有哪些差异？

从案例中可以学到什么

数据分析技术可以应用于很多领域，它帮助企业反思传统的问题解决方式。传统的问题解决方式在大多数情况下是主观的，依靠旧的、一成不变的过程寻找解决方案。而数据分析采用理性方法，使用历史数据寻找基于事实的解决方案，这些方案甚至适用于未来决策。

资料来源：Wikipedia, "On-Base Percentage", en, kipedia.org/wiki/On_base_percentage accessed January 2013）；Wikipedia, "Sabermetrics", ikipedia.org/ wiki/Sabermetrics（ccessed January 2013）.

案例1.4

分析运动损伤

任何体育运动都有可能受伤。如果没有得到妥善处理，整个体育团队都会蒙受损失。使用分析技术理解损伤可以获得有价值的洞察，协助教练和随队医生管理队伍编排，了解运动员的特征，最终更好地确定哪些运动员适合上场。

在一项探索性研究中，俄克拉荷马州立大学使用报表和预测性分析技术对美国足球类的运动损伤进行了分析。该项目遵循跨行业数据挖掘标准流程 CRISP – DM 方法，帮助理解伤病管理问题，收集各种伤病数据，清洗数据，利用可视化产生洞察，建立预测模型用于分析伤病治愈时间，挖掘序列规则来预测运动损伤与身体各个损伤部位的关系。

伤病数据集包含了 560 多条记录，可以分为伤病相关的资料（包括受伤部位、采取的措施、严重程度、伤病类型、伤病发生和治愈日期等）和运动员相关数据（包括运动员 ID、场上位置、活动、受伤和比赛地点）。每条记录的治愈时间被重新计算为不同的时长：0~1 月、1~2 月、2~4 月、4~6 月和 6~24 月。

创建了许多可视化展示从伤病数据中获取洞察，描述治愈时间与运动员位置、受伤严重程度的关系、治愈时间与治疗的关系、治愈时间与主要损伤部位之间的关系等。使用 IBM SPSS Modeler 建立神经网络模型预测各种治愈变量。预测变量包括当前伤病状态、严重程度、受伤部位、活动、地点、采取的措施、运动员的场上位置等。预测性分析的结果非常好，准确度达到 79.6%。根据分析结果，可以产生许多业务建议，包括聘请更多的伤病专家在现场候诊、教育防守位的运动员注意损伤、每次训练都进行彻底的安全检查。

问题思考：

1. 损伤分析中使用了哪些类型的分析方法？
2. 可视化如何帮助理解数据并获得有预见性的结论？
3. 本案例中的分类问题是什么？
4. 序列分析可以获得什么？

从案例中可以学到什么

对于任何分析项目，通过深入分析唯一的资源（历史数据）来理解该业务领域和目前的问题是非常重要的。可视化通常是一个获取初步洞察的好工具，进而根据领域专家的意见辨识问题相关的重要资料。对于某些模糊的问题，可视化也可以启发我们思考，通过建立预测模型帮助企业决策。

资料来源：根据公开信息整理。

1.2.3 规范性分析

规范性分析的目的是认识到正在发生什么，并对未来做出可能的预测，同时制订决策以获得最大收益。对这些技术的研究一直属于运营研究和管理科学的范畴，主要目的是优化系统绩效。规范性分析的目的是对某个活动提供决策或建议。这些建议的形式可能是对一个问题的是/否决定、具体数额（例如，某个商品的价格）或一系列产品计划。这些决策可能以报表的形式呈现给决策者，或者直接在自动决策管理系统中使用（例如，航线定价系统）。因此，这类分析也称为决策分析。

案例 1.5 给出了规范性分析应用的例子。

案例1.5

中国工商银行使用模型调整网络分支

中国工商银行（ICBC）有 16 000 多家分行，为 2.3 亿个个人用户和 360 万家企业用户提供服务，日交易额超 1.8 亿美元，在市值、存款以及利润等方面，都是世界领先的上市银行。当前，ICBC 面临迅速适应经济、城市化以及中国人均财富快速增长等挑战。为了应对挑战，ICBC 必须开发大规模优化方案，为支行定位合适的位置，并为不同的客户提供合适的服务。

在已有的方法中，ICBC 将不同变量按照权重输入给评估模型，从而决定在哪里开设新的支行。这些变量包括客户流、常住家庭数以及该区域内竞争对手数量等。已有方法缺乏对地理区域内客户分布的分析，而且不能优化支行在分支网络中的分布。在 IBM 的帮助下，ICBC 开发了一个分行重配置（Branch Reconfiguration，BR）系统。BR 系统的输入包括三部分：

（1）83 种地理数据；

（2）22 种人口和经济数据；

（3）每天超过 6 000 万条交易记录的分行交易和绩效数据。

这些数据帮助确定每个区域准确的客户分布，从而优化银行的分行网络。BR 系统包含市场潜力计算模型、分行网络优化模型和分行网点评估模型。市场潜力计算模型根据输入数据和专家知识评估客户量和客户价值。例如，专家知识帮助决定个人收入的权重是否大于国内生产总值（gross domestic product，GDP）的权重。将地理区域划分成一个个小格子，并判断不同格子的优先级。分行网络优化模型中利用混合整数规划（mixed integer programming）定位最优的格子，优先覆盖市场潜力最大的区域。由分行网点评估模型确定在特定位置建立银行分行的价值。

自 2006 年以来，通过不断迭代，BR 系统的开发得到了完善。自从使用 BR 系统后，ICBC 增加了 212 亿美元储蓄额。这是因为银行可以使用优化工具为更多的客户提供服务。例如，2010 年 BR 系统在苏州使用，储蓄额从 2007 年最初的 75.6 亿美元提高到 136.7 亿美元，增加了 61.1 亿美元。该项目成功入选 2011 年 Edelman Competition——该比赛由美国运筹学和管理学研究协会（INFORMS）主办，旨在促进管理科学/运筹学模型的实际应用。

问题讨论：

1. 分析技术如何帮助企业维持竞争优势？

2. 描述性和预测性分析如何协助完成规范性分析？

3. 该应用案例使用了哪些规范性分析技术？

4. 规范性分析是一旦建立就永久适用吗？

从案例中可以学到什么

如今世界上许多企业都在使用分析技术维持竞争力和增长。该案例介绍了地理市场分割和客户行为分割技术能够实现对每个客户获利性的独立分析，并可采用优化技术定位最佳分行位置，在每个区域产生最多的盈利。

资料来源：Wang X et al. Branch Reconfiguration Practice Through operations Research in Industrial and Commercial Bank of China［J］. Interfaces，2012，42（1）：33 – 44.

1.3　商务数据分析的流程

商务数据分析的流程一般由识别商务需求、数据采集、数据预处理、数据分析、数据可视化展现、数据分析报告的撰写与应用等活动组成，如图 1 – 1 所示。

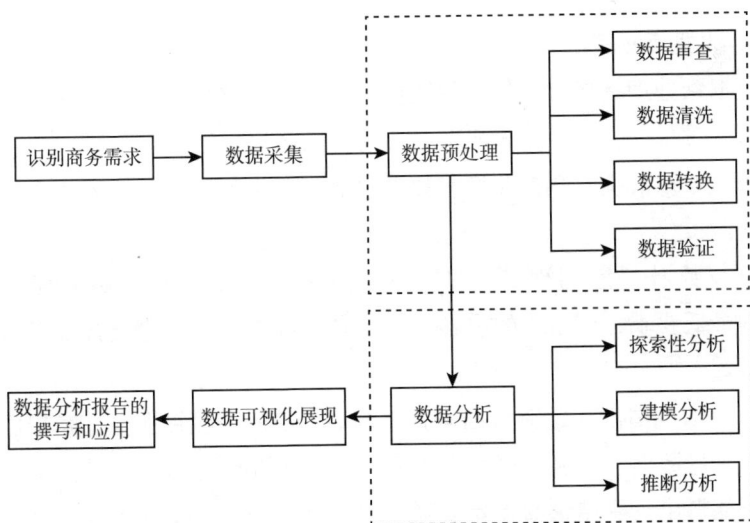

图 1 – 1　商务数据分析的一般流程

1. 识别商务需求

识别商务需求是确保电子商务数据分析过程有效的首要条件，可以为数据采集、数据分析提供清晰的目标。数据分析师在进行数据分析之前，必须与企业提出数据分析需求的部门和相关人员反复沟通，明确数据分析的商业目的和需要解决的商务问题。只有深刻理解了数据分析的商务需求，才能整理出完整的数据分析框架和分析思路。当然，有时候数据分析的商务需求不是很清晰，但也会有一个大致的方向，此时就需要数据分析师与需求方反复沟通、总结。

2. 数据采集

电子商务数据采集是一个按照确定的数据分析需求和框架内容，有目的地收集、整合相关数据的过程，是确保数据分析过程有效的基础。在电子商务数据分析中，数据采集一般是直接到网络数据库中获取数据。数据分析师通常需要使用数据库工具——SQL 访问相关数据库，采集所需数据，因此，熟练掌握 SQL 的查询语法，是电子商务数据分析师必须具备的基本技能之一。

采集数据前，数据分析师需要对收集数据的内容、渠道、方法进行策划。策划时，应考虑：（1）将识别的商务需求转化为具体的数据要求；（2）明确由谁在何时何处，通过何种渠道和方法采集数据；（3）记录表应便于使用；（4）采取有效措施，防止数据丢失和虚假数据对系统的干扰。

3. 数据预处理

数据预处理是指对采集到的数据进行加工、整理，以便进一步开展数据分析的过程，它是数据分析前必不可少的阶段。数据预处理一般包括数据审查、数据清洗、数据转换和数据验证 4 个步骤，是一个逐步深入、由表及里的过程。

（1）数据审查。该步骤主要是检查数据的数量（记录数）是否满足分析的最低要求，变量值的内容是否与研究目的一致，检查各个变量的数据类型等。

（2）数据清洗。针对数据审查过程中发现的明显错误值、缺失值、异常值、可疑数据、重复数据，选用适当的方法进行清理，这是保证后续数据分析能得出可靠结论的重要步骤。

（3）数据转换。数据分析强调分析对象的可比性，但不同变量值由于计量单位等不同，往往会造成数据不可比的情况。对一些统计指标进行综合评价时，如果统计指标的性质、计量单位不同，则容易引起分析结果的较大误差，再加上分析过程中的一些其他要求，所以在数据分析前需要对数据进行转换，转换方法包括无量纲化处理、线性变换、汇总和聚集、适度概括、规范化、属性构造等。

（4）数据验证。该步骤的目的是初步评估和判断数据是否满足统计分析的需要，从而决定是否增加或减少数据量。数据分析师可以利用简单的线性模型及散点图、直方图、折线图等图形进行探索性分析，利用相关性分析、一致性检验等方法对数据的准确性进行验证，以确保不把错误和有偏差的数据代入数据分析模型。

数据预处理在整个数据分析过程中占据重要的地位，占数据分析全部工作量的30%～50%。有时候数据分析师会根据解决问题的需要反复抽取数据、清洗数据，直至将业务逻辑转变成可被分析的量化数据。一般的统计软件都会提供相应的功能进行数据预处理，如 SPSS 软件中的数据探索功能。

4. 数据分析

数据分析阶段需要选用特定的数据分析方法，熟练操作数据分析工具，从而实现由数据到知识的过程，数据分析通常可分为探索性数据分析、建模分析和推断分析 3 个层次。

（1）探索性数据分析。数据刚取得时，可能看不出其规律，这时可通过作图、造表、方程拟合、计算某些特征量等手段探索出数据规律的可能形式。探索性数据分析即往什么方向和用何种方式寻找和揭示隐含在数据中的规律。

（2）建模分析。建模分析是在探索性分析的基础上，采用数据分析的软件工具和方法进行数据建模，或者从几类可能的数据模型中挑选一定的模型，然后进行统计分析、挖掘、预测处理。

（3）推断分析。即运用数理统计方法、数据挖掘法、大数据分析法等对所构建或选定模型的可靠程度和精确程度做出推断。

5. 数据可视化展现

数据分析的结果一般需要通过图表呈现出来。借助数据可视化手段，数据分析师能更直观地表述其想要呈现的信息、观点和建议。数据可视化展现常用的图形包括饼形图、折线图、柱形图或条形图、散点图、雷达图、金字塔图、矩阵图、漏斗图、帕雷托图等。

6. 数据分析报告的撰写与应用

商务数据分析的最后一个阶段是撰写数据分析报告，综合呈现整个分析成果。数据分析师通过分析报告，把数据分析的目的、过程、结果及应用方案完整地呈现出来，为商业决策提供参考。

商务数据分析报告要求分析框架科学合理、结构清晰、主次分明，以便相关决策者和管理人员一目了然，正确理解报告内容。

另外，数据分析报告需要有明确的结论、建议和解决方案，因为商务数据分析不仅仅是要求找出问题，更重要的是解决问题，否则数据分析便失去了意义。

1.4　商务数据分析的主要方法

商务数据分析的方法丰富多样，从不同角度可分为不同类型。按商务数据分析使用的工具和理论基础，商务数据分析方法有单纯的数据加工方法、基于数理统计的数据分析方法、基于数据挖掘的数据分析方法、基于大数据的数据分析方法等。

1.4.1　单纯的数据加工方法

这类数据分析方法主要包括描述性统计分析和相关分析，使用的工具一般是 Excel 或 SQL，侧重于数据加工和预处理。

1. 描述性统计分析

描述性统计分析是利用图表和统计量描述数据的基本分布特征。描述性统计分析分为集中趋势分析、离中趋势分析和数据分布分析三大类。

集中趋势分析主要采用平均数、中数、众数等统计指标来表示数据的集中趋势，如测试某品类商品的平均销量，离中趋势分析主要采用全距、四分位距、方差、标准差等统计指标来研究数据的离中趋势。例如，想知道两个品类中哪个品类在年销售额中的销售分布更分散，就可以利用两个品类商品的方差来比较。数据分布分析是指与正态分布相比，所得数据的直方图从形态上看是偏左的还是偏右的，从峰度上看是尖峰的还是扁平的。

2. 相关分析

相关分析是研究现象之间是否存在某种依存关系并研究具体有依存关系的现象的相关方向及相关程度。这种关系既包括两个数据之间的单一相关关系，如年龄与购物偏好之间的关系，也包括多个数据之间的多重相关关系，如年龄、购买行为发生率和购物偏好之间的关系；既可以是 A 大 B 就大（小）、A 小 B 就小（大）的直线相关关系，也可以是复杂的相关关系；既可以是 A、B 变量同时增大的正相关关系，也可以是 A 变量增大时 B 变量减小的负相关关系，还涉及两变量共同变化的紧密程度——以相关系数表示。

1.4.2　基于数理统计的数据分析方法

数理统计的理论基础比较复杂，涉及概率论和微积分。基于数理统计的数据分析方法主要包括方差分析、回归分析、因子分析等，这类分析一般利用 SPSS、SAS EG 等分析工具进行。

1. 方差分析

方差分析（analysis of variance，ANOVA），又称"变异数分析"或"F 检验"，是费雪（Fisher R A）发明的，用于两个及两个以上样本均数差别的显著性检验。受各种因素影响，方差分析研究所得的数据呈现波动状。造成波动的原因可分成两类：一类是不可控的随机因素，另一类是研究中施加的对结果形成影响的可控因素。方差分析是从观测变量的方差入手，研究诸多控制变量中哪些变量对观测变量有显著影响。

2. 一元回归分析

回归分析（regression analysis）是确定两种或两种以上变量间相互依赖的定量关系的一种统计分析方法，主要研究一个随机变量 Y 对另一个变量（X）或一组变量（$X_1, X_2, \cdots, X_k$）的相依关系。回归分析按照涉及自变量的数量，分为一元回归分析和多元回归分析；按照自变量和因变量之间的关系类型，可分为线性回归分析和非线性回归分析。在线性回归分析中，按照因变量的多少，可分为简单回归分析和多重回归分析；如果在回归分析中只包括一个自变量和一个因变量且二者的关系可用一条直线近似地表示，则这种回归分析称为一元线性回归分析。此处的回归分析是指一元线性回归分析，区别于基于数据挖掘的数据分析方法中的多元线性回归分析。

3. 因子分析

因子分析（factor analysis）是从变量群中提取共性因子的统计技术，最早由英国心理学家斯皮尔曼提出。因子分析可在许多变量中找出隐藏的具有代表性的因子，将相同本质的变量归入一个因子，可减少变量的数目，还可检验变量间的关系。在商务数据分析研究中，因子分析常以主成分分析为基础。

1.4.3　基于数据挖掘的数据分析方法

一般认为，数据挖掘的理论来源于机器学习和人工智能，各种不同数据挖掘算法的数学模型和复杂程度都不一样，但分析的基本思路一致。具体思路是根据历史数据得出某种规则，根据规则进行判断（如分类）。而这种得出规则的过程就是数据挖掘算法。基于数据挖掘的数据分析方法主要有聚类分析、分类分析、关联规则挖掘、回归分析等。

1. 聚类分析

聚类分析（cluster analysis）是指将物理或抽象对象的集合分组为由类似对象组成的多个类的分析方法。聚类分析的目标就是在相似的基础上收集数据并分类。聚类是将数据划分到不同的类或者簇的过程，同一个簇中的对象有很大的相似性，而不同簇间的对象有很大的差异性。从实际应用的角度来看，聚类分析是数据挖掘的主要任务之一，而且聚类能够作为一个独立的工具来获得数据的分布状况，观察每一簇数据的特征，集中对特定的聚簇集合做进一步分析。聚类分析还可以作为其他方法的预处理步骤。

2. 分类分析

分类分析（classification analysis）在数据挖掘中，是指分析具有类别的样本的特点，得到决定样本属于各种类别的规则或方法。常用的分类方法包括决策树、人工神经网络、贝叶斯分类法等。

决策树（Decision Tree）是在已知各种情况发生概率的基础上，通过构成决策树来求取期望值大于等于零的概率，以评价项目风险，判断其可行性的决策分析方法，它是直观地运用概率分析的一种图解算法，这种决策分支画成图形很像一棵树的枝干，故称决策树。决策树的每个内部节点表示一个属性上的测试，每个分支代表一个测试输出，每个叶节点代表一种类别。

人工神经网络（artificial neural network，ANN）是从信息处理角度模仿人脑神经元网络进行抽象建立一种运算模型，由大量的节点（或称神经元）按不同的连接方式相互连接构成的非线性、自适应信息处理系统。每个节点代表一种特定的输出函数，称为激励函数（activation function）。每两个节点间的连接都代表一个对于通过该连接信号的加权值，称为权重，这相当于人工神经网络的记忆。网络的输出则因网络的连接方式、权重值和激励函数的不同而不同。网络自身通常都是对自然界某种算法或者函数的逼近，也可能是对一种逻辑策略的表达。人工神经网络采用了与传统人工智能和信息处理技术完全不同的机理，克服了基于逻辑符号的人工智能在处理直觉、非结构化信息方面的缺陷，具有自适应、自组织和实时学习的特点。

贝叶斯分类法是一种利用统计学的概率统计知识进行分类的方法。在许多场合，朴素贝叶斯（naive Bayes，NB）分类算法都可以与决策树和神经网络分类法相媲美，该方法能运用于大型数据库，而且操作简单、分类准确率高、速度快。

3. 关联规则挖掘

关联规则挖掘（association rule mining）是数据挖掘中很活跃的研究方法之一，可以用来发现事件之间的联系。关联规则挖掘主要解决两个问题：（1）找出交易数据库中所有大于等于使用者指定的最小支持度的频繁项集；（2）利用频繁项集生成所需的关联规则，根据用户设定的最小置信度筛选出强关联规则。其中，找出频繁项集是比较困难的，而有了频繁项集再生成强关联规则就相对容易了。生成频繁项集比较经典的算法是Apriori 算法。

沃尔玛超市曾经对数据仓库中一年多的原始交易数据进行详细分析，发现与尿布一起被购买最多的商品竟然是啤酒。借助数据仓库和关联规则，沃尔玛超市发现了这个隐藏在背后的事实：一些年轻的妈妈经常会嘱咐丈夫下班后为孩子买尿布，而30% ~40% 的丈夫在买完尿布之后会顺便购买自己爱喝的啤酒。根据这个发现。沃尔玛调整了货架的位置，把尿布和啤酒放在一起销售，结果销量大增。

4. 回归分析

这里主要介绍多元回归和逻辑回归。如果回归分析中包括两个或两个以上的自变量，且自变量之间存在线性相关关系，则称为多元线性回归分析。逻辑回归就是一种减小预测范围，将预测值限定为［0，1］的一种回归模型，其回归方程与回归曲线如图1-2所示。

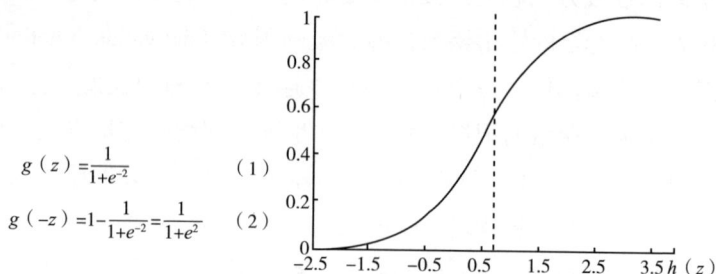

$$g(z)=\frac{1}{1+e^{-z}} \qquad (1)$$

$$g(-z)=1-\frac{1}{1+e^{-z}}=\frac{1}{1+e^{z}} \qquad (2)$$

图 1-2　回归方程与回归曲线

回归曲线在 z=0 时十分敏感，在 z≫0 或 z≪0 处，都不敏感，将预测值限定为（0,1）。在数据化运营中更多使用的是 Logistic 回归，它包括响应预测、分类划分等内容。

1.4.4　基于大数据的数据分析方法

基于大数据的数据分析方法的理论基础是数据挖掘和分布式计算。大数据具有海量、快速、多样化和有价值四个重要特征，其中，海量特征使大数据分析不可能使用单台机器完成，而需要多台机器同时运算，也就是通常所说的分布式计算。

大数据技术要解决两个重要的问题：一是海量数据在多台计算机上的存储问题；二是如何分析多台机器上存储的数据。大数据技术的基本原理还是聚类、分类、模式挖掘和规则提取等数据挖掘的内容。在基于大数据的数据分析方法中，有很多方法都是对原有数据挖掘算法的改造，将原来的单机计算改成多台计算机同时计算。

大数据挖掘的新方法主要有深度学习、知识计算、社会计算等。

深度学习（deep learning）是通过组合低层特征形成更加抽象的高层表示，以此更好地发现原始数据的属性类别或特征表达的一种学习范式。深度学习在一定程度上改善了以往传统神经网络在训练中表现出来的目标函数优化的局部极小、不能收敛到稳定状态等问题，并且在高性能计算平台支撑下对图像、语音、文本数据的理解、识别等复杂问题的求解取得了巨大突破，有更好的学习能力。

知识计算是大数据分析的基础，知识图谱是知识计算的核心。对数据进行高端分析，一般需要从数据中先抽取有价值的知识，并把它们构建成可支持查询、分析和计算的知识库。

社会计算（social computing）是指面向社会科学的计算理论和方法，包括面向社会活动、社会过程、社会结构、社会组织及其作用和效应的计算方法等。以微信、微博等为代表的社会媒体和在线社交网络是重要的信息载体，也是社会计算的重要数据源。

1.5 商务数据分析的工具

1. R 语言

R 语言是一个用于统计计算和统计制图的优秀工具，R 既是一种用于统计分析、绘图的语言，也是一种操作环境。R 语言被广泛应用于数据挖掘以及开发统计软件和数据分析。近年来，易用性和可扩展性大大提高了R 语言的知名度。除了数据，它还提供统计和制图技术，包括线性和非线性建模，经典的统计测试，时间序列分析、分类、收集等。其分析速度可媲美 GNU Octave 甚至商业软件 MATLAB。

R 语言具备跨平台、自由、免费、源代码开放、绘图表现和计算能力突出等一系列优点，受到了越来越多的数据分析工作者的喜爱。

2. SPSS

SPSS 是国际上公认的权威统计分析软件，广泛应用于自然科学与社会科学研究中。SPSS 和 R 语言相比，不需要编程（但要求掌握基本的统计原理），只需单击菜单和对话框中按钮，易学易用，在短时间内甚至几秒内即可得出数据分析结果。

SPSS 是世界上最早采用图形菜单驱动界面的统计软件，它最突出的特点就是操作界面极为友好，输出结果美观漂亮。它将几乎所有的功能都以统一、规范的界面展现出来，以 Windows 的窗口形式展示各种管理和分析数据方法的功能，对话框展示出各种功能选择项。用户只要掌握一定的Windows 操作技能，粗通统计分析原理，就可以使用该软件为特定的科研、工作服务。

3. Minitab

Minitab 软件是现代质量管理统计的领先者，是实施全球六西格玛管理所用的共同语言，以无可比拟的强大功能和简易的可视化操作深受广大质量学者和统计专家的青睐。

Minitab 功能菜单包括假设检验（参数检验和非参数检验）、回归分析（一元回归和多元回归、线性回归和非线性回归）、方差分析（单因子、多因子、一般线性模型等）、时间序列分析、图表（散点图、点图、矩阵图、直方图、茎叶图、箱线图、概率图、概率分布图、边际图、矩阵图、单值图、饼图、区间图、Pareto、Fishbone、运行图等）、蒙特卡罗模拟和仿真、SPC（statistical process control，统计过程控制）、可靠性分析（分布拟合、检验计划、加速寿命测试等）、MSA（交叉、嵌套、量具运行图、类型 I 量具研究等）等。

4. Excel

Excel 是常用的数据分析工具，在作图方面也是一款优秀软件，与当前流行的数据处理图形软件 MATLAB、SigmaPlot、SPSS 等相比，Excel 不需要一定的编程知识和矩阵知识，图表类型多样，图形精确、细致、美观、且操作灵活、快捷，图形随数据变化呈即改即现的效果，既能绘制简单图形，也能绘制较为复杂的专业图形。Excel 与 SPSS 之间可以进行数据、分析结果的相互调用。

Excel 作为数据分析的一个入门级工具，是快速分析数据的理想工具，但是 Excel 分析结果信息量少，在颜色、线条和样式上的选择有限，这也意味着用 Excel 很难制作出符合专业出版物和网站需要的数据图。

5. Google Charts API

Google Charts API 提供了一种非常完美的实现数据可视化的方式，它提供了大量现成的图示类型，从简单的线图表到复杂的分层树地图等，它还内置了动画和用户交互控制。

Google Charts API 为每个请求返回一个 PNG 格式图片，目前提供如下类型图表：折线图、柱状图、饼图、维恩图、散点图，它还可以为这些图表设定尺寸、颜色和图例。

6. 水晶易表

水晶易表（Crystal Xcelsius）是全球领先的商务智能软件商 SAP Business Objects 的最新产品。只需要简单地点击，Crystal Xcelsius 就可以让静态的 Excel 电子表格充满生动的数据展示、动态表格、图像和可交互的可视化分析，还可以通过多种"如果……那么（What...If）"情景分析进行预测。最后，通过一键式整合，交互式的 Crystal Xcelsius 分析结果还可以轻松地嵌入 PowerPoint、Adobe PDF 文档、Outlook 和网页。

水晶易表能够帮助企业管理数据、呈现数据，并且辅助讲解数据，让企业的商业信息得到更加充分的表现，协助分析人员进行多维、交叉、模拟的分析，提高了沟通的有效性，提升了决策的品质，并有助于部门做好绩效管理。

7. Power BI

Power BI 包含一系列的组件和工具，是微软官方推出的可视化数据探索和交互式报告工具，它的核心理念就是让用户不需要强大的技术背景，只需要掌握 Excel 这样简单的工具就能快速进行商业数据分析及实现数据可视化。

8. 百度统计

百度统计是百度推出的一款稳定、免费、专业、安全的数据统计、分析工具，它能够为 Web 系统管理者提供权威、准确、实时的流量质量和访客行为分析，帮助监控日常指标，为实现系统优化、提升投资回报率等目标提供指导。

百度统计目前能为客户提供几十种图形化报告，帮助使用者完成以下工作。

（1）监控网站运营状态。百度统计能够全程跟踪网站访客的各类访问数据，如浏览量、访客数、跳出率、转化次数等，通过统计生成网站分析报表，展现网站浏览的变化趋势、来源渠道、实时访客等数据帮助管理者从多角度观察、分析网站数据。

（2）提升网站推广效果。百度统计可以监控各种渠道的推广效果。它已与百度渠道的推广完美结合，不需要添加任何额外参数就可以监控到最细粒度的推广点击效果。

对于其他渠道的投放、推广效果，百度统计提供了指定广告跟踪方式，通过 UTM（安全加码方式）即可完成监控部署。网站管理者可根据推广流量的后续表现，细分来源和访客，调整 SEO 和 SEM 策略，以获得更优的推广效果。

（3）优化网站结构和体验。通过对页面上下游、转化路径等进行定制分析，可定位访客流失环节，有针对性地查漏补缺，后续通过热力图等工具有效地分析点击分布和细分点击属性，从而摸清访客行为规律，提升网站吸引力和易用性。

9. Google Analytics

谷歌分析（Google Analytics）是 Google 公司为网站提供的数据统计服务，可以对目标网站进行访问数据统计和分析，并提供多种参数供网站拥有者使用。Google Analytics 包括一系列功能全面而强大的分析软件包。

Google Analytics 自从诞生以来，即广受好评。只要在网站的页面上加入一段代码，Google Analytics 就可以提供丰富详尽的图表式报告。Google Analytics 可向客户显示访问者如何找到和浏览客户的网站以及客户能如何改善访问者的访问体验，以提高客户网站的投资回报率和转化率。

客户的免费 Google Analytics 账户有 80 多个报告，可对客户整个网站的访问者进行跟踪，并能持续跟踪客户的营销广告效果。利用此报告，客户将了解到哪些关键词真正起了作用、哪些广告词最有效、访问者是从何处退出的，等等。

本章小结

本章首先介绍了商务数据分析的相关概念。随着大数据时代的到来，数据分析成为各行各业都绕不开的一个话题，企业在运营和管理过程中积累了大量的数据，这些数据中蕴含了对企业管理与决策具有重要价值的知识，能够帮助企业获取竞争优势。通过商务数据分析把看似杂乱无章的数据背后的信息提炼出来，总结出研究对象的内在规律，能够帮助管理者进行判断和决策，以便采取适当策略与行动。其次，概括性介绍了商务数据分析的三种类型，即描述性分析、预测性分析和规范性分析。在运用数据分析方法过程中，需要根据具体的商业需求和问题，选择合适的数据分析类型。再次，阐述了商务数据分析的一般流程，主要包括识别商务需求、数据采集、数据预处理、数据分析、数据可视化展现、数据分析报告的撰写与应用等。商务数据分析是个不断循环迭代的过程，通过量化分析，不断缩小问题范围，聚焦讨论内容，抽丝剥茧，得到答案。并从商务数据分析使用的工具和理论基础的视角，介绍了商务数据分析的主要方法，包括传统的数理统计和数据挖掘方法，以及基于大数据的分析方法等。最后，具体介绍了 R 语言、SPSS、Minitab、Excel、Google Charts API、水晶易表、Power BI、百度统计和 Google Analytics 九种数据分析工具，包括每种工具的功能和特点等方面。

复 习 题

1. 什么是数据？
2. 什么是数据分析，分析数据的目的是什么？
3. 商务数据分析的类型包括哪些？分别解决何种问题？
4. 简述商务数据分析的流程。
5. 常用的商务数据分析方法有哪些？简要叙述其特点。
6. 大数据具有哪些特征？
7. 常用的商务数据分析工具有哪些？简要说明其特点。
8. 百度统计能为客户提供什么服务？

第 2 章

描述性分析 I：
商务数据分析的统计基础

📖 **本章学习目标**

1. 了解统计数据的类型，熟悉描述性统计各测度值的计算方法。
2. 掌握各种类型数据的展示方法。
3. 掌握正态分布以及三大分布的定义和性质。
4. 掌握中心极限定理。

☞ **引例**

ThirdLove 利用统计数据细分客户①

很多女性网购时很难找到适合自己的内衣，经常会遇到挑了两件标着相同尺码的文胸但穿上后发现尺码完全不同的情况，而且都不怎么舒服。ThirdlLove（美国互联网内衣品牌）服装公司推出一款 app，只要一面镜子配合智能手机，就可以帮助客户解决这个烦恼。

———————————

① 资料来源：根据公开信息整理。

　　ThirdLove 有一项非常特殊的功能：将手机变成一台精密的测量仪器，客户用手机即可完成女性胸部尺码的准确测量，从而选择合适的文胸。其使用过程也非常简单，客户只需要借助一面全身镜，加上一件打底衫，把智能手机放在肚子的位置，然后将摄像头对着镜子，按照语音提示，从不同的角度拍照即可。拍摄完成以后，ThirdLove 的线上尺码选定技术会将客户自行测量的一些尺码代入 ThirdLove 算法，计算出客户胸围，然后自动配对并推荐 3 款合适的文胸，整个过程耗时不到 15 分钟。

　　ThirdLove 通过数据统计可得到更为确切可靠的终端消费数据，并在商品设计中充分运用所收集的数据，以此为客户提供更为贴身的内衣，为客户提供绝佳的个性化购物体验。换句话说，ThirdLove 就是在利用数据对客户进行细分，然后开展针对性营销。

　　问题思考：

1. 统计数据对改善客户网购体验有什么作用？
2. ThirdLove 是如何收集客户数据的？
3. 从案例中你能得到什么启示？

　　统计分析是商务数据分析的基础。本章主要介绍描述性统计分析、数理统计基础、相关分析与回归分析的基础知识。

2.1　描述性统计分析

　　描述性统计分析就是利用图表和统计量描述数据的基本分布特征。描述性统计分析主要从 3 个方面进行数据分析：一是分析数据分布的集中趋势，即反映各数据向其中心值靠拢或聚集的程度，可以用平均指标描述；二是分析数据分布的离中趋势，即反映各数据远离其中心值的程度，可以用变异指标描述；三是分析数据分布的偏斜程度和陡峭程度，即反映数据分布的形态，可以用偏度和峰度描述。

2.1.1　统计数据的类型

　　在进行统计分析时，不同类型的数据采用的统计方法不同，因此需要先区分数据类型。统计数据根据所采用的计量尺度不同，可以分为分类数据、顺序数据和数值型数据。分类数据和顺序数据只能用文字或者数字代码来表现品质特征或者属性特征，因此称为定性数据，也称品质数据。数值型数据是用数值来表现事物的数量特征的，因此称为定量数据，也称数量数据。

1. 分类数据

分类数据是只能归于某一类别的非数值型数据，它是对事物进行分类的结果，数据表现为类别，用文字来描述。例如，性别可分为男和女两类，民族可分为汉族、其他民族。虽然也可以用1或者0表示男性与女性、汉族与少数民族，但是这些数字没有大小比较之分，只是不同类别现象的一个代码，并不代表真正的值，不能进行数学计算。淘宝网中的热卖商品数据也是分类数据，可分为手机、卫浴用品、毛呢外套、沙发类、床类等。用分类数据分析现象时，由于不同类别间的地位平等，没有高低、大小之分，因此各类数据之间的顺序是可以改变的。分类数据是最粗略、计量层次最低的数据。

2. 顺序数据

顺序数据是只能归于某一有序类别的非数值型数据，数据表现为有顺序的类别。例如，高校教师的职称有助教、讲师、副教授和教授；业主对住房的满意度有很满意、满意，一般、不满意、很不满意。可以用数字1、2、3、4来表示职称，用5、4、3、2、1来表示满意程度，用V0、V1、V2、V3、V4、V5、V6表示会员的等级等，但这些数字代码只能体现一种顺序或者程度，不能体现事物之间的具体数量差别。由于客观现象的不同类别间存在顺序性差异，因此用顺序数据分析现象时其顺序是不能随意排列的。

3. 数值型数据

数值型数据是按数字尺度测量的观察值。有的数据可以通过对比计算来体现数据的相对程度，其结果表现为具体的数值。数值型数据是比顺序数据高一层次的数据，它不仅能将现象区分为不同类型并排序，而且可以准确地指出类别之间的差距。数值型数据是最常见的统计数据，现实中处理的数据大多是数值型数据。例如，网店的流量数据、首页数据、收藏数据、订单数据、客服数据、宝贝数据、转化率数据等，都是数值型数据。

上述3种数据类型对事物的计量层次是由低级到高级、由粗略到精确逐步递进的。高层次的数据具有低层次数据的全部特性，高层次数据可转化为低层次数据，如将考试成绩的百分制转化为五等级记分制，数值型数据就转化为顺序数据了。因此，适用于低层次数据的统计方法也适用于较高层次的数据。例如，在描述数据的集中趋势时，对分类数据通常是计算众数，对顺序数据通常是计算中位数，但对数值型数据既可以计算众数，也可以计算中位数。反之，适用于高层次测量数据的统计方法，不一定能用于较低层次的测量数据，因为低层次数据不具有高层次测量数据的数学特性。例如，对于数值型数据可以计算数值平均数，但对于分类数据和顺序数据不能计算数值平均数。

不同类型数据运用的统计计算方法不同。例如对于分类数据，通常计算出各组数据的频数或频率，计算其众数和异众比率等；对顺序数据可以计算其中位数和四分位差；对数值型数据还可以用更多的统计方法进行处理，如计算各种统计量估计和检验参数等。不同类型数据选用的统计方法也不同。例如，研究分类数据和顺序数据时，可以进行频数分析、列联分析等；研究分类数据与数值型数据的关系时，可以进行方差分析；研究数值型数据之间的关系时，可以进行相关分析与回归分析等。

2.1.2　数据的集中趋势

数据的集中趋势是数据分布以某一数值为中心的倾向。居于中心的数值就称为中心值，它反映了数据分布中心点的位置所在。对于绝大多数的数据，总是接近中心值的较多，远离中心值的较少，这使数据呈现出向中心值靠拢的态势，这种态势就是数据分布的集中趋势。数据分布的集中趋势主要用一类平均数来描述。平均数是描述定量数据集中趋势最常用的一种测度值。根据所掌握数据的不同，平均数有不同的计算形式和计算公式，主要包括数值平均数和位置平均数两大类，每类又可细分为若干形式（见图 2-1）。下面依次介绍算术平均数、调和平均数、几何平均数、众数、中位数以及位置平均数与算术平均数之间的相互关系等。

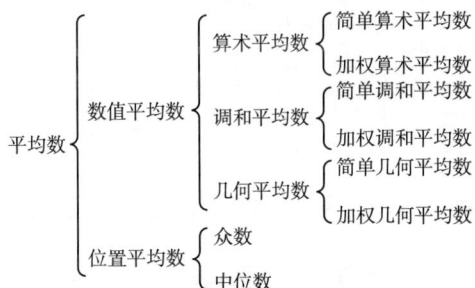

图 2-1　平均数的类型

1. 算术平均数

算术平均数就是总体中各观察值（即各变量值）的总和除以观察值数量得到的商，是集中趋势测定中极重要的一种，它是所有平均数中应用最广泛的平均数。算术平均数根据所掌握资料的分组情况不同，可分为简单算术平均数和加权算术平均数。

（1）简单算术平均数。若总体资料未分组，则先计算各观察值的总和，再除以总体单位数，计算的结果便为简单算术平均数，其计算公式为：

$$\bar{x} = \frac{x_1 + x_2 + \cdots + x_n}{n} = \frac{\sum x}{n}$$

式中，$\bar{x}$ 表示算术平均数；x 表示各个观察值；n 表示总体单位数；$\sum$ 表示总和。

【例 2-1】某品牌笔记本电脑 90 天内网上销售的数据如表 2-1 所示（已经按照销售量由小到大排序），试计算该品牌笔记本电脑平均每天的网上销售量。

表 2-1　　　　　　　某品牌笔记本电脑 90 天内的网上销售量　　　　　（单位：台）

第一组	第二组	第三组	第四组	第五组	第六组	第七组	第八组	第九组
751	776	785	792	797	802	808	817	827
758	777	785	792	798	802	809	818	828
759	779	788	793	798	803	810	818	829
761	781	788	793	799	804	810	819	833
764	781	789	794	799	805	812	820	835
766	782	789	794	799	806	812	821	836
768	783	790	795	800	806	813	822	839
771	783	790	796	800	807	815	822	841
773	783	791	796	801	807	816	825	847
774	784	791	797	801	808	817	826	848

解：90 天的网上销售量为 72 017 台，则平均每天的网上销售量为：

$$\bar{x} = \frac{\sum x}{n} = \frac{72\ 017}{90} = 800.19$$

因此，该品牌笔记本电脑平均每天的网上销售量为 800 台。

（2）加权算术平均数。若总体资料已经分组，则将各组观察值乘以其出现的次数，然后加总求和，再除以总体单位数，所得结果即为加权算术平均数。其计算公式为：

$$\bar{x} = \frac{x_1 f_1 + x_2 f_2 + \cdots + x_n f_n}{f_1 + f_2 + \cdots + f_n} = \frac{\sum xf}{\sum f}$$

式中，$\bar{x}$ 表示算术平均数；x 表示各个观察值；f 表示各个观察值出现的次数（也称为权数）；$\sum xf$ 表示各观察值的总和；$\sum f$ 表示总体单位数。若是组距分组数据，则 x 表示各组的组中值。

组中值的计算如下：

$$组中值 = （上限 + 下限）/2$$

缺上限的组中值计算如下：

$$组中值 = 下限 + 邻组组距/2$$

缺下限的组中值计算如下：

$$组中值 = 上限 - 邻组组距/2$$

例如，某观察值最后两组的分组数据为 750 ~ 800，800 以上，则最后一组的组中值为 825；若前面两组的分组数据为 750 以下，750 ~ 800，则第一组的组中值为 725。这里，第一组和最后一组为缺下限和缺上限的组，其邻组的组距都是 50。

2. 调和平均数

调和平均数是总体各观察值倒数的算术平均数的倒数，也称倒数平均数。调和平均数按其计算方法不同，可分为简单调和平均数和加权调和平均数。

简单调和平均数是先计算各观察值倒数的简单算术平均数，然后求其倒数，其计算公式为：

$$\bar{x}_H = \frac{n}{\sum \dfrac{1}{x}}$$

加权调和平均数是先计算总体各观察值倒数的加权算术平均数，再求

其倒数。其计算公式为:

$$\bar{x}_H = \frac{\sum m}{\sum \frac{m}{x}}$$

式中,m 表示调和平均数的权数。

　　加权调和平均数大多情况下是作为加权算术平均数的一种变形来使用的。设总体各观察值为 x,它由分子 m 与分母 f 相除得到。那么,如果知道该观察值的分子资料,则用加权调和平均数公式便可以计算得出该观察值的平均数;如果知道该观察值的分母资料,则用加权算术平均数公式可以计算得出该观察值的平均数。计算公式如下。

$$\bar{x}_H = \frac{\sum m}{\sum \frac{m}{x}} = \frac{\sum xf}{\sum f}$$

　　【例 2 - 2】某公司分别在网购平台天猫、唯品会、京东有 3 个网店,已知其销售计划完成程度(%)及实际销售情况如表 2 - 2 所示,试求该公司平均销售计划完成程度。

表 2 - 2　　　　　　某公司各网店销售计划完成程度及实际销售情况

网店	销售计划完成程度(%) x	实际销售(万元) m	计划销售(万元) m/x
天猫	115	2 300	2 000
唯品会	105	13 400	12 800
京东	95	1 140	1 200
合计	—	16 880	16 000

　　解:由题意已知实际销售,也就是销售计划完成程度的分子资料,因此计算平均销售计划完成程度应采用加权调和平均法。

　　即平均销售计划完成程度 $\bar{x}_H = \dfrac{\sum m}{\sum \frac{m}{x}} = \dfrac{16\ 880}{16\ 000} = 105.5\%$。

　　【例 2 - 3】某公司分别在天猫、唯品会、京东各有 1 个网店,已知其销售计划完成程度(%)及计划销售情况如表 2 - 3 所示,试求该公司平均销售计划完成程度。

表 2 – 3　　　　　　　某公司各网店销售计划完成程度及计划销售情况

网店	销售计划完成程度（%） x	计划销售（万元） f	实际销售（万元） xf
天猫	115	2 000	2 300
唯品会	105	12 800	13 440
京东	95	1 200	1 140
合计	—	16 000	16 880

解：由题意已知计划销售，也就是销售计划完成程度的分母资料，因此计算平均销售计划完成程度应采用加权算术平均法。

即平均销售计划完成程度 $\bar{x}_H = \dfrac{\sum xf}{\sum f} = \dfrac{16\ 880}{16\ 000} = 105.5\%$。

调和平均数容易受极端数值的影响，而且受极小值的影响大于受极大值的影响。调和平均数的应用范围较小，当变量值中有一项为 0 时，无法计算调和平均数。

3. 几何平均数

几何平均数是 n 个比率乘积的 n 次方根，即把若干个变量连乘得其乘积再开 n 次方根。在社会经济统计中，几何平均数适用于计算平均比率和平均速度。

几何平均数按计算方法不同，可分为简单几何平均数和加权几何平均数。

简单几何平均数的计算公式：

$$\bar{x}_G = \sqrt[n]{x_1 \cdot x_2 \cdots x_n} = \sqrt[n]{\prod_{i=1}^{N} x_i}$$

式中，$\bar{x}_G$ 表示几何平均数；x 表示变量值；n 表示变量值的个数；$\prod$ 为连乘符号。加权几何平均数的计算公式：

$$\bar{x}_G = \sqrt[\sum f]{x_1^{f_1} \cdot x_2^{f_2} \cdots x_n^{f_n}} = \sqrt[\sum_{i=1}^{n} f_i]{\prod_{i=1}^{N} x_i^{f_i}}$$

4. 众数

众数（mode）是总体中出现次数最多的观察值，一般用字母 M_o 表示。它反映的是一种最普遍最常见的现象。在一定条件下，众数常常用来代替算术平均数,反映总体的一般水平。

众数是位置平均数,不受极端数值的影响,主要用于测定分类数据的集中趋势,也适用于测定顺序数据与数值型数据的集中趋势,在实际工作中应用比较广泛。例如,大多数人穿戴的服装、鞋子、帽子等的尺寸,淘宝平台成交量较大的商品,我国大多数家庭中的人口数等都是众数。众数只有在总体单位数多且具有明显的集中趋势时,才有合理的代表性和现实意义;当总体单位数少或者总体单位数虽多无明显集中趋势时,其不具有实际意义。

根据资料的不同情况,我们可采用不同的方法确定众数。

(1)单项数列确定众数。单项数列确定众数比较简单,采用直接观察法,直接找出出现次数最多的观察值即可。

【例2-4】淘宝信用等级是淘宝网对会员购物行为实行的评分累积等级模式,用户每在淘宝网上购物一次,至少可以获得一次评分的机会,分别为"好评""中评""差评"。卖家每得到一个好评,就能够积累1分,中评不得分,差评扣1分。某网店销售商品获评分数资料如表2-4所示,试确定其获评分数的众数。

表2-4   某网店销售商品获评分数资料

评分等级	好评	中评	差评
次数	580	100	60

解:表2-4数列中好评的次数最多,所以众数 M_o 为"好评"。总体来说,到该网店购物的人群对该网店的商品还是比较满意的,好评率占78.4%。

(2)组距数列确定众数。此法只适用于数值型数据。先根据出现的最多次数确定众数所在组(简称众数组),再利用公式计算众数的近似值。

计算公式为:

$$下限公式:M_o = L + \frac{\Delta_1}{\Delta_1 + \Delta_2} \times d$$

$$上限公式:M_o = U - \frac{\Delta_2}{\Delta_1 + \Delta_2} \times d$$

式中, M_o 表示众数; L 表示众数组的下限; U 表示众数组的上限; Δ_1 表示众数组次数与前一组次数之差；Δ_2 表示众数组次数与后一组次数之差；d 表示众数组的组距。

【例 2-5】某地区调查其管辖范围内的商店某月的网上销售情况，结果如表 2-5 所示，试计算该地区某月网络营销额的众数。

表 2-5　　　　　　　　　某地区商品某月的网上销售情况统计

按月网络营销额分组（万元）	店铺数（个）
200 以下	10
200～300	24
300～400	52
400～500	70
500～600	32
600 以上	12
合计	200

解：首先找出月网络营销额的众数所在组，月网络营销额为 400 万～500 万元的店铺有 70 户，即次数最多，该组为众数所在组，然后利用公式计算近似值。

用下限公式计算：

$$M_o = L + \frac{\Delta_1}{\Delta_1 + \Delta_2} \times d = 400 + \frac{70-52}{70-52+70-32} \times 100 = 432.14（万元）$$

用上限公式计算：

$$M_o = U - \frac{\Delta_2}{\Delta_1 + \Delta_2} \times d = 500 - \frac{70-32}{70-52+70-32} \times 100 = 432.14（万元）$$

利用下限公式与上限公式计算的结果相同。

注意：同样可以根据各组次数占总次数的比例来确定，数列中占比最大的观察值为众数，其确定方法与用绝对数表示的次数相同。

5. 中位数

中位数（median）是指将总体各个观察值按大小顺序排列，处于数列中点位置的数值，一般用字母 M_e 表示。中位数将数列分为相等的两部分：一部分的数值小于中位数；另一部分的数值大于中位数，在有些情况下不易计算平均值，这时可用中位数代表总体的一般水平。中位数主要用于测定顺序数据的集中趋势，也适用于测定数值型数据的集中趋势，但不能用于分类数据。例如，人口年龄中位数可表示人口总体年龄的一般水平，集贸市场上某种商品的价格中位数可代表该种商品价格的一般水平。

中位数与众数一样，不受极端数值的影响。中位数的大小仅取决于它在数列中的位置，因此，在总体数据差异很大的情况下，中位数具有较强的代表性。

根据资料的不同情况，可采用不同的方法确定中位数。根据未分组资料确定中位数时，首先将观察值按大小顺序排列，然后确定中点位次 $O_m = \dfrac{n+1}{2}$，再根据中位数的位次找出对应的数值。

当总体单位数 n 为奇数时，中位数即处于中间位置的数值；当 n 为偶数时，中位数是中间两个数值的算术平均数。

$$M_e = \begin{cases} x_{\frac{n+1}{2}} & (n \text{ 为奇数}) \\ \dfrac{x_{\frac{n}{2}} + x_{\frac{n}{2}+1}}{2} & (n \text{ 为偶数}) \end{cases}$$

例如，根据表 2-1 中的数据，因为 n 的取值为 90，所以中点位置为 45.5。第 45 个数据和第 46 个数据都是 799 台，因而中位数为 799 台。

由组距数列确定中位数只适用于数值型数据，可用下面的公式计算中位数的近似值。

$$\text{下限公式：} M_e = L + \frac{\dfrac{\sum f}{2} - S_{m-1}}{f_m} \times d$$

$$\text{上限公式：} M_e = U - \frac{\dfrac{\sum f}{2} - S_{m+1}}{f_m} \times d$$

式中，L 表示中位数组的下限；U 表示中位数组的上限；f_m 表示中位数组的次数；S_{m-1} 表示中位数组以前各组的次数之和；S_{m+1} 表示中位数组以后各组的次数之和；d 表示中位数组的组距。

【例 2-6】在调查某地区商品的网上销售情况时共调查了 200 个店铺，其网上销售资料如表 2-5 所示，试计算月网上销售额的中位数。

解：由表 2-5 可知，排在中间的观察值在 400~500 这一组。利用下限公式计算月网上销售额的中位数：

$$M_e = L + \frac{\frac{\sum f}{2} - S_{m-1}}{f_m} \times d = 400 + \frac{100 - 86}{70} \times 100 = 420\,(万元)$$

利用上限公式计算，可以得到同样的结果。

6. 位置平均数与算术平均数之间的相互关系

不同的平均数适用于测定不同数据类型的集中趋势，它们各自具有自己的含义、特点和应用场合。当总体分布为正态分布时，如果对同一资料同时计算众数、中位数和算术平均数，则它们三者之间存在一定的数量关系。

（1）在对称正态分布时：$M_o = M_n = \bar{x}$。

（2）在非对称正态分布时，三者之间有差异。当变量的次数分布左偏（又称负偏态）时，有 $M_o > M_e > \bar{x}$；当变量的次数分布右偏（又称正偏态）时，有 $M_o < M_e < \bar{x}$。左偏、右偏的示意图见图 2 - 2。

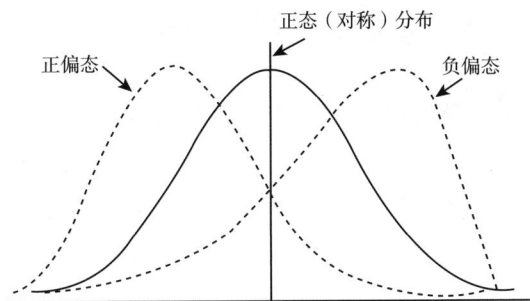

图 2 - 2 不同的偏态分布

2.1.3 数据的离中趋势

离中趋势是指数据分布中各观察值背离中心值的倾向。如果说集中趋势是数据分布同质性的体现，那么离中趋势就是数据分布变异性的体现。对离中趋势进行描述，目的是反映数据分布中各观察值远离中心值的程度，主要用变异指标来反映。

变异指标是反映总体与各单位观察值之间变异程度的综合指标，即反映数据分布中各观察值远离中心值程度的指标。变异指标是和平均指标相联系的一种分析指标。平均指标反映总体的一般水平，可以说明数据的集中趋势，但它本身无法说明其代表性的强弱。变异指标则正好弥补了这一点，它可以说明平均数代表性的强弱，说明现象的离中趋势。一般来说，数据变动度越小，平均数的代表性就越强；数据变动度越大，平均数的代表性就越弱。如果数据变动度等于零，则说明所有的数据没有差异，此时平均数具有绝对的代表性。常用的变异指标有四分位差、全距、标准差和离散系数。据统计学中经典的 3a 准则，异常值通常为 3 个标准差之外的变量。

1. 四分位差（分位距）

把观察值按从小到大排序，并把它们四等分，会形成 3 个分割点，这 3 个分割点的数值就称为四分位数，记为 Q_1（第一四分位数，也称下四分位数）、Q_2（第二四分位数，也称中位数）、Q_3（第三四分位数，也称上四分位数）。Q_1 和 Q_3 的计算方法如下。

$$Q_1 = 第\frac{n+1}{4}个观察值$$

$$Q_3 = 第\frac{3(n+1)}{4}个观察值$$

由上式计算的位置有时不是整数，此时可以利用以下规则来计算四分位数。

规则 1：如果求得的位置是整数，则该位置上的数值就是四分位数。例如，样本数大小为 $n=7$，第一四分位数等于（7 + 1）/4 = 第 2 个顺序排列的数值。

规则 2：如果求得的位置处于两个整数之间，则它们相应数值的平均数即为四分位数。例如，样本数大小为 $n=9$，第一四分位数等于（9 + 1）/4 = 第 2.5 个顺序排列的数值，介于第 2 个、第 3 个数值之间。因此，第一四分位数等于第 2 个数值与第 3 个数值的平均数。

规则 3：如果求得的位置既不是整数，也不是两个整数的中间，则可以就近取值，找出离这个位置最近的数值，该数值即为四分位数。例如，样本数大小为 $n=10$，第一四分位数等于（10 + 1）/4 = 第 2.75 个顺序排列的数值，则离 2.75 位置最近的第 3 个数值就是第一四分位数。

四分位差就是第三四分位数 Q_3，与第一四分位数 Q_1 之差，用 $Q.D.$ 表示，其公式为：

$$Q.D. = Q_3 - Q_1$$

四分位差仅用中间 50% 的数据来反映数据的离散程度。其数值越小，说明中间的数据越集中；数值越大，说明中间的数据越分散。四分位差不受极端数值的影响。由于中位数处于数据的中间位置，因此四分位差的大小从一定的程度上也说明了中位数代表性的大小。四分位差越大，中位数代表性越差；四分位差越小，中位数代表性越好。四分位差主要用于测定顺序数据的离散程度，也适用于测定数值型数据的离散程度，但不适用于测定分类数据的离散程度。

【例 2 - 7】某店铺 VIP 会员一共有 V1 ~ V5 五个会员等级，每一级别的会员要求的成长值不同，对应的关系分别为：V1 小于 1 000 点，V2 达到 1 000 点，V3 达到 5 000 点，V4 达到 20 000 点，V5 达到 50 000 点。截至某年底的店铺会员等级情况如表 2 - 6 所示，试计算会员等级的四分位差（表 2 - 6 中，会员等级由低到高用数字 1、2、3、4、5 表示）。

表 2 - 6　　　　　　　　　某店铺会员等级情况

会员等级（级）	1	2	3	4	5
会员数（人）	1 000	2 500	1 500	800	200
累计频数	1 000	3 500	5 000	5 800	6 000

解：计算四分位数的位置。

$$Q_1 \text{ 的位置} = \frac{6\ 000 + 1}{4} = 1\ 500.25$$

$$Q_3 \text{ 的位置} = \frac{3 \times (6\ 000 + 1)}{4} = 4\ 500.75$$

从表 2 - 6 可知，排在第 1 500、1 501 的会员都是 V2 会员，因此会员等级的下四分位数 $Q_1 = 2$；排在第 4 500、4 501 的会员都是 V3 会员，会员等级的上四分位数 $Q_3 = 3$。则会员等级的四分位差为：

$$Q.D. = Q_3 - Q_1 = 3 - 2 = 1$$

会员等级的四分位差为 1，说明这 6 000 名会员的等级差异不大，至少有 50% 的会员在 2 级和 3 级之间。

可见，四分位差不考虑比 Q_1 小和比 Q_3 大的变量值，不受极端数值的影响。

2. 全距

全距也称极差，它是总体中某观察值的最大值与最小值之差，用 R 表示，即 $R = x_{max} - x_{min}$。

全距可以说明总体中数据变动的范围。全距越大，说明总体中数据变动的范围越大，从而说明总体中数据的差异越大；全距越小，说明总体中数据变动的范围越小，从而说明总体中数据的差异越小。

【例 2 - 8】两个商品的 5 天日销量数据如下（单位：件）。

$$甲商品：28\quad 29\quad 30\quad 31\quad 32$$
$$乙商品：20\quad 25\quad 30\quad 35\quad 40$$

比较两个商品的平均日销量，$\bar{x}_甲 = 30$（件），$\bar{x}_乙 = 30$（件），而日销量的全距，甲商品为 4 件，乙商品为 20 件，这说明甲商品日销量的差别比乙商品日销量的差别小，所以甲商品日销量的平均数代表性好于乙商品日销量的平均数代表性。

若根据组距数列计算全距，则可用数列中最高一组的上限减去最低一组的下限求得全距的近似值。

全距测定数据变异程度的优点是计算简单，但由于它取决于总体中两个极端数值的差距，与数据数列的其他数值无关，提供的信息是不全面的，因此不能全面地反映数据的离散程度。如果极端数值相差较大，而中间数值分布比较均匀，则全距不能确切反映其离散程度。

3. 标准差

标准差是各观察值与其算术平均数的离差平方的算术平均数，最后再开平方，用 σ 表示。标准差说明各观察值与算术平均数的平均距离。标准差越大，说明数据差异程度越高，平均数的代表性越差；标准差越小，说明数据差异程度越低，平均数的代表性越好。

根据掌握的资料不同，标准差也有两种计算方法：简单平均法和加权平均法。

简单平均法根据未分组的资料计算标准差，用每个观察值与算术平均数的离差平方和除以总体单位数后再开平方求得。其计算公式为：

$$\sigma = \sqrt{\frac{\sum (x - \bar{x})^2}{n}}$$

【例 2 - 9】以【例 2 - 8】中两个商品的 5 天日销量数据为基础，计算日销量标准差。

解：根据【例 2 - 8】和表 2 - 7 的计算结果，可得甲、乙商品的平均日销量均为 30 件，则其标准差分别为：

$$\sigma_{甲} = \sqrt{\frac{\sum (x - \bar{x})^2}{n}} = \sqrt{\frac{10}{5}} = 1.14 \text{（件）}$$

$$\sigma_{乙} = \sqrt{\frac{\sum (x - \bar{x})^2}{n}} = \sqrt{\frac{250}{5}} = 7.07 \text{（件）}$$

计算结果表明，在甲、乙两商品日销量平均数相同的情况下，甲商品的标准差小于乙商品的标准差，因此甲商品日销量平均数 30 件的代表性比乙商品日销量平均数 30 件的代表性要好。

表 2 - 7 甲、乙两商品日销量标准差计算

甲商品			乙商品		
日销量（件）	离差	离差平方	日销量（件）	离差	离差平方
x	$x - \bar{x}$	$(x - \bar{x})^2$	x	$x - \bar{x}$	$(x - \bar{x})^2$
28	-2	4	20	-10	100
29	-1	1	25	-5	25
30	0	0	30	0	0
31	1	1	35	5	25
32	2	4	40	10	100
合计	—	10	合计	—	250

加权平均法是在分组情况下计算标准差的方法，是用各组组中值与算术平均数的离差平方乘以各组次数（权数），然后除以总次数，再开平方。其计算公式为：

$$\sigma = \sqrt{\frac{\sum (x - \bar{x})^2 f}{\sum f}}$$

需要注意的是，实际中样本标准差在计算时往往用 $(n - 1)$ 或 $\sum f - 1$ 代替上述公式中的 n 或 $\sum f$，并记为 s。

未分组资料采用公式 $s = \sqrt{\dfrac{\sum (x - \bar{x})^2}{n - 1}}$

$$\text{已分组资料采用公式 } s = \sqrt{\frac{\sum (x - \bar{x})^2 f}{\sum f - 1}}$$

标准差的平方称为方差，它也是描述变量之间差异程度的一个重要指标，在统计学中非常有用。在抽样推断中，经常用样本的方差 s^2 来推断总体的方差 σ^2。

【例 2 – 10】某地区抽查其范围内的商店某月的网上销售情况，数据如表 2 – 8 所示，试计算该地区某月网络营销额的样本标准差。

表 2 – 8   某地区某月网络营销的样本标准差计算

按月网络营销额分组（万元）	组中值	店铺数（户）	离差	离差平方	离差平方乘以权数
	x	f	$x - \bar{x}$	$(x - \bar{x})^2$	$(x - \bar{x})^2 f$
200 以下	150	10	− 263	69 169	691 690
200 ~ 300	250	24	− 163	26 569	637 656
300 ~ 400	350	52	− 63	3 969	206 388
400 ~ 500	450	70	37	1 369	95 830
500 ~ 600	550	32	137	18 769	600 608
600 以上	650	12	237	56 169	674 028
合计	—	200	—	—	2 906 200

解：根据表 2 – 8 中的资料可以计算月网络营销额的平均数为：

$$\bar{x} = \frac{\sum xf}{\sum f} = \frac{82\ 600}{200} = 413 \text{（万元）}$$

月网络营销额的样本标准差为：

$$s = \sqrt{\frac{\sum (x - \bar{x})^2 f}{\sum f - 1}} = \sqrt{\frac{2\ 906\ 200}{199}} = 120.85 \text{（万元）}$$

运用标准差还可将原来不能直接比较的离差标准化，使之可以相加、相减、平均或者相互比较。为此引入一个新的变量，用符号 Z 来表示，它被定义为变量 x 的标准分。

$$Z = \frac{x - \bar{x}}{s}$$

公式表明，Z 是以离差与标准差的比值来测定变量 x 与 $\bar{x}$ 的相对位置的，它有以下 3 个特性。

（1）对于给定资料，因为算术平均数和标准差都是确定值，所以 Z 和 x 是一一对应的变量。

（2）Z 没有单位，是一个不受原资料单位影响的相对数，适用于不同单位资料的比较。

（3）Z 实际表达了变量值离算术平均数有几个标准差的距离。例如，$Z=2$ 表示该变量值离 $\bar{x}$ 有 2 个 s 的距离；$Z=1.3$ 表示该变量值离 $\bar{x}$ 有 1.3 个 s 的距离。因为 Z 与正态分布有密切关系，所以求 Z 值的过程也称为变量标准化的过程。均值不同和方差不同的正态分布，经 Z 标准化后，成为均值为 0、方差为 1 的标准正态分布，所以 Z 也有标准正态变量之称。按 Z 值大小编制出的标准正态分布表用途十分广泛。

4. 离散系数

全距、标准差适用于测定数值型数据的集中趋势，它们都是用绝对数表示的，其计量单位与平均数的计量单位相同。当两个不同计量单位的数列进行比较时，两者很难直接对比。因此，在比较两个数列的平均数代表性强弱时，如果它们的平均水平不同或计量单位不同，就不能用前述的变异指标直接比较它们的差异程度，而应该用变异指标的相对指标即离散系数来比较。

常用的离散系数是标准差系数，其计算公式为

$$V_\sigma = \frac{\sigma}{\bar{x}} \times 100\%$$

标准差系数是统计中最常用的分析指标，它消除了不同水平和不同计量单位的影响，从而比较不同总体各单位之间的离散程度。如果是样本数据，则公式中的 σ 可用样本标准差 s 代替。

【**例 2 - 11**】甲、乙两种商品平均销售量和相关资料如表 2 - 9 所示，试比较两种商品销售量平均数代表性的强弱。

解：从表 2 - 9 中的资料可知，因为计量单位不同，所以甲、乙两种商品销售量的标准差是无法比较的。因此，只能用标准差系数来比较两种商品销售量的平均数代表性的强弱。因为甲商品的标准差系数 6.25% 小于乙商品的标准差系数 12%，所以甲商品销售量平均数 800 件的代表性要比

乙商品销售量平均数 100 箱的代表性强。

表 2 – 9   甲、乙两种商品平均销售量和相关资料

品种	平均数 $\bar{x}$	标准差 σ	标准差系数 V_{σ}
甲	800 件	50 件	6.25%
乙	100 箱	12 箱	12%

2.1.4　数据的分布形态

平均数与变异指标用于描述数据分布的集中趋势与离散趋势，而偏度与峰度用于描述数据的分布形态。数据的分布形态是指数据分布是否对称、偏斜程度如何、分布陡峭程度如何等。

1. 偏度的测定

偏度是描述数据分布形态是否对称的指标。资料没有分组时，偏度的计算公式为：

$$SK = \frac{n}{(n-1)(n-2)} \sum \left(\frac{x - \bar{x}}{s} \right)^3$$

资料分组时，偏度的计算公式为：

$$SK = \frac{\sum (x - \bar{x})^3 f}{ns^3}$$

上式表明，当分布对称时，正负总偏差相等，偏度值为 0；当分布不对称时，正负总偏差不等，偏度值大于 0 或小于 0。偏度值大于 0 表示正偏差值大，可以判断为正偏或者右偏：偏度值小于 0 表示负偏差值大，可以判断为负偏或者左偏。偏度绝对值越大，表示数据分布形态的偏斜程度越高。

2. 峰度的测定

峰度是描述数据取值分布形态陡峭程度的指标。资料没有分组时，峰度的计算公式为：

$$K = \frac{n(n+1) \sum (x - \bar{x})^4 - 3 \left[\sum (x - \bar{x})^2 \right]^2 (n-1)}{(n-1)(n-2)(n-3)}$$

资料分组时，峰度的计算公式为：

$$K = \frac{\sum (x - \bar{x})^4 f}{ns^4} - 3$$

上式表明，当峰度值等于 0 时，数据分布与标准正态分布的陡峭程度相同，为正态分布；当峰度值大于 0 时，数据分布比标准正态分布更陡峭，为尖峰分布；当峰度值小于 0 时，数据分布比标准正态分布平缓，为平峰分布。

【例 2 – 12】 某地区某月网络营销端资料如表 2 – 10 所示，根据表中数据计算月网络营销额的偏度和峰度。

表 2 – 10　　　　　　　　　　某地区某月网络营销额资料

按月网络营销额分组（万元）	店铺数（户）f	组中值 x	$(x - \bar{x})^3 f$	$(x - \bar{x})^4 f$
200 以下	10	150	– 181 914 470	47 843 505 610
200 ~ 300	24	250	– 103 937 928	16 941 882 264
300 ~ 400	52	350	– 13 002 444	819 153 972
400 ~ 500	70	450	3 545 710	131 191 270
500 ~ 600	32	550	82 283 296	11 272 811 552
600 以上	12	650	159 744 636	37 859 478 732
合计	200		– 53 281 200	114 868 023 400

解：根据表 2 – 10 中的数据，可计算月网络平均营销额为 413 万元，样本标准差为 120.85 万元。由表 2 – 10 资料计算可得：

$$SK = \frac{\sum (x - \bar{x})^3 f}{ns^3} = \frac{-53\ 281\ 200}{200 \times 120.85^4} = -0.15$$

偏度为负值，但数值不是很大，说明某地区某月网络营销额数据的分布为左偏分布，但偏斜程度很低，接近于正态分布。

$$K = \frac{\sum (x - \bar{x})^4 f}{ns^4} - 3 = \frac{114\ 868\ 023\ 400}{200 \times 120.85^4} - 3 = 2.69 - 3 = -0.31$$

峰度小于 0，说明其月网络营销额数据的分布比标准正态分布稍平坦些，属于平峰分布。

以上介绍的数据分布特征的计算方法，大多可以通过 Excel "数据分析" 选项中的 "描述统计" 或者 SPSS 中的描述统计功能实现。

2.1.5　数据的统计图展示

统计图是统计分析的另一种常用的表达形式，它用各种图形直观地表示统计资料的基本特征和变化趋势。从视觉角度来说，统计图具有简洁具体、形象生动和直观易懂的特点，能给人以明确深刻的印象。当然，统计图只是描述和揭示统计数据特征的一种有效方法，它并不能代替统计分析。绘制统计图应明确制图目的，并根据统计资料的数据特点选择合适的图式、字体和色彩，以使统计图内容正确而又简明扼要，效果突出。统计图的标题要鲜明，必要时可附加统计表和文字说明。

统计图的种类很多，常用的有条形图、饼形图、环形图、直方图、茎叶图、箱线图、曲线图、散点图等。在整理数据时，不同类型数据采取和适用的处理方法是不同的。

品质数据主要做分类整理，一般采用条形图、饼形图、环形图展示；数值型数据主要做分组处理，通常采用茎叶图、箱线图、直方图、曲线图、散点图展示。数据的类型及其展示方法如图 2 - 3 所示。

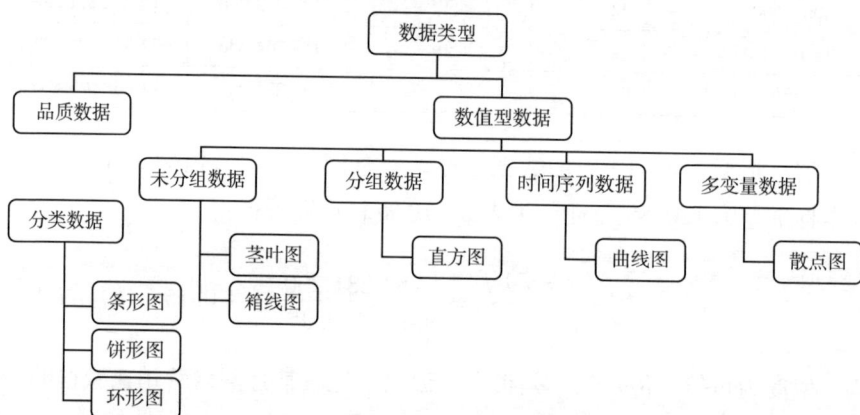

图 2 - 3　数据的类型及其展示方法

1. 品质数据的展示：条形图

条形图是以宽度相等的条形的长度或高度来反映统计资料。它表示的统计指标既可以是绝对数也可以是相对数和平均数；既可以是不同地区、单位之间的同类现象，也可以是不同时间的同类现象。条形图可以横置，也可以纵置。当各类别放在纵轴时，称为条形图；当各类别放在横轴时，称为柱形图。

条形图适用于展示分类数据和顺序数据的频率分布。例如，某电子商务交易平台上浙江省 2018 年 11 月 10 日按交易指数排序的类目排行榜条形图如图 2 - 4 所示。

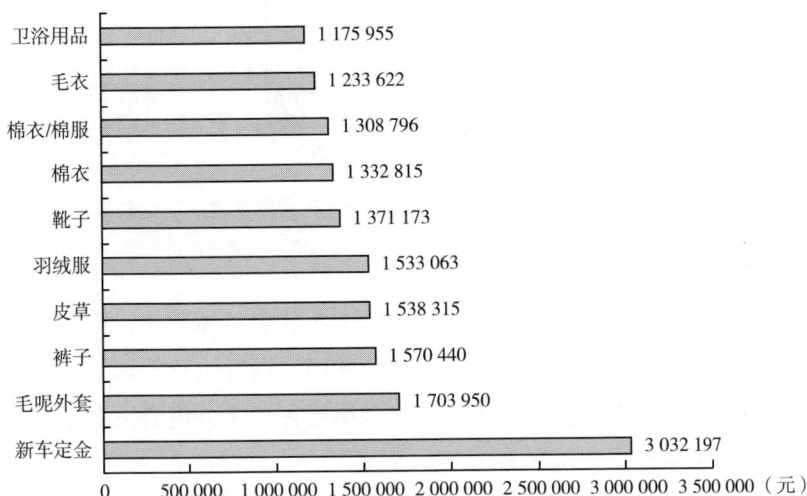

卫浴用品	1 175 955
毛衣	1 233 622
棉衣/棉服	1 308 796
棉衣	1 332 815
靴子	1 371 173
羽绒服	1 533 063
皮草	1 538 315
裤子	1 570 440
毛呢外套	1 703 950
新车定金	3 032 197

0　500 000　1 000 000　1 500 000　2 000 000　2 500 000　3 000 000　3 500 000（元）

图 2 - 4　某电子商务交易平台上实时交易类目排行榜

当总体数为 2 时，可以用对比条形图（也称簇状柱形图）来比较分析。

【例 2 - 13】对甲、乙两个地区的网络消费者网购商品满意度的调查情况如表 2 - 11 所示，试绘制簇状条形图比较两个地区的消费者对网购商品的满意度。

表 2 - 11　　　　　甲、乙两个地区消费者对网购商品的满意度　　　　单位:%

对网购商品的满意度	甲地区	乙地区
不满意	5	8
一般	30	35
满意	50	48
非常满意	15	9

解：根据表 2 - 11 中的数据，利用 Excel 绘制的对比条形图如图 2 - 5 所示。

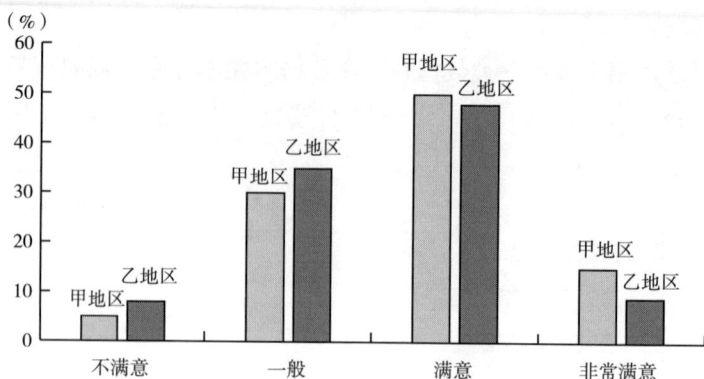

图 2-5　甲、乙两个地区的消费者对网购商品满意度的对比条形图

2. 品质数据的展示：饼形图

饼形图也称圆形图，是用圆形面积的大小代表总体数值，或用圆形中的扇形面积反映总体内部各构成指标数值的图，后者也称圆形结构图。圆形结构图是使用最普遍的一种统计图，常用于在总体分组的情况下反映总体的结构、各组所占比例（百分比）情况。

数据分析师可以利用 Excel 直接选择图形的种类绘制圆形结构图。例如，2018 年天猫"双十一"活动的全网交易方式中，移动端交易额比例提高至 91.2%，PC 端的比例下降至 8.8%，据此可绘制出相应的圆形结构图（见图 2-6）。

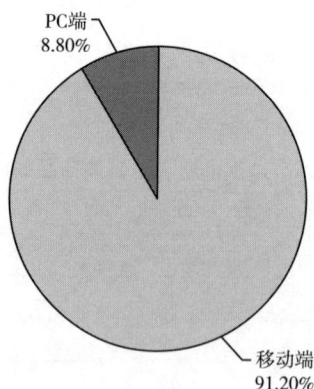

图 2-6　天猫"双十一"活动中移动端与 PC 端的交易构成

3. 品质数据的展示：环形图

当有多个总体时，数据分析师可以用环形图比较分析结构。环形图其

实是饼图的扩展形式，看上去就像是把多个饼图去掉中间部分叠放在了一起。简单饼图只能描述单个总体的结构，不能比较多个总体的结构；环形图则可以比较多个总体的结构。例如，可以将表 2 – 11 中甲、乙两个地区消费者对网购商品的满意度数据绘制成环形图（见图 2 – 7）。绘图时在饼图的分类中选择环形图即可。

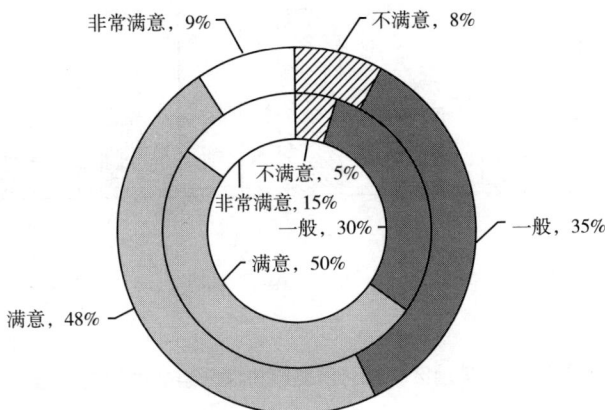

图 2 – 7 甲、乙两个地区的消费者对网购商品的满意度的对比环形图

4. 分组数据的展示：直方图

直方图是用矩形的宽度和高度来表示频数分布的图形。在平面直角坐标系中，横轴表示数据分组，即各组组限，纵轴表示次数。一般纵轴的左侧标明频数，右侧标明频率，如果没有频率，则直方图只在左侧标明频数。用各组组距的宽度与相应频数的高度绘制成一个个矩形，便形成了直方图。它与条形图的区别是各矩形之间不留间隔，且各矩形的宽度是各组组距，而条形图宽度只表示类别。

直方图可以直观地展现变量数据的频数分布。簇状柱形图可以直接显示数值，堆积柱形图可以用来比较整体的各部分，百分比堆积柱形图可以显示部分占整体的百分比。

直方图通常用来显示组距数列频数分布的特征，常常与折线图结合使用。折线图可以在直方图的基础上将各矩形顶边的中点用直线连接而成，也可以用组中值与次数连接而成。例如，用表 2 – 5 中的数据绘制某地区一个月网络销售额分组数据的直方图，横轴按月网络销售额分组，纵轴为各组的店铺数（见图 2 – 8）。从图 2 – 8 中可以看出，该地区网络营销月销售额基本呈"两头小，中间大"的分布特征，也就是正态分布特征。

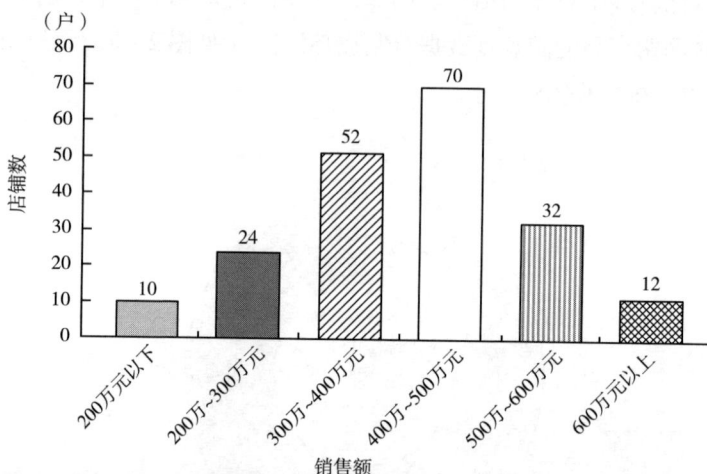

图 2-8   某地区一个月网络销售额分组数据的直方图

5. 未分组数据的展示：茎叶图

茎叶图是反映原始数据分布的图形，又称"枝叶图"。它由茎和叶两部分构成，其图形是由数字组成的。它的思路是将数组中的数进行位数比较，将数的大小基本不变或变化不大的位作为一个主干（茎），将变化大的位的数作为分枝（叶），列在主干的后面。这样就可以清楚地看到每个主干后面有几个数，每个数具体是多少。通过茎叶图，我们可以看出数据的分布形态以及数据的离散状况，如分布是否对称、数据是否集中、是否有异常值等。

茎叶图是一个与直方图相类似的特殊工具，但又与直方图不同，茎叶图保留了原始资料的信息，直方图则失去了原始资料的信息。将茎叶图的茎和叶逆时针旋转 90°，实际上就是一个直方图，可以从中统计出次数，计算出各数据段的频数或百分比，从而可以看出分布是否是正态分布或渐进正态分布。例如，图 2-9 是某网店品牌笔记本电脑 90 天内销售数据的茎叶图，从图 2-9 中可以看到，笔记本电脑的销售基本呈正态分布。Excel 中没有绘制茎叶图的功能，图 2-9 是通过 SPSS 绘制的茎叶图，可以在 SPSS 菜单中选择"分析"→"探索"，把变量网络销售额选为分析变量，单击"绘图"选项选择"茎叶图"实现。

```
频率  Stem & 叶

 10.00Extremes（=<110）
  0.00    2 .
 24.00    2 . 555555555566666666667777
 20.00    3 .33333333334444444444
 32.00    3 . 55555555556666666666677777777777788
 39.00    4 . 111111111122222222222233333333334444444444
 31.00    4 . 5555555555666666666677777777778
  3.00    5 . 333
  0.00    5 .
 11.00    6 . 11111111112

主干宽度：100.00
每个叶：　1个案
```

图 2 – 9　某网店品牌笔记本电脑 90 天内销售数据的茎叶图

6. 未分组数据的展示：箱线图

　　箱线图是由一组数据的最大值、最小值、中位数、两个四分位数 5 个数据绘制而成的，它主要反映原始数据分布的特征，还可以比较多组数据分布特征。箱线图一般从上到下依次由最大值、上四分位数、中位数、下四分位数、最小值组成。箱线图的形状可以反映出数据的分布特征，从中可以找到一组数据中的异常值；箱线图也可以作为研究数据偏态和尾重的依据，还可以作为描述性统计的探索性分析。

　　图 2 – 10 所示为某网店品牌笔记本电脑 90 天内销售数据的箱线图，从图 2 – 10 中可以看出，笔记本电脑网上销售的数据呈正态分布，大于中位数（799 台）的箱体稍微大点。因此属于右偏分布，但是偏斜程度不大。

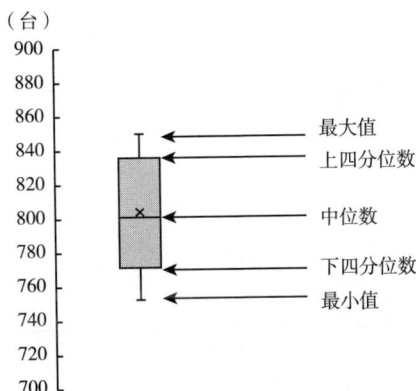

图 2 – 10　某网店品牌笔记本电脑 90 天内销售数据的箱线图

　　图 2 – 11 所示为几种不同箱线图与其对应的分布形状的比较。对于多组数据，可以将各组数据的箱线图并列起来，进而比较分布特征。

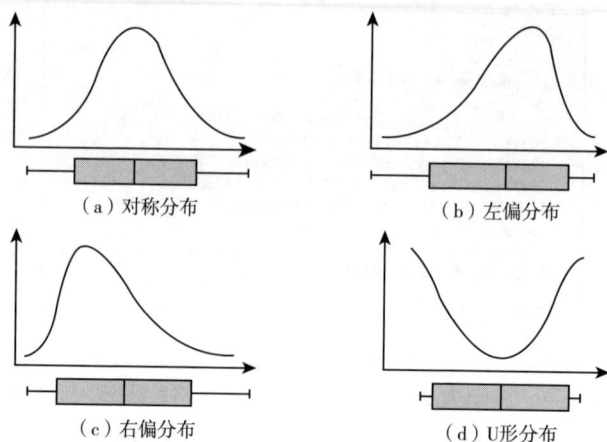

图 2 – 11　不同箱线图与其对应的分布形状对比

7. 时间序列数据的展示：曲线图

曲线图也称线形图，是用折线（多角曲线）或曲线（平滑线）在直角坐标系中反映统计指标数值的一种图形，是统计图中应用最多的一种图形。根据所反映的统计资料内容，曲线图有分配曲线（折线）图、依存关系曲线（折线）图和动态曲线（折线）图。图 2 – 12 所示为 2009 ~ 2018 年天猫"双十一"活动单日销售额（亿元）曲线图，它反映了天猫"双十一"单日销售额在这段时间内呈曲线增长趋势。

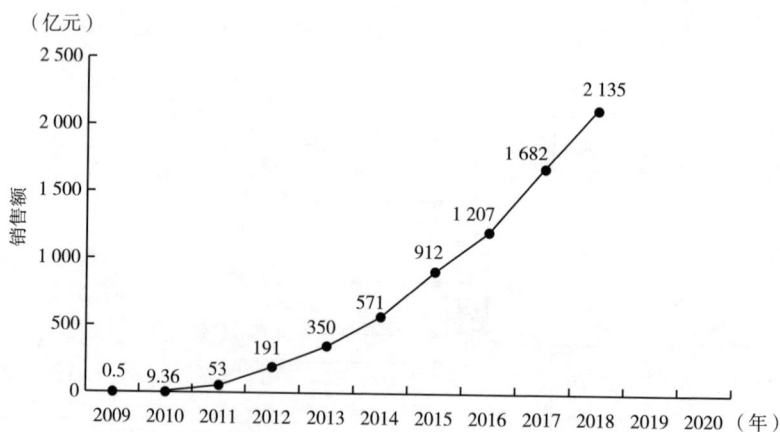

图 2 – 12　2009 ~ 2018 年天猫"双十一"活动单日销售额曲线图

资料来源：根据公开资料整理

8. 多变量数据的展示：散点图

散点图是数据点在直角坐标系平面上的分布图，它是用来展示数据之

间关系的一种图形，散点图用两组数据构成多个坐标点，以考察坐标点的
分布，进而判断两组数据之间的关系。

【例 2 - 14】超市的广告费支出与销售额有一定的关系。为进一步了解
它们之间的关系形态，收集到 24 家超市某段时间的数据，如表 2 - 12 所示。
试根据数据绘制广告费支出与销售额的散点图，并分析它们之间的关系。

表 2 - 12　　　　24 家超市广告费支出与销售额的数据　　　　单位：万元

超市	销售额	广告费支出	超市	销售额	广告费支出
1	6.8	1.2	13	10.8	4.5
2	7.8	1.8	14	10.9	5
3	7.6	1.6	15	11.4	4.7
4	8.3	1.7	16	11.6	5.1
5	8.8	2.3	17	11.8	5.1
6	8.6	2.1	18	12	4.8
7	8.5	1.9	19	12.1	5.3
8	10.5	3.3	20	12.1	5.5
9	10.2	3.1	21	12.3	4.6
10	9.8	2.5	22	12.4	5.2
11	11.1	3.1	23	12.8	5
12	11	3.5	24	11.7	6.5

解：根据表 2 - 12 中的数据，利用 Excel 绘制的散点图如图 2 - 13 所
示。从图 2 - 13 中的趋势线可以看出，广告费支出与销售额之间有明显的
线性关系，广告费支出增加，销售额也随之增加。

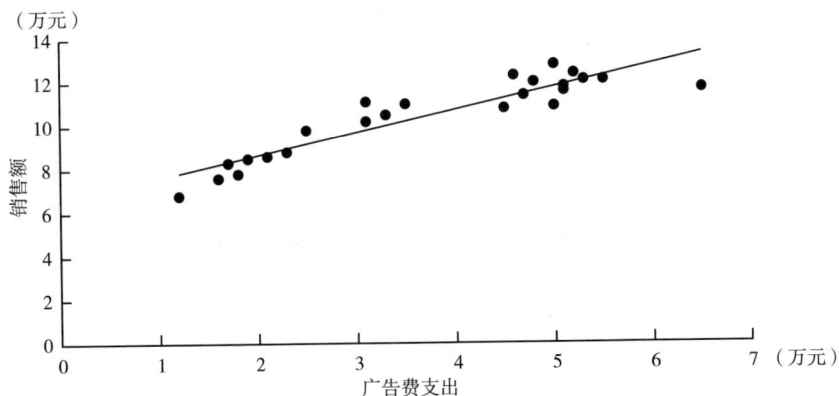

图 2 - 13　24 家超市广告费支出与销售额的散点图

当同时考察多个变量间的相互关系时，若一一绘制它们间的简单散点图十分麻烦，此时可以利用矩阵散点图来同时绘制各自变量间的散点图，这样可以快速发现多个变量间的主要相关性。例如，在表 2 – 12 数据的基础上，若加入 24 家超市的投入人员数据（见表 2 – 13），则可以利用 SPSS 绘制矩阵数点图。

表 2 – 13　　　　　　　　　24 家超市投入人员数统计

超市代号	投入的人员数（人）	超市代号	投入的人员数（人）
1	12	13	18
2	15	14	17
3	13	15	18
4	15	16	19
5	16	17	20
6	14	18	21
7	13	19	22
8	17	20	20
9	16	21	25
10	14	22	24
11	17	23	23
12	15	24	22

在 SPSS 中，选择"分析"→"旧对话柜"→"散点图"，再选择"矩阵分布"即可。绘制结果如图 2 – 14 所示，从图 2 – 14 可见，这三者基本是相关的，而且呈正向相关关系。

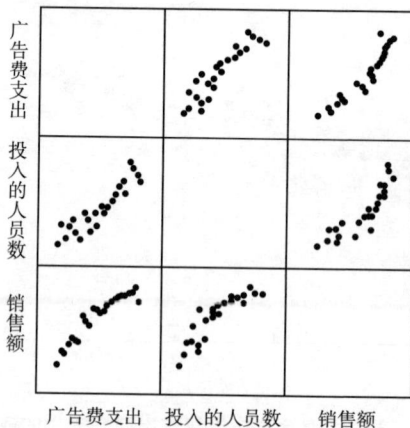

图 2 – 14　24 家超市广告费支出、投入的人员数与销售额的矩阵散点图

　　值得注意的是，虽然不同数据类型展示图形的方法不同，但同属某大类的子类数据，有时整理和展示数据采用的方法并不一定完全不同，实际应用时可根据具体情况选择。例如，品质数据包括分类数据和顺序数据，在实际应用中，它们在整理和图形展示上方法大致相同，只是局部略有差异。

2.2　数理统计基础

　　本节介绍商务数据分析中经常用到的数理统计基础知识，主要包括抽样估计基础、数据分布及中心极限定理等内容。这些内容是在进行数理统计分析时必须具备的基础知识。

2.2.1　抽样估计基础

1. 随机事件及其概率

　　与随机事件紧密相关的一个概念是随机现象，为此有必要先了解随机现象的定义，在此基础上进一步理解随机事件。随机现象是指在相同情况下不会总出现相同结果的现象，例如，买彩票中奖、抛硬币正面朝上等，这类事件可能发生也可能不发生，其结果具有偶然性。对随机现象进行一次观察或测量的过程，称为一次随机试验，随机事件就是随机现象进行多次重复试验得到的一类基本结果的集合。

　　随机事件在一次试验中发生的可能性是通过多次重复试验的规律来判断的，这种规律性和可能性被称为随机事件的概率。随机事件的概率取值在 0 ~ 1 之间，取值越大表明随机事件发生的可能性越大。有两种特殊情况，即当概率值为 0 时称该随机事件为不可能事件，当概率值为 1 时称该随机事件为必然事件。

　　随机事件的概率主要分为 3 类：古典概率、统计概率和主观概率。

　　如果某一随机试验的结果有限并且出现的可能性相等，则某一事件 A 发生的概率为事件 A 包含的事件数 m 与随机试验包含的所有基本事件数 n 之比，这就是古典概率，记作 $P(A) = m/n$；在相同条件下进行随机试验 n 次，事件 A 出现 m 次，则可以得到事件 A 发生的频率为 m/n。

　　随着试验次数的不断增加，频率将会稳定在某一常数 P 附近，这个稳定的常数称为该事件的概率，这种利用频率的方法确定的概率就是统计概率，记作 $P(A) = m/n = p$；对一些无法通过随机试验重复 n 次来确定发生概率的事件，人们会根据以往的经验人为地给出自己的概率，这种概率就是主观概率。

在概率分析中还有两个重要的概念，即条件概率和独立事件。在事件 A 发生的条件下事件 B 发生的概率就是条件概率，规定 $P(B \mid A) = P(AB)/P(A)$，且 $P(B) \geqslant 0$。在事件 A 发生的条件下事件 B 发生的条件概率等于事件 B 发生的概率即 $P(B \mid A) = P(B)$ 时，称事件 A 和事件 B 是相互独立的。进一步可推导出 $P(AB) = P(A)P(B)$，这一结论是分析概率问题时的一个重要条件，是很多定理的基础。

2. 随机变量的分布函数

设 X 为随机变量，x 是任意实数，则称 $P(X \leqslant x)$ 为随机变量 x 的分布函数，记作 $F(x)$，即：

$$F(x) = P(X \leqslant x)$$

有了分布函数，对于任意的实数 x_1，$x_2(x_1 < x_2)$，随机变量 x 落在区间 $(x_1, x_2]$ 的概率可以用分布函数来计算。

$$P(x_1 < X \leqslant x_2) = P(X \leqslant x_2) - P(X \leqslant x_1) = F(x_2) - F(x_1)$$

分布函数完整地描述了随机变量的统计规律。如果把 X 看成数轴上的随机点的坐标，则分布函数 $F(x)$ 中 x 的函数值就表示 X 落在区间 $(-\infty, x]$ 的概率。因此，分布函数的值范围为 $[0, 1]$。当 $x \to +\infty$ 时，其值趋于 1；当 $x \to -\infty$ 时，其值趋于 0。

3. 随机变量及其概率分布

随机变量是指可以用来表示随机现象结果的变量，随机变量常用大写字母 X、Y、Z 等表示。随机变量根据是否可以列出分为两大类：一是离散型随机变量，该种随机变量可以在数轴上用有限的点表示出来；二是连续型随机变量，这种变量的取值在数轴上只能用区间表示。

随机变量取值的统计规律被称为概率分布，两种类型的随机变量（即离散型随机变量和连续型随机变量）对应的概率分布是有差别的。

（1）离散型随机变量的分布。因为离散型随机变量的取值是可以列出的，并且对应的概率是可以确定的，所以其概率分布可以用一种含有随机变量 X 的所有可能取值以及概率的表格表示出来，这就是离散型随机变量的概率分布，简称分布列，如表 2 - 14 所示。

表 2 - 14　　　　　　　　　离散型随机变量的概率分布（分布列）

X	x_1	x_2	…	x_k	…	x_n
$P(X = x_i)$	$P(X = x_1)$	$P(X = x_2)$	…	$P(X = x_k)$	…	$P(X = x_n)$

离散型随机变量的概率分布特点：

一个随机变量的概率的取值在 0 到 1 之间，记为 $0 \leqslant P(X = x_i) \leqslant 1 (i = 1, 2, \cdots)$；

所有随机变量的概率之和为 1，记为 $\sum_{i=1}^{n} P(X = x_i) = 1$。

（2）连续型随机变量的分布。用来描述连续型随机变量取值规律的分布称为概率密度函数，记作 $f(x)$。概率密度函数有两个性质：

概率密度曲线位于 x 轴上方，即 $f(x) \geqslant 0$；

分布曲线和 x 轴之间的面积是 1，即 $\int_{-\infty}^{+\infty} f(x) \mathrm{d}x = 1$。

在连续分布的情况下，可以用函数曲线下的面积来表示概率。例如，随机变量 X 在 $a \sim b$ 的概率可以写成：

$$P(a < X < b) = \int_a^b f(x) \mathrm{d}x$$

如果随机变量 X 的取值范围为（ $-\infty$, $+\infty$ ），则它的概率对应的分布函数可以表示为：

$$F(x) = \int_{-\infty}^{x} f(x) \mathrm{d}t$$

有了概率分布，概率的计算问题就变成了一般意义下的函数计算问题了。

4. 随机变量的数字特征

在现实生活中，很多情况下我们并不需要确切知道一个随机变量的概率分布，只要用几个简明扼要的数字就可以概括随机变量的取值情况，这些数字称为随机变量的数字特征。常见的数字特征有数学期望（简称期望）和方差，它们分别用 $E(x)$ 和 $D(x)$ 表示。期望 $E(x)$ 反映随机变量取值的集中程度，方差 $D(x)$ 反映随机变量取值的分散（离中）程度。方差越大，说明随机变量的取值越分散；方差越小，说明随机变量的取值越集中。

离散型随机变量 X 的期望和方差可以表示为：

$$E(X) = x_1 p_1 + x_2 p_2 + \cdots = \sum_i^n x_i p_i (i = 1, 2, \cdots, n)$$

$$D(X) = [x_1 - E(X)]^2 p_1 + [x_2 - E(X)]^2 p_2 + \cdots = \sum_i^n [x_i - E(X)]^2 p_i$$
$$(i = 1, 2, \cdots, n)$$

连续型随机变量 X 的期望和方差可以表示为：

$$E(X) = \int_{-\infty}^{\infty} x f(x) \, dx, D(X) = \int_{-\infty}^{\infty} [x - E(X)]^2 f(x) \, dx$$

2.2.2　正态分布

正态分布是统计学中最重要的分布，许多数据进一步处理的前提都需要服从正态分布。这一分布最早是由德国数学家高斯发现的，许多社会经济现象都可以用它来刻画，因此这一分布具有重要的现实意义。服从正态分布的随机变量的特征为：该随机变量的取值在一定范围内波动，其中接近均值的数较多，远离均值的数较少。正态分布的概率密度函数可以表示为：

$$f(x) = \frac{1}{\sqrt{2\pi}\sigma} e^{\frac{-(x-\mu)^2}{2\sigma^2}} (-\infty, \infty),$$

此时随机变量 X 服从均值为 μ、方差为 σ^2 的正态分布，记作 $X \sim N(\mu, \sigma^2)$，它的概率密度函数曲线如图 2-15 所示。

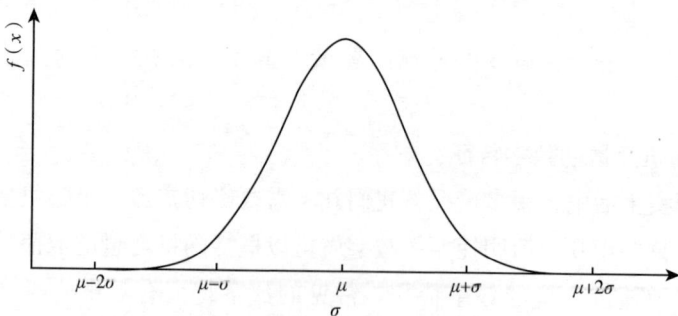

图 2-15　正态分布的概率密度曲线

由图 2-15 可以看出正态分布曲线是钟形的，具有两头低、中间高的特征。

特别地，$\mu = 0$，$\sigma = 1$ 的正态分布称为标准正态分布，记作 $X \sim N(0,1)$。对于标准正态分布，人们习惯上把它的分布函数表示为：

$$\Phi(x) = P(X \leqslant x) = \frac{1}{\sqrt{2\pi}} \int_{-\infty}^{x} e^{\frac{-\mu^2}{2}} du, (-\infty, \infty),$$

标准正态分布的密度函数曲线和分布函数曲线分别如图 2-16 和图 2-17 所示。

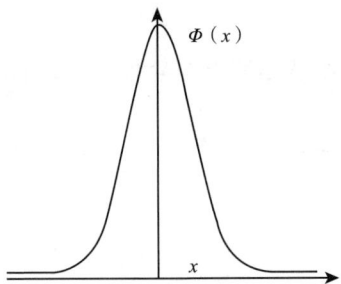

图 2-16　标准正态分布的密度函数曲线　　图 2-17　标准正态分布的分布函数曲线

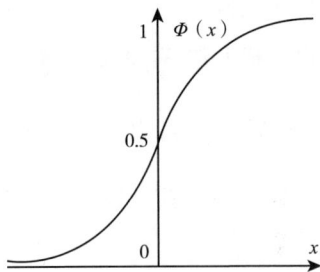

标准正态分布的性质如下。

$$\Phi(-x) = 1 - \Phi(x)$$
$$P(X \leqslant a) = \Phi(a)$$
$$P(X > a) = 1 - p(X \leqslant a) = 1 - \Phi(a)$$
$$P(a \leqslant X \leqslant b) = \Phi(b) - \Phi(a)$$
$$P(|X| < c) = \Phi(c) - \Phi(-c) = 2\Phi(c) - 1$$

基于以上性质可以制成标准正态分布表，使得标准正态分布的概率计算问题能够通过查表来解决。对于任何非标准正态分布 $X \sim N(\mu, \sigma^2)$，都可以通过"标准化"转换为标准正态分布，变换公式为：

$$Z = \frac{X - \mu}{\sigma} \sim N(0,1)$$

这样，非标准正态分布事件的概率就可以转化为标准正态分布来计算。例如，非标准正态分布 X 在区间 (a, b) 上的概率可以这样计算：

$$P(a < X < b) = P\left(\frac{a - \mu}{\sigma} < \frac{x - \mu}{\sigma} < \frac{b - \mu}{\sigma}\right) = \Phi\left(\frac{b - \mu}{\sigma}\right) - \Phi\left(\frac{a - \mu}{\sigma}\right)$$

【**例 2 – 15**】设 X 服从标准正态分布，求 $P(|X| \leqslant 1)$ 以及 $P(X > 2)$。

解：（1）$P(|X| \leqslant 1) = P(-1 \leqslant X \leqslant 1) = \varphi(1) - \varphi(-1)$

$$= \varphi(1) - [1 - \varphi(1)] = 2\varphi(1) - 1$$

$$= 2 \times 0.8413 - 1 = 0.6826。$$

（2）$P(X > 2) = 1 - P(X \leqslant 2) = 1 - \varphi(2) = 1 - 0.9773 = 0.0227。$

其中，$\varphi(1)$ 和 $\varphi(2)$ 可以在标准正态分布表中查到。

2.2.3　基于正态分布的三大分布

1. χ^2 分布

设随机变量 $X_1, X_2, \cdots, X_n$ 相互独立且服从标准正态分布，则它们的平方和 $\sum\limits_{i=1}^{n} X_i^2$ 服从自由度为 n 的 χ^2 分布（也称卡方分布），记作 $\sum\limits_{i=1}^{n} X_i^2 \sim \chi^2_{(n)}$，则其分布密度函数可以表示为：

$$f(x) = \begin{cases} \dfrac{1}{2^{\frac{n}{2}} \Gamma\left(\dfrac{n}{2}\right)} x^{\frac{n}{2}-1} e^{-\frac{x}{2}}, & x > 0 \\ \\ 0, & x \leqslant 0 \end{cases}$$

它的概率密度曲线如图 2 – 18 所示。

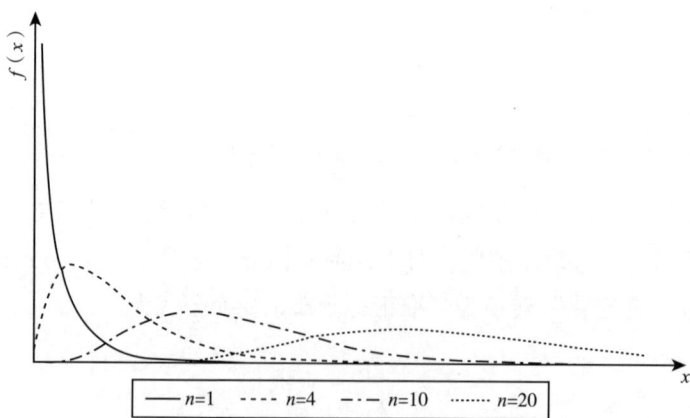

图 2 – 18　χ^2 分布概率密度曲线

当自由度趋于无限大时，χ^2 分布趋近于正态分布。χ^2 分布的分位数可以从 χ^2 分布表中查到。

χ^2 分布的主要性质如下。

（1）χ^2 值都是正值，χ^2 分布曲线下的面积都是 1。

（2）χ^2 分布在第一象限内，呈正偏态，随着参数 n 的增大，χ^2 分布趋近于正态分布。

（3）可加性。若有 n 个服从 χ^2 分布且相互独立的随机变量，则它们之和仍是 χ^2 分布，新的 χ^2 分布的自由度为原来 n 个 χ^2 分布自由度之和。即若 $\chi_1^2 \sim \chi^2(n)$，$\chi_2^2 \sim \chi^2(m)$，且相互独立，则有 $\chi_1^2 + \chi_2^2 \sim \chi^2(n+m)$。

（4）期望和方差。若 $\chi^2 \sim \chi^2(n)$，则 $E(\chi^2) = n$，$D(\chi^2) = 2n$。不同的自由度决定不同的 χ^2 分布，自由度越小，分布越偏斜。

（5）正态分布与 χ^2 分布的转化关系。对于正态总体 $N(\mu, \sigma^2)$，样本方差 $S^2 = \dfrac{1}{n-1} \sum_{i-1}^{n} (X_i - \bar{X})^2$ 满足 $\dfrac{(n-1)S^2}{\sigma^2} \sim \chi^2(n-1)$。

2. t 分布

设随机变量 $X \sim N(0,1)$，$Y \sim \chi^2(n)$，且 X 与 Y 相互独立，则随机变量 $t = \dfrac{X}{\sqrt{Y/n}}$ 服从自由度为 n 的 t 分布，记作 $t \sim t(n)$。其概率密度函数为：

$$f(x) = \frac{\Gamma\left(\dfrac{n+1}{2}\right)}{\sqrt{n\pi}\,\Gamma\left(\dfrac{n}{2}\right)} \left(1 + \frac{x^2}{n}\right)^{-\frac{n+1}{2}}$$

t 分布的概率密度曲线如图 2-19 所示。

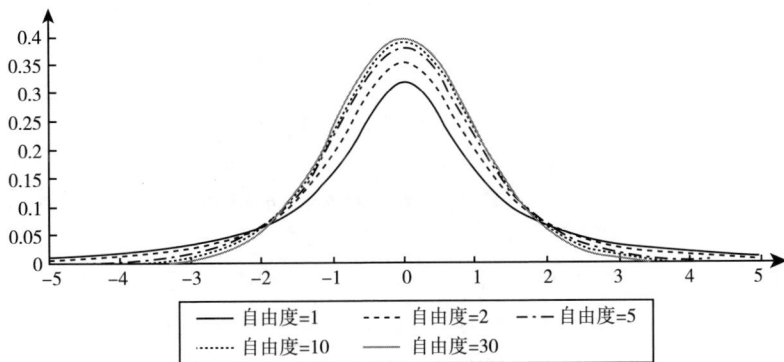

图 2-19 t 分布的概率密度曲线

由图 2 – 19 可见，t 分布的概率密度曲线关于纵轴对称，与标准正态分布曲线非常相似，都是单峰偶函数，只是 t 分布的侧尾部略宽，与标准正态分布曲线不能完全重合。随着自由度的增加，t 分布的密度函数曲线会越来越接近标准正态分布曲线。一般认为，当 $n \geq 30$ 时，t 分布可近似地等于标准正态分布。t 分布的性质如下。

（1）自由度 $n = 1$ 的 t 分布就是柯西分布，均值不存在；当自由度 $n > 1$ 时，分布的教学期望等于 0；当自由度 $n > 2$ 时，分布的方差存在且等于 $n / (n - 2)$。

（2）t 分布与正态分布之间的关系。设 X 与 Y 是两个独立同方差的总体，$X \sim N(\mu, \sigma^2)$，$Y \sim N(\mu, \sigma^2)$，$X_1, X_2, \cdots, X_n$ 来自 X 的 n 个样本，$Y_1, Y_2, \cdots Y_m$ 来自 Y 的 m 个样本，则有：

$$\frac{(\bar{X} - \bar{Y}) - (\mu_1 - \mu_2)}{S_{xy}} \sqrt{\frac{mn}{m + n}} \sim t(n + m - 2)$$

其中，$\bar{X} = \frac{1}{n} \sum_{i=1}^{n} X_i$，$\bar{Y} = \frac{1}{m} \sum_{i=1}^{m} Y_i$，$S_x^2 = \frac{1}{n - 1} \sum_{i=1}^{n} (X_i - \bar{X})^2$，$S_y^2 = \frac{1}{m - 1} \sum_{i=1}^{m} (Y_i - \bar{Y})^2$，$S_{xy} = \frac{(n - 1)S_x^2 + (m - 1)S_y^2}{n + m - 2}$。

在信息不足的情况下，一般使用 t 分布。例如，在不知道总体方差的情况下，对总体均值进行检验时可利用 t 统计量。

3. F 分布

若随机变量 Y 与 Z 相互独立，且 Y 和 Z 分别服从自由度为 m 和 n 的 χ^2 分布，则随机变量 $X = \frac{Y/m}{Z/n}$ 服从第一自由度 m，第二自由度为 n 的 F 分布，记为 $F \sim F(m, n)$。F 分布的概率密度函数为：

$$f(x) = \frac{\Gamma\left(\frac{m + n}{2}\right) m^{\frac{m}{2}} n^{\frac{n}{2}} x^{\frac{m}{2} - 1}}{\Gamma\left(\frac{m}{2}\right) \Gamma\left(\frac{n}{2}\right) (mx + n)^{\frac{m + n}{2}}}$$

F 分布的概率密度曲线如图 2 – 20 所示（图中第一自由度为 m，第二自由度为 n）。

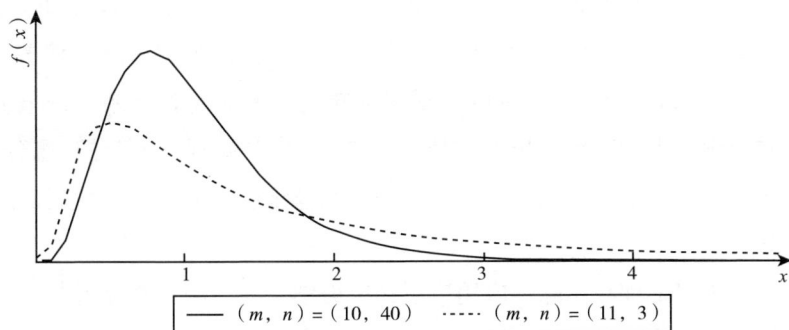

图 2 - 20　F 分布的概率密度曲线

F 分布的性质如下。

（1）F 分布是右偏态分布，且没有小于 0 的部分。

（2）当第二自由度 $n > 2$ 时，$E(x) = \dfrac{n}{n-2}$；当第二自由度 $n > 4$ 时，

$$D(x) = \frac{n^2(2m + 2n - 4)}{m(n-2)^2(n-4)}。$$

（3）分位数满足 $F_{\alpha}(m, n) = \dfrac{1}{F_{1-\alpha}(n, m)}$。

以上 3 个分布在区间估计、假设检验、回归分析中都有重要应用，是统计推断的基础。结合正态分布的性质，将它们的特征归纳在表 2 - 15 中。

表 2 - 15　　　　　　　　　　　统计推断常用的分布

分布类型	符号表示	期望	方差	分布形态	取值范围
正态分布	$N(\mu, \sigma^2)$	μ	σ^2	对称分布	$(-\infty, +\infty)$
χ^2 分布	$\chi^2(n)$	n	$2n$	右偏分布	$(0, +\infty)$
t 分布	$t(n)$	$0(n > 2)$	$n/(n-2)(n > 2)$	对称分布	$(-\infty, +\infty)$
F 分布	$F(m, n)$	$n/(n-2)(n > 2)$	$\dfrac{n^2(2m + 2n - 4)}{m(n-2)^2(n-4)}$ $(n > 4)$	右偏分布	$(0, +\infty)$

2.2.4　中心极限定理

从均值为 μ、方差为 σ^2 的总体中随机抽取样本容量为 n 的简单随机样本，当样本容量 n 充分大时，样本均值 $\bar{X}$ 的抽样分布近似服从均值为

μ，方差为 σ^2/n 的正态分布。中心极限定理提供了一个非常有用的样本均值的近似抽样分布，而不管总体服从何种分布，只要能够得到足够多的样本（一般要求 $n \geqslant 30$），就可以用正态分布的性质来统计推断。最早的中心极限定理是由德莫佛提出的，他认为二项分布的极限分布是正态分布，现在人们熟知的中心极限定理是林德伯格和勒维证明的样本均值近似服从正态分布。

中心极限定理在实际中应用广泛，下面结合几个例子来说明。

【例 2 – 16】假设从一个均值 $\mu = 10$，标准差 $\sigma = 0.6$ 的总体中随机选取容量 $n = 36$ 的样本。

（1）计算样本均值 $\overline{X}$ 小于 9.9 的近似概率。

（2）计算样本均值 $\overline{X}$ 超过 9.9 的近似概率。

（3）计算样本均值 $\overline{X}$ 在均值附近 0.1 范围内的近似概率。

解：因为样本均值均服从 $N(\mu, \sigma^2/n)$，所以本题可根据正态分布标准化的知识求近似概率。

$$\mu = 10, \ \sigma^2/n = 0.6^2/36 = 0.01, \ 即 \ \overline{X} \sim N(10, 0.1^2)$$

（1）$P(\overline{X} < 9.9) = P\left(\dfrac{\overline{X} - 10}{0.1} < \dfrac{9.9 - 10}{0.1} \right) = P(Z < -1) = 1 - \Phi(1) =$

$1 - 0.8413 = 0.1587$。

（2）$P(\overline{X} < 9.9) = 1 - P(\overline{X} \leqslant 9.9) = 1 - 0.1587 = 0.8413$。

（3）$P(9.9 < \overline{X} < 10.1) = P\left(\dfrac{9.9 - 10}{0.1} < \dfrac{\overline{X} - 10}{0.1} < \dfrac{10.1 - 10}{0.1} \right)$

$$= P\left(Z < \dfrac{10.1 - 10}{0.1} \right) - P\left(Z < \dfrac{9.9 - 10}{0.1} \right)$$

$$= P(Z < 1) - P(Z < -1) = 2P(Z < 1) - 1$$

$$= 2\Phi(1) - 1 = 2 \times 0.8413 - 1 = 0.6826$$

【例 2 – 17】灯具制造厂生产一批灯泡，它们总体的寿命近似服从 $N(50, 6^2)$，一家零售商决定购买 100 只，请问这 100 只灯泡的寿命均值小于等于 48 的概率是多少？

解：$\mu = 50$，$\sigma^2/n = 6^2/100 = 0.6^2$，$P(\overline{X} \leqslant 48) = P\left(\dfrac{\overline{X} - 50}{0.6} < \dfrac{48 - 50}{0.6} \right) =$

$P(Z < -3.33) = 1 - P(Z < 3.33) = 0.0004$。

2.3　相关分析与回归分析

相关分析与回归分析都是应用极其广泛的数据统计分析方法。相关分析是一种研究随机变量之间相关关系的统计分析方法，主要研究现象之间的依存关系，并探讨具有依存关系的现象的相关方向及相关程度。

回归分析按照涉及自变量的多少，可分为一元回归分析和多元回归分析。根据自变量和因变量之间的关系类型，可分为线性回归和非线性回归。在回归分析中，如果只包含一个自变量和一个因变量，且可以用一条直线近似地表示两者的关系，这种回归分析就称为一元线性回归分析。如果回归分析中包括两个或两个以上的自变量，且它们之间存在线性关系，则称为多元线性回归分析。本节仅简要介绍相关分析与一元线性回归分析的基本方法。

2.3.1　相关分析

在相互联系的现象之间存在着一定的因果关系，把其中起影响作用的现象具体化，通过一定的变量反映出来，这样的变量称作自变量。受到自变量变动的影响而发生变动的变量称作因变量。相关分析可以在影响某个变量的诸多变量中判断哪些是影响显著的，哪些是影响不显著的。在得到相关分析结果后，可以对相互影响显著的变量使用其他数据分析方法（如回归分析和因子分析）做进一步分析。

典型的相关性分析包括 3 个步骤：一是绘制两个变量的散点图；二是计算变量之间的相关系数；三是相关系数的显著性检验。

1. 散点图的绘制

为了研究两个变量之间存在什么关系，可以在平面直角坐标系中画一张图，将随机变量 x 与 y 的观察值 $(x_i, y_i), i = 1, 2, \cdots, n$ 看成直角坐标系中的点，在图中标出 n 个点，则称此图为散点图。散点图可以帮助人们了解变量之间是否相关及相关程度。绘制散点图是相关分析的第一步，用 Excel 的绘制"散点图"功能可以完成这一步骤。

2. 相关系数的计算

若相关系数是根据总体全部数据计算的，则称为总体相关系数，记为 ρ，它是两个变量之间的协方差和标准差的商。它按照积差方法计算，以两个变量与各自平均值的离差为基础，利用两个离差相乘来反映两个变量之间的相关程度。公式如下：

$$\rho_{XY} = \frac{\text{cov}(X,Y)}{\sigma_x \sigma_y} = \frac{E\left[(x - \mu_x)(Y - \mu_y)\right]}{\sigma_x \sigma_y}$$

若是根据样本数据计算的，则称为样本相关系数，记为 r。

常用的样本相关系数有 3 种，即皮尔逊相关系数、斯皮尔曼相关系数和肯德尔相关系数。

（1）皮尔逊相关系数，记为 Person 线性相关系数。皮尔逊相关系数是著名统计学家卡尔·皮尔逊设计的统计量，如果散点图的 n 个点基本在一条直线附近，但又不完全在一条直线上，就可以使用该统计量来表示变量关系的密切程度。它的计算公式是：

$$r = \frac{n\sum xy - \sum x \sum y}{\sqrt{n\sum x^2 - \left(\sum x\right)^2}\sqrt{n\sum y^2 - \left(\sum y\right)^2}}$$

r 被称为随机变量 x 与 y 的 Pearson 线性相关系数。

只有两个变量的标准差都不为零时，相关系数才有定义。Person 相关系数适用情况：两个变量是线性关系，都是连续数据，可以使用散点图查看；两个变量的总体是正态分布，或接近正态的单峰分布；两个变量的观测值是成对的，每对观测值之间都相互独立。

相关系数 r 值的大小能够反映变量 x 与 y 之间线性关系的密切程度。r 值不同，两个变量的相关方向与相关密切程度也不同。根据相关系数 r 值的正负，可以判断两个变量相关的方向；根据相关系数 r 的绝对值大小，可以判断两个变量的相关程度。相关系数的性质如下。

当 $r = \pm 1$ 时，各个点完全在一条直线上，这时称两个变量完全线性相关。

当 $r = 0$ 时，两个变量不相关，这时散点图上的 n 个点可能毫无规律，不过两个变量之间也可能存在某种曲线的趋势。

当 $r > 0$ 时，两个变量正相关，这时 x 的值增加，y 的值也有增加的趋势。

当 $r < 0$ 时，两个变量负相关，这时 x 的值增加，y 的值有减少的趋势。

根据 Person 相关系数绝对值大小，可以判断两个变量之间的相关程度。

$|r| \geqslant 0.8$ 时，可视为两个变量之间高度相关。

$0.5 \leqslant |r| < 0.8$ 时，可视为两个变量之间中度相关。

$0.3 \leqslant |r| < 0.5$ 时，可视为两个变量之间低度相关。

$|r| < 0.3$ 时，说明两个变量之间的相关程度极弱，可视为不相关。

（2）斯皮尔曼相关系数，记为 Spearman 等级相关系数。斯皮尔曼相关系数是根据等级资料研究两个变量之间相关关系的方法，它是依据两列成对等级的各对等级数之差来计量的，所以又称为"等级差数法"。其计算公式为：

$$\rho = 1 - \frac{6 \sum\limits_{i=1}^{n} d_i^2}{N(N^2 - 1)}$$

其中，d_i 为两列成对等级的各对等级数之差。等级相关系数与线性相关系数一样，取值为 $[-1, +1]$，ρ 为正时表示正相关，为负时表示负相关，等于零表示不相关。二者的区别是等级相关系数是在等级的基础上计算的，比较适用于反映序列变量的相关关系。等级相关系数和通常的相关系数一样，它与样本的容量有关，尤其是在样本容量比较小的情况下，其变异程度较大。等级相关系数的显著性检验与普通的相关系数的显著性检验相同。

斯皮尔曼相关系数对数据条件的要求没有皮尔逊相关系数严格，只要两个变量的观测值是成对的等级评定资料，或者是由连续变量观测资料转化得到的等级资料，不论两个变量的总体分布形态、样本容量的大小如何，都可以用斯皮尔曼相关系数来研究。

（3）肯德尔相关系数，记为 Kendall 等相关系数。肯德尔相关系数是以 Maurice Kendall 命名的，并经常用希腊字母 τ 表示其值。肯德尔相关系数是一个用来测量两个随机变量相关性的统计值。肯德尔检验是非参数假设检验，它使用计算而得的相关系数去检验两个随机变量的统计依赖性。肯德尔相关系数的计算公式有 3 种，这里仅介绍其中的一种。

$$\tau_{-a} = \frac{C - D}{\frac{1}{2} N(N - 1)}$$

其中，C 表示 x 与 y 中拥有一致元素的对数（两个元素为一对）；D 表示 x 与 y 中拥有不一致元素的对数。

上式仅适用于集合 x 与 y 中均不存在相同元素的情况。肯德尔相关系数的取值范围为 $-1 \sim +1$，当 τ 为 1 时，表示两个随机变量有完全相同的等级相关性；当 τ 为 -1 时，表示两个随机变量拥有完全相反的等级相关性；当 τ 为 0 时，表示两个随机变量是相互独立的。

3. 相关系数的显著性检验

一般情况下，总体相关系 ρ 数是无法得到的，只能通过样本相关系数 r 去估计。由于相关系数 r 是根据样本计算的，是一个随机变量，这就需要考察样本相关系数的可靠性如何，即需进行相关系数的显著性检验。检验步骤如下。

（1）提出原假设。

$$H_0：\rho = 0 \quad 两个变量之间的线性关系不显著$$

（2）计算检验统计量。

$$t = |r| \sqrt{\frac{n-2}{1-r^2}} \sim t(n-2)$$

（3）进行决策。根据给定的显著性水平 α 和自由度 $n-2$ 查 t 分布表，得出 $t_{\alpha/2}(n-2)$ 的临界值。若 $|t| > t_{\alpha/2}$，则拒绝原假设 H_0，表明总体的两个变量之间存在显著的线性关系；反之，接受原假设，表明总体的两个变量之间不存在显著的线性关系。

2.3.2　一元线性回归分析

回归分析是因果关系法的一个主要类别，是数理统计学的基本方法之一，主要用于研究数据之间等的某种特定关系。当两个变量之间存在线性相关关系时，人们常常希望在两者之间建立定量关系，两个相关变量之间的定量关系表达即是一元线性回归方程。将两个变量的值绘制到散点图，从散点图上看，n 个点在一条直线附近波动，一元线性回归方程便是对这条直线的一种估计，当估计出这条直线后，就可以利用这个直线方程根据给定的自变量来预测因变量，这就是一元线性回归分析所要解决的问题。

1. 一元回归模型及相关假设

设自变量 x 是一般变量，因变量 y 是随机变量，对于固定的 x 值，y

值有可能是不同的。假定 x 服从正态分布，y 的均值是 x 的线性函数，其波动是一致的，并且假定 n 组数据的收集是独立进行的。在这些假定的基础上，可建立如下一元线性回归模型：

$$y = \beta_0 + \beta_1 x + \varepsilon$$

其中，x 为自变量，y 为因变量。β_0 和 β_1 称为模型的参数，β_0 为截距，β_1 为回归系数，表明自变量对因变量的影响程度。误差项 ε 是随机变量，反映了除 x 和 y 之间的线性关系外的随机因素对 y 的影响，是不能由 x 和 y 之间的线性关系所解释的变异性。

从专业角度讲，以上建立的一元回归分析模型只有在以下假设成立时才有意义。

（1）正态性假设：要求总体误差项服从正态分布。如果违反这一假设，则最小二乘估计不再是无偏估计，不能进行区间估计。如果不涉及假设检验和区间估计，则此假设可以忽略。

（2）零均值假设：在自变量取一定值的条件下，其总体各误差项的条件平均值为零。如果违反这一假设，则由最小二乘估计得到的不再是无偏估计。

（3）等方差性假设：在自变量取一定值的条件下其总体各误差项的条件方差为一个常数。如果违反这一假设，则最小二乘估计不再是有效估计，不能进行区间估计。

（4）独立性假设：误差项之间相互独立（不相关），误差项与自变量之间应相互独立。如果违反这一假设，则误差项之间可能出现序列相关，最小二乘估计不再是有效估计。

2. 一元线性回归方程

根据一元线性回归模型和对误差项的假设，可以建立如下一元线性回归方程，表达式为：

$$E(y) = \beta_0 + \beta_1 x$$

该表达式描述了 y 的平均值或期望值是如何依赖于自变量 x 的。现在给出了 n 对样本数据 (x_i, y_i)，$i = 1, 2, \cdots, n$，下面要根据这些样本数据估计 β_0 和 β_1，估计值记为 $\hat{\beta}_0$ 和 $\hat{\beta}_1$。如果 $\hat{\beta}_0$ 和 $\hat{\beta}_1$ 已经估计出来，那么给定 x_i 值，回归直线上对应点的纵坐标为：

$$\hat{y}_i = \hat{\beta}_0 + \hat{\beta}_1 x_i$$

称 $\hat{y}_i$ 为回归值，实际的观测值 y_i 与 $\hat{y}_i$ 之间存在偏差，我们希望求得的直线（即确定 $\hat{\beta}_0$ 和 $\hat{\beta}_1$）使这种偏差的平方和最小，即要求 $\sum (y_i - \hat{y}_i)^2$ 最小。根据微分学的原理，上式中的 $\hat{\beta}_0$ 和 $\hat{\beta}_1$ 可以用下式求出。

$$\hat{\beta}_1 = \frac{n \sum_{i=1}^{n} x_i y_i - \left(\sum_{i=1}^{n} x_i \right) \left(\sum_{i=1}^{n} y_i \right)}{n \sum_{i=1}^{n} x_i^2 - \left(\sum_{i=1}^{n} x_i \right)^2}, \hat{\beta}_0 = \bar{y} - \hat{\beta}_1 \bar{x}$$

这一组解称为最小二乘估计，其中，$\hat{\beta}_1$ 是回归直线的斜率，称为回归系数；$\hat{\beta}_0$ 是回归直线的截距，一般称为常数项。这样就可以根据样本数据求得 $\hat{\beta}_0$ 和 $\hat{\beta}_1$，也就能找到回归方程，完成回归分析的主要任务。

3. 回归直线的拟合优度

回归直线的拟合优度是指回归直线对观测值的拟合程度。显然，若观测点离回归直线近，则拟合程度好；反之，则拟合程度差。

在回归分析中，因变量 n 次观测值的总变差可由其离差平方和来表示，称为总平方和，记为 SST，即 $SST = \sum (y_1 - \bar{y})^2$。$SST$ 可以分解成两部分：其中，$\sum (\hat{y}_i - \bar{y})^2$ 是回归值与均值的离差平方和，反映了在 y 的总变差中由于 x 与 y 之间的线性关系引起的变化部分，可以由回归直线来解释，称为回归平方和，记为 SSR，即 $SSR = \sum (\hat{y}_i - \bar{y})^2$；另一部分 $\sum (y_i - \hat{y}_i)^2$ 是各实际观测值与回归值的离差平方和，称为残差平方和，记为 SSE，即 $SSE = \sum (y_i - \hat{y}_i)^2$。3 个平方和之间的关系为：

$$SST = SSR + SSE$$

度量拟合优度的统计量是判定系数 R^2。判定系数是回归平方和（SSR）占总平方和（SST）的比例，其计算公式为：

$$R^2 = \frac{SSR}{SST} = \frac{\sum_{i=1}^{n} (\hat{y}_i - y)^2}{\sum_{i=1}^{n} (y_i - \bar{y})^2}$$

R^2 的取值范围是 $[0,1]$。R^2 的值越接近 1，说明回归直线对观测值的拟合程度越好；反之，R^2 的值越接近 0，说明回归直线对观测值的拟合程度越差。在进行回归分析时，首先要观察判定系数的大小，如果判定系数太小，则说明自变量对因变量的线性解释程度太低，即模型的现实意义不大，可以考虑使用别的分析方法分析，或使用多元线性回归分析方法和曲线回归分析方法。如果是多元线性回归，则考虑调整后 R^2 的值，一般软件都有相关计算，这里不再赘述。

4. 回归模型的检验

回归分析也是从样本数据估计总体参数的分析方法。因此得出回归方程以后，需要检验得出的估计与之前的假设，从而确认所做的分析是否有效。回归模型的检验包括以下 3 个方面的内容。

（1）回归方程的显著性检验（F 检验）。建立回归方程的目的是表达两个具有线性相关变量之间的定量关系。因此，只有当两个变量具有线性相关关系时，所建立的回归方程才是有意义的。检验两个变量之间是否存在线性相关关系的问题便是对回归方程的显著性检验问题。这里介绍 F 检验。

提出原假设。

$H_0：\beta_1 = 0$，即两个变量之间的线性关系不显著。

计算检验统计量。

$$F = \frac{SSR/1}{SSE/(n-2)} \sim F(1, n-2)$$

进行决策。根据给定的显著性水平 α 和 F 的自由度查 F 分布表，得出相应的临界值 F_α。若 $F > F_\alpha$，则拒绝原假设 H_0，表明总体的两个变量之间存在显著的线性关系；反之，接受原假设，表明总体的两个变量之间不存在显著的线性关系。

若要便于推广到多元线性回归场合，则可用方差分析法进行检验。

（2）回归系数的显著性检验（t 检验）。回归方程进行显著性检验以后，方程中的每个系数对因变量的贡献还需要进一步检验（尤其是在多元线性回归中）总体回归效果显著并不说明方程中每个自变量 $x_1, x_2, \cdots, x_n$ 对因变量 y 都是重要的，即可能有某个自变量 x_i 对 y 并不起作用，或者能被其他 x_k 的作用代替。因此，对于这种自变量，一般需要从回归方程中剔除，这样才可以建立更简单的回归方程。

显然，某个自变量如果对 y 不显著，则它的系数 β_i 就应取值为 0，因此检验每个自变量 x_i 是否显著就要进行假设检验。

提出原假设。

H_0：$\beta_1 = 0$，即假设系数为零。

计算检验统计量。在 $\beta_1 = 0$ 的假设下，可应用 t 检验统计量：

$$t = \frac{\hat{\beta}_1}{\dfrac{\sigma}{\sqrt{\sum (x_i - \bar{x})^2}}} \sim t(n-2)$$

其中，$\sigma = S_y = \sqrt{\dfrac{\sum (y_i - \hat{y}_i)^2}{n-2}}$。

进行决策。根据给定的显著性水平 α 和自由度 $n-2$ 查 t 分布表，得出 $t_{\alpha/2}(n-2)$ 的临界值。若 $|t| > t_{\alpha/2}$，则拒绝原假设 H_0，表明回归系数显著不为 0，即自变量对因变量的影响是显著的；反之，接受原假设，表明回归系数显著为 0，即自变量对因变量的影响是不显著的。

在多元线性回归分析中，如果某一系数被检验出不显著，则说明系数对应的自变量对因变量没有重要作用，需要从模型中剔除；在一元线性回归分析中，如果检验出不显著，则需要重新设计模型。

（3）残差分析。残差是指由回归方程计算得到的预测值与实际样本值之间的差距，其定义为：

$$e_i = y_i - \hat{y}_i = y_i - (\hat{\beta}_0 + \hat{\beta}_1 x_i)$$

对于线性回归分析，如果方程能够比较好地反映被解释变量的特征和规律性，那么残差序列中就应不包含明显的规律。残差分析包括以下内容：残差服从正态分布，其平均值等于零；残差取值与 x 的取值无关；残差的自相关性；残差方差相等。本书仅介绍部分残差分析的内容，感兴趣的读者可查阅相关文献，探究其他方面的内容。

残差均值和方差齐次性检验。数据分析师可以利用残差图进行分析，如果残差均值为零，则残差图的点应该在纵坐标为零的中心带状区域随机散落。如果残差的方差随着自变量值（或因变量值）的增加有规律地变化，则出现了异方差现象。

$D-W$ 检验。$D-W$ 检验用来检验残差的自相关。检验统计量为：

$$DW = \frac{\sum_{t=2}^{n}(e_t - e_{t-1})^2}{\sum_{t=2}^{n}e_t^2} \approx 2(1-\rho)$$

DW 值为 2 表示无自相关，为 0 ~ 2 说明存在正自相关，为 2 ~ 4 说明存在负自相关。一般情况下，DW 值为 1.5 ~ 2.5 即可说明无自相关。

2.4　应用实例：使用 Excel 实现一元回归分析

回归分析是根据所拟合的回归方程来研究自变量与因变量相关关系的方法，实践中主要用于预测。本节主要讨论如何使用 Excel 实现一元线性回归分析。

在 Excel 中可以使用多种方法求解回归分析问题，常用方法主要有：采用图表分析；使用回归函数；使用规划求解工具；使用回归分析工具。

其中，回归分析工具仅适用于线性回归分析，规划求解工具是最有效和最方便的求解工具。

2.4.1　求解问题及要求

以某一段时间内 27 中产品销售的利润和成交金额数据为依据（见表 2 – 16），用 Excel 实现商品销售利润和销售金额的一元线性回归分析。

表 2 – 16　　　　　　　　某系列商品销售的利润和成交金额数据

产品类别	成交金额（万元）	利润（万元）
产品 1	88 445	8 460
产品 2	102	11
产品 3	9 584	779
产品 4	232	15
产品 5	12 098	5 897
产品 6	6 377	718
产品 7	17 926	1 560
产品 8	98 509	9 358
产品 9	54 789	5 205
产品 10	113 569	10 789

产品类别	成交金额（万元）	利润（万元）
产品 11	35 933	3 414
产品 12	33 343	3 176
产品 13	34 915	3 317
产品 14	61 452	5 838
产品 15	77 806	7 392
产品 16	82 996	7 885
产品 17	10 572	942
产品 18	6 502	682
产品 19	1 952	197
产品 20	12 067	1 095
产品 21	88 445	8 460
产品 22	102	11
产品 23	9 584	779
产品 24	232	15
产品 25	12 098	5 897
产品 26	6 377	718
产品 27	17 926	1 560

具体要求：

（1）建立 x 与 y 散点图，在图上添加线性趋势线、线性回归方程及判定系数 R^2 的值。

（2）使用规划求解法计算一元线性回归模型的参数，求判定系数 R^2 的值。

（3）使用回归分析工具建立一元线性回归模型，求解模型参数和判定系数 R^2 的值，并通过 R^2 判断回归方程的线性关系是否显著。

（4）比较上述 3 种方法的结果，并预测成交金额投入为 200 000 万元时的利润。

（5）将规划求解法预测得到的利润预测值添加到散点图上。

2.4.2　不同方法实现回归分析的基本步骤

1. 采用图表分析并添加趋势线

（1）在 Excel 中打开工作表"商品类目销售利润表．xls"，选取 B1：C28

单元格区域，在"插入"选项中选择"图表"组，单击"散点图"按钮，
创建图 2 - 21 所示的图表。

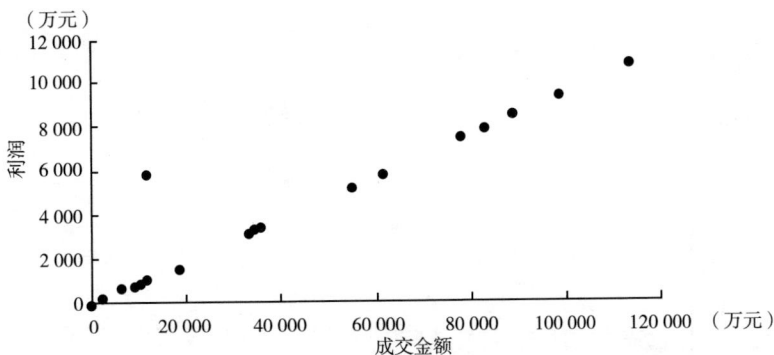

图 2 - 21　商品利润与成交金额散点图

（2）在图表中用鼠标右键单击数据系列，在弹出的快捷菜单中选择
"添加趋势线"命令，弹出"设置趋势线格式"对话框。设置"趋势预测/
回归分析类型"为线性，选择"显示公式"和"显示 R 平方值"复选框，
如图 2 - 22 所示。

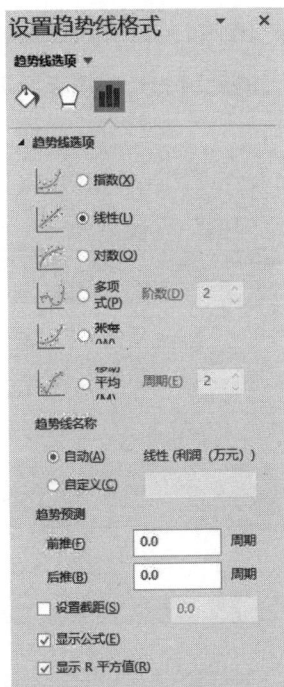

图 2 - 22　设置趋势线格式

（3）关闭对话框，得到图表分析法的回归方程，如图 2 - 23 所示，求得回归方程为 $y = 0.0894x + 528.06$，$R^2 = 0.8672$。$R^2 > 0.7$，说明曲线拟合度较好。

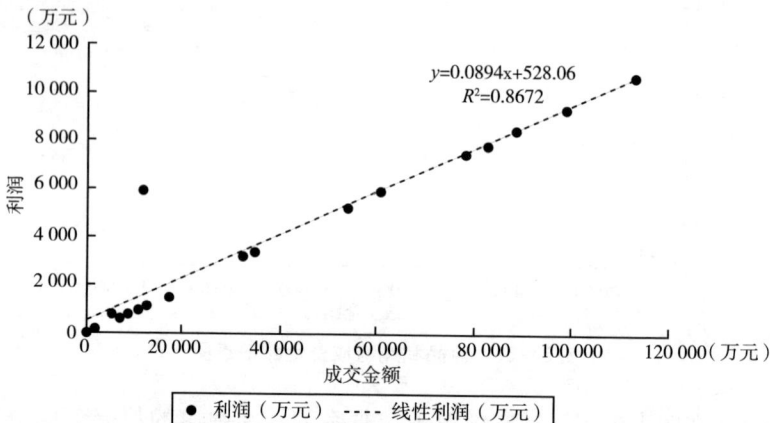

图 2 - 23　利润和成交金额拟合回归方程

2. 使用规划求解工具

（1）假设回归方程为 $\hat{y} = a + bx$，设参数 $a = 100$，$b = 0.1$，在 Excel 的 G6 和 G7 单元格中分别输入 100 和 0.1，在 D2 单元格中输入公式 $= \$G\$6 + \$G\$7 * B2$，然后利用填充柄复制公式，填充至 D3：D28 单元格区域，计算利润的估计值 $\hat{y}$。

（2）在 G8 单元格中输入公式 " $= AVERAGE((C2：C28 - D2：D28)^2)$ "，计算 y 的观测值与估计值之间的均方误差 MSE，结果如图 2 - 24 所示。

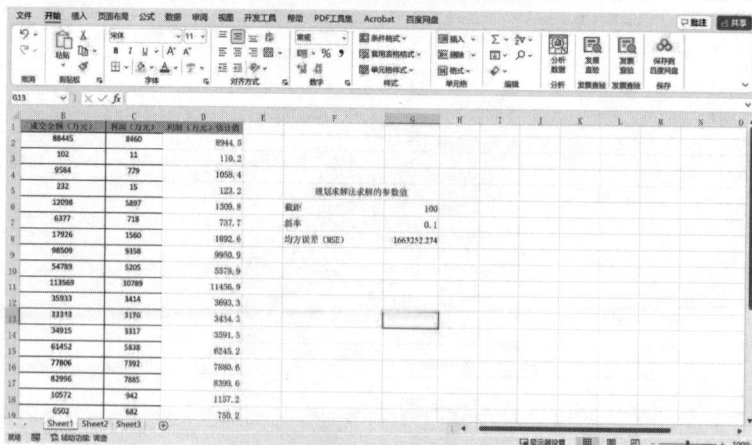

图 2 - 24　规划求解法计算参数值

（3）在"数据"选项卡中选择"分析"组，单击"规划求解"按钮，弹出"规划求解"对话框，选取单元格 G8 为设置目标达到最小值，G6：G7 为可变单元格，单击"求解"按钮，具体设置如图 2 - 25 所示。

（4）求解得到 $a = 528.06$，$b = 0.0894$，则回归方程为 $y = 0.0894x + 528.06$。

（5）在单元格 G9 中输入公式 RSQ（C2：C28，D2：D28），计算判定系数 R^2，结果如表 2 - 17 所示。

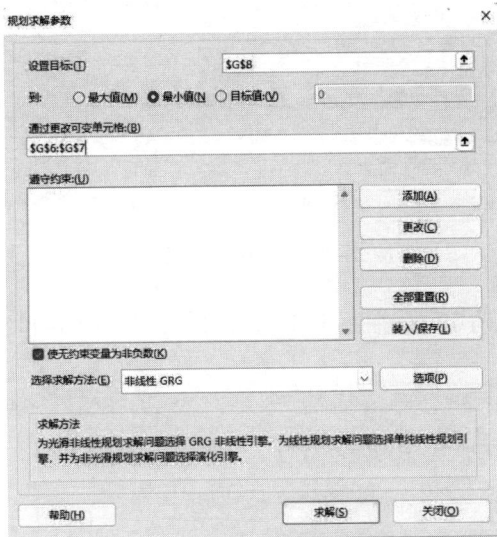

图 2 - 25　规划求解参数设置和输出

表 2 - 17　　　　　　　　　　　规划求解参数值

截距（a）	528.06
斜率（b）	0.0894
均方误差（MSE）	1 663 252.274
R^2	0.8672

3. 使用回归分析报告工具

（1）在"数据"选项卡中选择"分析"组，单击"数据分析"按钮，选取"回归"分析工具，弹出"回归"对话框。

（2）设置"Y 值输入区域"为利润（万元）所在列，"X 值输入区域"为成交金额（万元）所在列，选择"标志"复选框，设"输出区域"为F7，具体设置如图 2 - 26 所示。

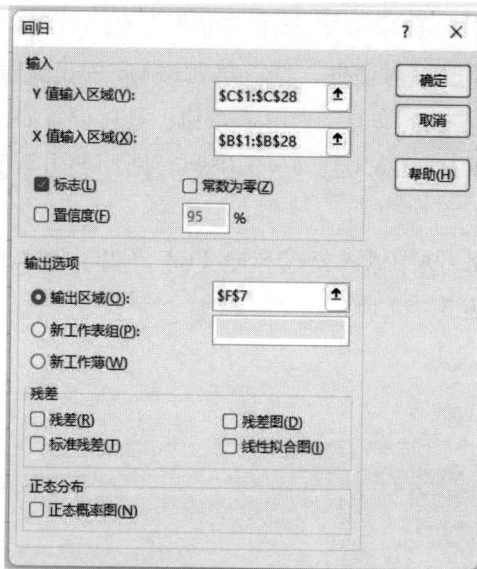

图 2 - 26　"回归"对话框

（3）单击"确定"按钮，得到如图 2 - 27 所示的回归分析报告。

	F	G	H	I	J	K	L	M	N	O
	SUMMARY OUTPUT									
		回归统计								
	Multiple R	0.931252851								
	R Square	0.867231872								
	Adjusted R Squa	0.861921147								
	标准误差	1280.315815								
	观测值	27								
	方差分析									
		df	SS	MS	F	nificance F				
	回归分析	1	2.68E+08	2.68E+08	163.2982	1.84E-12				
	残差	25	40980215	1639209						
	总计	26	3.09E+08							
		Coefficients	标准误差	t Stat	P-value	Lower 95%	Upper 95%	下限 95.0%	上限 95.0%	
	Intercept	528.0625988	338.1643	1.561556	0.130964	-168.4	1224.525	-168.4	1224.525	
	成交金额（万元）	0.089394071	0.006995	12.77882	1.84E-12	0.074987	0.103802	0.074987	0.103802	

图 2 - 27　回归分析报告

（4）分析报告中的参数值 $a = 528.06$，$b = 0.0894$，$R^2 = 0.8672$，说明回归方程的线性相关性显著。

4. 采用规划求解的参数进行回归预测

（1）在单元格 G13 中输入公式" = G6 + G7 * G12"，计算成交金额为

200 000 万元时的利润预测值，结果如表 2 − 18 所示。

表 2 − 18	预测值	单位：万元
预测指标	预测值	
成交金额	200 000	
利润估计值	18 406.86674	

（2）将预测值添加到散点图上。在 Excel 中选中数据列，单击"选择数据"按钮，打开"选择数据源"对话框，如图 2 − 28 所示。

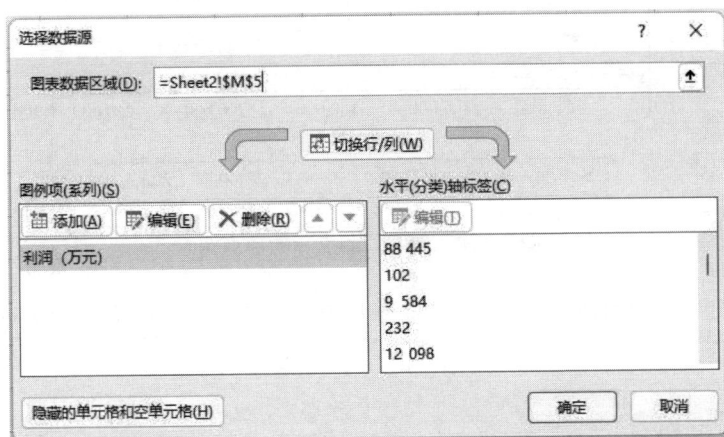

图 2 − 28　选择数据源

（3）将预测值添加到散点图上。在图 2 − 28 中单击"添加"按钮，打开"编辑数据系列"对话框，添加成交金额为 200 000 万元时利润预测值的点，如图 2 − 29 所示。

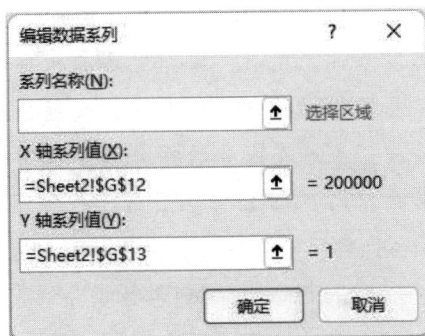

图 2 − 29　"编辑数据系列"对话框

　　（4）单击图 2 - 29 中的"确定"按钮，得到新增预测点后的散点图，如图 2 - 30 所示。

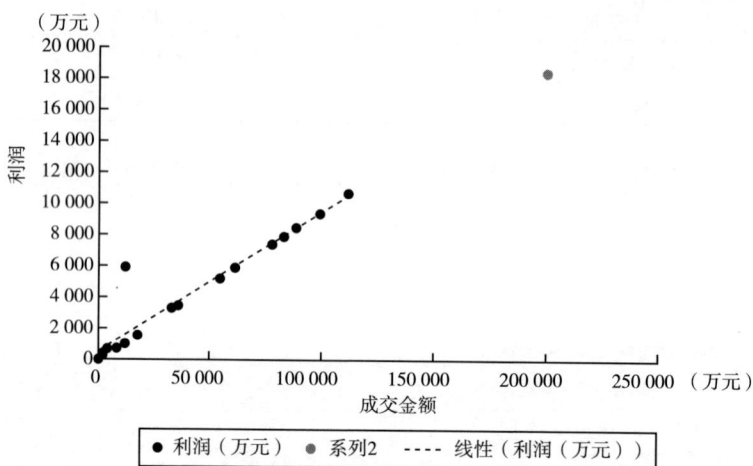

图 2 - 30　新增预测点后的散点图

对于给定的销售数据，以上 4 种方法求得的一元回归方程结果一致。

本章小结

　　本章首先阐述了描述性统计分析的基本概念和主要内容。描述性统计分析主要包括三方面内容。一是分析数据分布的集中趋势，即反映各数据向其中心值靠拢或聚集的程度，可以用平均指标描述；二是分析数据分布的离中趋势，即反映各数据远离其中心值的程度，可以用变异指标描述；三是分析数据分布的偏斜程度和陡峭程度，即反映数据分布的形态，可以用偏度和峰度描述。然后，介绍了商务数据分析中经常用到的数理统计基础知识，主要包括抽样估计基础、数据分布及中心极限定理等内容。紧接着，介绍了两种在商务数据分析中应用极其广泛的数据统计分析方法，即相关分析与回归分析。最后，使用 Excel 工具，实现一元回归分析，包括求解问题及要求阐述，以及不同方法实现回归分析的基本步骤。本章所述的统计基础知识，是商务数据分析人员业务成长必须具备的基础知识。

复　习　题

1. 统计数据的类型有哪些？

2. 描述性统计分析的主要内容有哪些？

3. 什么是数据的集中趋势和离中趋势？

4. 如何描述数据的分布形态？

5. 什么是随机变量的概率分布？

6. 什么是中心极限定理？

7. 什么是相关分析，其步骤有哪些？

8. 回归模型的检验包括哪些内容？

第 3 章

描述性分析Ⅱ：
数据仓库与在线分析处理

本章学习目标

1. 了解数据仓库的基本概念、特点及系统构成。
2. 理解并掌握数据预处理的基本概念和方法。
3. 理解数据抽取−转换−装载在商务数据分析中的作用。
4. 理解并掌握联机分析处理的概念、类型和典型操作。

☞ 引例①

　　云茶网是云南乃至全国首个有关"三农"的报价系统。该体系的开放对云茶产业具有划时代的意义，同时也意味着云南茶产业信息化重点工程——云茶数据仓库的建设取得了突破性的进展。

　　云茶报价系统是云茶网致力构建的云茶数据仓库的一个重头戏。云茶数据仓库是经云南省农业农村厅审批、由云茶网负责建设的项目，其旨在推动云茶产业信息化进程，着手打造一个面向云南茶产业的中央数据仓库

---

　　① 资料来源：云茶网，http：//www.yuncha.cn/chayezixun/5387.html。

和信息综合处理中心。云茶报价系统通过梳理整合云茶产业各个链条，采集从鲜叶到毛料再到成品，以至最终流入市场等环节的实时数据，继而统一归类并发布各产地和厂家的相关信息，给消费者提供真实可信的有价值的参考依据。与此同时，在保证商家合理利益的前提下，将价格在网上公示，规避商家之间的恶性竞争，从而规范市场秩序，营造公平健康良性发展的氛围。

据云茶网技术负责人李虹健介绍，云茶报价系统的优势和特点主要体现在以下几个方面。一、该系统并非只是一个类似百科全书的数据库，而是通过大量的数据分析，对后期的茶叶价格走势进行提前预测。通过数据挖掘技术分析海量信息，为政府主管部门、科研单位、厂商、消费者提供一个关于市场行情的预测与决策系统。不但为消费者在购买时提供了参考，也能让政府、茶商与消费者从该体系中获得实时的市场行情，从而进行正确的决策。二、此套系统采用了基于 JavaScript 的图形和图表绘制工具来展现数据，其优点就是现在的智能手机和主流移动设备都能够顺利访问。这一特点区别于大多数的需要呈现价格走势图或者类似曲线图的数据分析站点使用 flash 来展现数据。报价系统是构建中央数据仓库的一项重要内容，也是整个中央数据库的重要一环，其他相关功能的发挥离不开报价系统的核心支持。

云南自古以来就是产茶大省，产自云南的普洱茶更是因悠久的文化底蕴和成熟的品质而广受推崇。但云南茶产业一直以来都存在着整体科技含量较低的问题，从茶叶的种植、管理、采摘、成品制造到流通一直采用较为粗放的管理模式，更为重要的是在这些过程中产生的大量信息一直以来都被忽略。而云茶数据仓库就是为此而建，将细节信息加以收集、整理，并从中找出有用的信息加以利用，从而提升整个产业的信息化程度。

云茶数据仓库项目是为云茶种植、研发、生产、销售过程中涉及的茶叶生产宏观决策支持、茶叶科技研究、价格预测、产量预测、质量安全管理体系建立、质量安全追溯系统、农业种植环境信息管理、茶叶物流管理等系统提供一个开放的、易于操作的、安全可靠的中央数据仓库和信息综合处理中心。

问题思考：

1. 构建数据仓库可以从哪些方面解决云南茶业企业所面临的问题？

这体现了数据仓库的什么特点？

　　2. 通过阅读案例，谈谈你对数据仓库应用的体会。

3.1　数据仓库概述

3.1.1　数据仓库的基本概念

　　商务智能的顺利实施，离不开商务智能技术，而这些技术都需要围绕数据进行实现。可以说，没有数据，就没有商务智能。随着科技的发展，存储器、操作系统、文件系统不断进步，在需要处理的数据量急剧增加的同时，数据管理技术也在不断进步。数据库管理系统已实现数据共享和数据集中控制，是各类系统的核心和基础部分。

　　大量的行业数据存储在各个独立的数据库管理系统中，针对商务智能的决策支持功能无法在传统的数据库系统中实现。因此，需要一种新型的数据管理技术来实现整合多个独立的数据块，并发挥决策支持功能。

　　数据仓库这种新型的数据集合开始出现，代替了结构化的传统数据库系统，用于支持管理决策。数据仓库在处理历史数据的基础之上，对整个数据系统进行分析和整理，之后进行联机分析处理、数据挖掘等工作，最终目的是用系统中的数据来发现知识从而构建商务智能。数据仓库是在数据库保存了大量的各种业务数据的基础上，为了更加深入地进行数据分析、知识发现和满足商务决策需要而产生的。

　　数据仓库的核心思想与传统的数据库系统不同，传统的数据库系统主要体现在数据的完整性、对数据进行操作的便捷性，而数据仓库主要体现在分析型数据处理的要求和性能之上。数据仓库的主要特点有以下6个。

　　1. 数据仓库是有主题性的

　　传统数据库中的数据组织是面向事务处理的，业务系统之间是相互分离的，而数据仓库中的数据则按照一定的主题领域进行组织。主题是指用户使用数据仓库进行决策时所关心的方向或者应用场景，一个主题常常与多个传统数据库系统相关联。

　　2. 数据仓库是集成的

　　数据仓库中的数据来源于不同的数据源，这些数据往往是分散的，多种格式的，并且有很多无用数据。因此，需要从原始的操作型数据中抽取出所需要的数据，并进行数据的再次加工、整理等集成工作。数据经过统一规划后，才能进入数据仓库，以使数据仓库信息与全局信息保持一致性。

3. 数据仓库是保持增量的

数据仓库里的数据是根据时间的变化而不断增长和改变的，很少有删减动作。传统关系数据库比较适合存储和处理表格化的数据，能够较好满足基本的商务报表工作需求，会进行一定程度的修改和删减。而数据仓库中的数据是稳定的，一旦加入数据仓库，就会成为只读格式。

4. 数据仓库是相对稳定的

数据仓库中的数据一般是历史数据，主要供给企业进行决策分析使用，其数据操作主要是增加和查询。某个数据进入数据仓库后，一般情况下将被长期保存。通常数据仓库中有大量的查询操作，因此需要定期加载和更新。

5. 数据仓库是有一定可扩展性的

数据仓库的数据量一般都非常大，并且需要一定的冗余处理能力，所以需要考虑数据仓库在未来的可扩展性。另外，企业对数据分析结果的实时性要求较高，这就需要扩展当今数据仓库的功能。

6. 数据仓库是能够实时分析数据的

许多企业使用数据仓库时，对数据分析结果的实时性要求较高，这就需要数据仓库能够高效率地抽取、转换、装载数据并能及时分析数据的功能。

数据仓库建立的目的不是取代传统的关系数据库，数据仓库也不是一种综合性的大型数据库。从数据库到数据仓库，不是数据量的变化，而是数据应用场景的变化，即从以操作型处理为主转变为以分析型处理为主，从数据库联机日常操作转变为面向主题的历史数据分析，为智能分析和决策提供支持。

3.1.2　数据仓库系统构成

数据仓库作为企业实施决策的支持工具，其体系结构在理论上并没有固定、严格的规定，而是随企业规模、决策类型、数据特点的不同而改变。数据仓库是联机分析处理和数据挖掘的基础，其作用主要体现在两个方面：一是数据仓库提供了海量的经过整理的数据，二是数据仓库提供了数据处理、数据访问和数据分析等技术手段。数据仓库系统包括数据获取（data acquisition）、数据存储和管理（data storage and management）、数据访问（data access）三个部分。因此数据仓库的"三层结构"理论得到了广泛认同。

1. 数据获取与管理

数据获取是从数据源获得数据的过程，是数据仓库的基础。数据源通常包括内部信息和外部信息。内部信息主要包括数据库中各种业务数据和各类文档，外部信息主要包括市场信息、统计信息、竞争对手信息等。

由于数据仓库中保存的业务数据内容来自多个数据源，因此这些数据源提供的数据并非全部都是理想的。这些数据源中的数据存在各种缺陷，必须经过适当的处理后，才可以导入数据仓库，因此数据获取/管理层的主要作用是对数据仓库中所存储的内容进行维护，保证系统正常运行。

2. 数据存储层

数据是数据仓库系统的核心，因此数据存储层是数据仓库的主体。数据仓库所存储的数据包括三部分：一是外部数据源抽取，经清洗、转换、处理，并按主题组织存放的业务数据，二是数据仓库的元数据，三是针对不同的数据挖掘和分析主题而生成的数据集市。

元数据是描述数据仓库数据结构和建立方法的数据，为用户访问数据仓库提供目录和说明。元数据是数据仓库运行和维护的中心，也是数据仓库服务器运行和用户访问的主要依据。数据集市则是为了特定的应用目的或应用范围，针对企业的某个部门（或主题），在逻辑或物理上划分出来的数据仓库的数据子集，也可称为部门数据或主题数据。

数据仓库对数据的管理还包括安全管理，权限管理，数据更新追踪，数据质量检查，元数据管理和更新，删除数据，复制、分割和分发数据，备份和恢复，审计等。

3. 数据分析/应用层

数据分析/应用层面向的是一般用户，主要用来满足用户的查询需要，为用户访问数据仓库提供途径。它主要包括各种查询工具、报表工具、应用开发工具、联机分析处理工具、数据挖掘工具以及各种基于数据仓库的应用开发工具，此外，还包括信息发布系统和基于 Web 的前端联机分析界面等。

3.1.3　数据仓库模型

模型是对现实世界进行抽象的工具。在信息管理的过程中需要把现实世界的事物及其相关特征转换为信息世界的数据后才能进行处理，这就需要数据模型作为转换的桥梁。

数据仓库的模型类似于仓储中的货架，模型设计也是数据仓库设计的主要内容。这些模型包括概念模型、逻辑模型和物理模型等。元数据模型自始至终伴随着数据仓库的设计、实施和使用。数据粒度和聚合模型也在数据仓库的设计中发挥着重要的作用，影响数据仓库的具体实现。

1. 概念模型

信息世界是现实世界在人们头脑中的反映，概念模型用来表达信息世界中的信息结构，通常人们利用概念模型定义实际的数据需求。确定概念模型需要和用户一起完成。关系数据库一般采用实体关系（ER）图作为概念模型的表示方法。这是由于 ER 图简单、易于理解，有良好的可操作性，对现实世界的描述能力也较强。目前的数据仓库实际上是通过主题分析表示概念模型的，每个主题用若干维（dimension）和度量（measure）表示。维度是人们观察世界的特定角度。例如，销售经理需要了解每个月、某个特定地区、不同销售部门销售新产品创造的利润，可以按照时间、地区、分销机构和产品型号等维度进行评价，这就是业务问题的分析维度。度量是确定与维度分析有关的数值信息，如销售量等。又如，在银行卡业务分析中，银行卡业务的收入主要包括用户年费、透支的利息、向特约商户收取的刷卡消费手续费和其他收入。以顾客为中心，获取有价值的顾客是银行卡业务关注的重点，因此顾客、商户和卡业务是银行卡业务分析的主题。

2. 逻辑模型

在概念模型中确定了主题，定义了分析维度和度量后，就可以设计数据仓库的逻辑模型了。

数据仓库可采用多维数组实现，具有查询方便、快速的优点。但随着关系数据库的成熟，数据仓库也可以建立在关系数据库的基础上，在进行维度分析时利用原有的关系模型构建事实表和维表，事实表包括分析的主题相关维度 ID 和度量，维表包括维度的具体内容。例如，上面提到的银行卡业务分析中用户主题可以用用户基本信息、时间、渠道、产品、人口统计和用户细分信息等对银行卡用户进行多角度透视，全方位把握用户信息。目前主要的数据库厂商都扩充了数据仓库管理功能。数据仓库通常有以下两种基本的逻辑模型：星形模型和雪花模型。

星形模型的核心是事实表，事实表把各种不同的维表连接起来。图 3 - 1 所示为某公司销售数据仓库的星形模型，其中 sales 表是事实表，而 time 表、item 表、branch 表和 location 表都是维表。

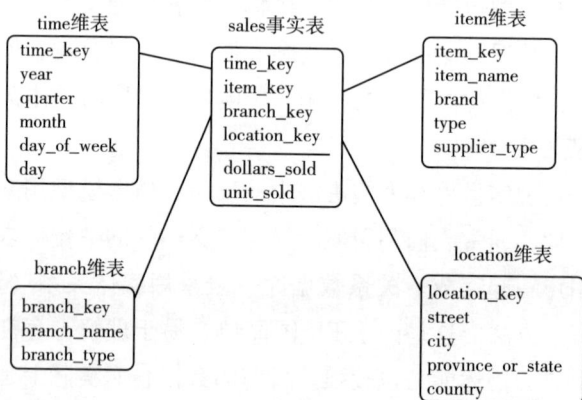

图 3 - 1　星形模型示意图

雪花模型是星形模型的扩展，某些维表中的数据可以进一步分解到附加的表中，以便减少冗余，节省存储空间。雪花模型对星形模型中的维表进行进一步标准化、规范化处理。图 3 - 2 所示为一个雪花模型，在星形模型的基础上做了进一步的扩展。

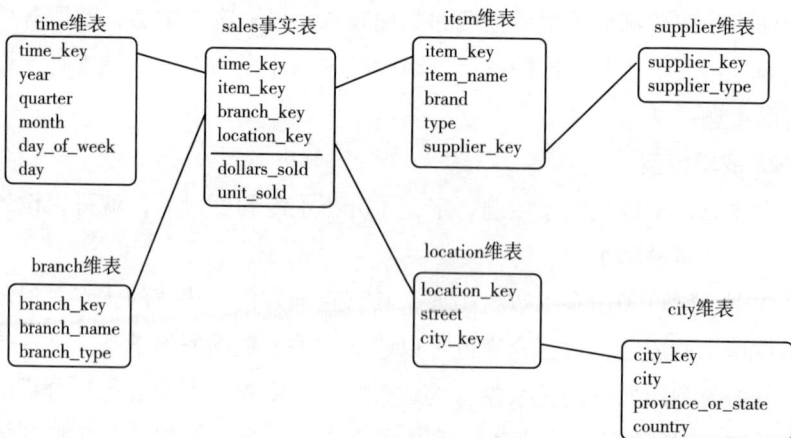

图 3 - 2　雪花模型示意图

除了星形模型和雪花模型外，还有衍生模型，例如星系模型，可描述数据仓库中多个事实表共享一个或多个维表的情况。

总而言之，逻辑模型设计包括确定数据仓库中数据粒度、数据分割策略、关系模式以及记录系统定义等工作。逻辑模型对每个当前要装载主题的逻辑实现进行定义，并把相关内容记录在数据仓库的元数据中，包括适当的粒度划分、合理的数据分割策略、适当的表结构划分以及数据源等。

数据仓库逻辑模型设计中要解决的一个重要问题是决定数据仓库的粒度划分，粒度划分情况直接影响数据仓库中的数据量和所适合的查询类型。在划分数据仓库的粒度时可以通过估算数据行数和所需的直接存储设备数，确定采用单一粒度还是多重粒度。

在确定数据分割策略、选择适当的数据分割标准时，一般要考虑以下因素：数据量、数据分析处理的实际情况、简单易行以及粒度划分等。数据量的大小是影响是否进行数据分割以及如何进行分割的主要因素，而如何进行数据分析处理是选择数据分割标准的一个主要依据，因为数据分割与数据分析处理的对象是紧密联系的。此外，还要考虑选择的数据分割标准是自然的、易于实施的，以确保数据分割的标准与粒度划分互相适应。

3. 物理模型

数据仓库的物理模型是逻辑模型在数据仓库中的实现，即数据仓库的物理分布模型，主要包含数据仓库的软硬件配置、数据的存储结构与索引、数据存放位置和存储分配等。

设计数据仓库的物理模型时，需要全面了解所选用的数据库管理系统，特别是存储结构和存取方法，并了解数据环境、数据的使用频度、使用方式、数据规模以及响应速度等，这些因素是平衡时间和空间效率的重要依据。此外，还应了解外部存储设备的特性，如分块原则、块大小和设备的 I/O 特性等。物理模型是在逻辑模型的基础上实现的，设计时应该权衡以下因素：存取时间、存储空间利用率和维护代价。当数据仓库的数据量很大时，需要对数据的存取路径进行仔细的设计，也可以建立索引以提高数据存取的效率。

同一个主题的数据并不一定要存储在相同的介质上。在物理设计时，常常按数据的重要程度、使用频率以及对响应速度的要求进行分类，并把不同类的数据分别存储在不同的存储设备上。重要程度高、经常存取并对响应时间要求高的数据存放在高速存储设备上，如硬盘或内存。而存取频率低或对存取响应时间要求低的数据则放在低速存储设备上，如磁盘或磁带。

　　确定数据存储位置时还要考虑一些其他方法，以设计相应的元数据。例如，是否对一些常见应用建立数据序列，是否对常用的、不常修改的表或属性冗余存储。有些数据库管理系统提供了存储分配的参数供设计者做物理优化处理，例如，块的大小、缓冲区的大小和个数等，这些参数都要在进行物理设计时确定。

3.2　数据预处理

3.2.1　数据预处理概述

　　现实世界中数据几乎都是不完整、不一致的"脏数据"，无法直接进行数据挖掘，或挖掘结果不尽如人意。没有高质量的数据就没有高质量的挖掘结果，为了提高数据挖掘的质量，需要对数据进行预处理。数据预处理（data preprocessing）是指在对数据进行数据挖掘之前，对最初的数据进行必要的清理、集成、转换、离散和归约等处理，其目的是使原始数据达到获取研究知识的数据挖掘算法所要求的最低标准和规范。

　　数据预处理作为数据挖掘的一个重要过程，为数据挖掘过程提供有质量保障的数据。常用数据库、事务数据库、文本数据库、多媒体数据库等都可以作为数据挖掘的数据源。但是在这些数据源中不可避免地存在噪声数据、冗余数据、缺失数据、不确定数据和不一致数据等情况。因此，要想在数据库中找出具有现实意义和易于理解的知识，就必须对这些数据进行一系列预处理，从而为数据挖掘过程提供干净、准确、简洁的数据，数据预处理是提高数据挖掘效率和准确性的重要手段，是数据挖掘中非常重要的环节。

　　没有进行过数据预处理而直接接收到的、处于原始状态的数据被称为"脏数据"，使用数据仓库和数据挖掘将会产生大量的数据，其中有一些数据是未经过处理，不符合规范的。这些质量不高的数据进入系统会使操作成本和系统响应时间剧增，并且会使从数据集中导出的规则的准确性和抽取的模式的正确性受到很大影响，更严重的是会使决策支持产生错误的分析结果，导致决策偏离正确的方向。因此，在构建数据仓库并导入数据的过程中以及在从数据库中挖掘知识之前，都必须对数据进行一系列预处理。数据质量将会直接影响数据分析结果，在对数据进行预处理时提高数据质量，是保证数据分析结果正确、有效的关键，而数据分析结果正确与否直接影响着决策者的决策。

数据预处理的方法主要有数据清理、数据集成、数据变换、数据规约。①

3.2.2　数据清理

为了清除原始数据中的噪声数据和无关数据，数据清理也可称为数据清洗（data cleaning）。数据清理从名字上也看得出就是把"脏"的数据"洗掉"，包括检查数据一致性，处理无效值和缺失值等。数据清洗的原理是利用有关技术，如统计方法、数据挖掘方法、模式规则方法等，将原始数据转换为满足数据质量要求的数据，如图 3 - 3 所示。

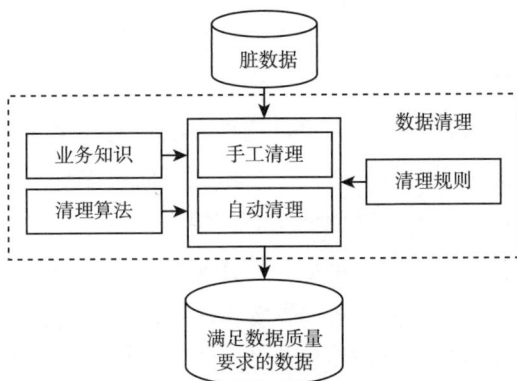

图 3 - 3　数据清洗原理示意图

数据清理可以分为有监督和无监督两种模式。有监督模式是指在领域专家的指导下，分析收集的数据，去除有明显错误的噪声数据和重复数据，填充缺失值的数据；无监督模式是使用大量的样本数据来训练练算法，使其获得一定的经验，并在以后的处理过程中自动采用这些经验完成数据清理工作。

数据清理包括以下几个步骤。

---

① 思考：为什么要进行数据预处理？

（1）数据分析。数据分析是指从数据中发现控制数据的一般规则，例如字段域、业务规则等。通过对数据的分析，可定义出数据清理的规则，并选择合适的清理算法。

（2）数据检测。数据检测是指根据预定义的清理规则及相关数据清理算法，检测数据是否正确，例如是否满足字段域、业务规则等，或检测记录是否是重复记录。

（3）数据修正。数据修正是指手工或自动修正检测到的错误数据或处理重复的记录。

数据清理中常用的操作有填充缺失的值、光滑噪声并识别离群点。

（1）填充缺失值。很多数据都有缺失值，填充丢失的值，可以用以下方法。

忽略元组。当缺少类标号时通常这样做。除非元组有多个属性缺失值，否则该方法不是很有效。当每个属性缺失值的比例很大时，它的性能就特别差。

人工填写缺失值。这种方法很费时，特别是当数据集很大、缺失很多值时，该方法可能不具有实际的可操作性。

使用一个全局常量填充缺失值。这种方法用同一个常数去替换所有的缺失值。但该方法由于大量采用同一个属性值而可能导致数据挖掘算法得出有偏差甚至错误的结论，因此要小心使用。

用属性均值填充缺失值。例如，已知某银行房屋贷款客户的平均家庭月总收入为 9 000 元，则使用该值替换客户家庭月总收入中的缺失值。

用同类样本的属性均值填充缺失值。例如，将银行房屋贷款客户按照信用度分类，就可以用信用度相同的贷款客户的家庭月总收入替换家庭月总收入中的缺失值。

使用最可能的值填充缺失值。可以用回归分析、贝叶斯等形式化的基于推理的工具或决策树归纳确定。例如，利用数据集中其他客户的属性，可以通过构造决策树来预测家庭月总收入的缺失值。

（2）光滑数据噪声。噪声是被测量的变量的随机误差或方差。针对数值型属性，可以采用以下数据光滑方法。

分箱。分箱方法通过考察数据的"近邻"来光滑有序数据的值。将有序值分布到一些"桶"或箱中，利用箱的边缘或平均值平滑缺失数据。

回归。可以用一个函数拟合数据来光滑数据。线性回归设计找出拟合两个属性的"最佳"线，使得可以用一个属性来预测另一个属性。

聚类。可以通过聚类检测离群点，将相似的值组织成群或"簇"。直观地讲，将落在簇集合之外的值视为离群点。

人工检测。人工检测是指由专业人员识别孤立点。人与计算机相结合，比单纯手动检查整个数据库效率更高。

数据清理应该满足：能检测和消除所有主要的错误和不一致，包括单数据源和多数据源集成时；能被工具支持，人工检测和编程工作要尽可能少，并具有可扩展性。

3.2.3 数据集成

随着信息化的进展，企事业单位存在很多自治（heterogeneous）、独立（autonomous）的数据源需要集成。数据集成（data integration）是将若干个数据源中的数据整合起来存储在同一个数据存储中。由于多个数据源中的数据可能会出现不同表示、重复、冲突等现象，数据集成中有很多问题需要考虑，主要包括实体识别、多个数据源的数据冗余问题、匹配问题和数值冲突问题等。

由于数据挖掘中所使用的数据可能来自多个应用系统，这些应用系统可能是异构的，还可能存在属性同名不同义、同义不同名、单位不同、类型不一致等问题，在数据集成的过程中需要发现和统一这些矛盾，重新组织原始数据，形成挖掘数据。

在数据集成的过程中，通常需要考虑模式匹配、数据冗余和数据冲突这几个问题。

1. 模式匹配

来自多个数据源的现实世界的等价实体的匹配涉及实体识别问题。属性的元数据可以用来避免模式集成中的错误，还可以用来帮助变换数据。

匹配问题还体现在自动采集数据和人工录入数据的差别上，特别是体现在与时间相关的数据上。自动采集数据的时间戳比较密；而人工录入数据的时间戳比较稀疏；事务处理的数据时间是非等间隔的；而数据恢复的时间戳是历史的。这些不同的模式如何匹配必须用元数据加以说明，这样才能避免数据集成时带来的模式匹配错误。

2. 数据冗余

最常见的数据冗余是指同一个数据库中有两个或两个以上相同的数

据，这种冗余也称为重复。数据冗余的存在使得数据挖掘算法重复处理相同的信息，导致数据挖掘的复杂性增加且效率降低。

在一次数据挖掘中，如果有多个属性同时对挖掘结果产生影响，而对同一个挖掘结果有影响的属性之间比较容易产生关联，把可以由其他属性推导来的属性称为冗余属性。有些冗余可以被相关分析检测到。给定两个属性，相关分析可以根据可用的数据估计一个属性能在多大程度上蕴含另一个属性。

3. 数据冲突

数据集成中的另一个问题是数据冲突。即在多个数据源中，表示同一实体的属性值可能不同，这些不同表现在数据值、数据类型、计量单位或编码等方面。例如，对于客户收入这一属性，其单位在一个数据源中可能表示为"元"，而在另一个数据源中可能表示为"千元"。另外，对于客户类型，在一个数据源中可能用布尔型数据表示，而在另一个数据源中可能用字符型数据表示。即使是同种数据类型，由于不同的数据库管理系统对同一种数据类型的处理不同，也可能发生数据冲突。

3.2.4 数据变换

数据变换（data transformation）是把原始数据转换成为适合数据挖掘的形式，包括对数据的汇总和聚集、概化、规范化。

聚集即对数据进行汇总。例如，在分析客户背景情况对购买能力的影响时，只需要关心客户消费的金额，并不需要了解客户购买了什么商品以及商品的数量、价格等信息。聚集常常用来构造数据立方体。

此外，原始数据包含一些对低层概念的描述，而在数据挖掘中，有时并不需要细化到这些概念，可以用它的高层概念来替换，而且这些概念的存在会使数据挖掘花费更多的时间，增加数据挖掘的复杂度，所以需要对数据进行概化。

数据规范化是指按比例对数据进行缩放，使之落入一个特定的区间，如 [0,1]。规范化可以保证输入值在一个相对小的范围内，从而加快训练速度；另外，规范化也可以避免出现因为输入值的范围过大而使权重过大的情况。

3.2.5　数据归约

数据仓库中往往存有海量数据，在其上进行复杂的数据分析与挖掘需要很长的时间。因此需要进行数据归约（data reduction）。数据归约用于产生数据的归约表示，它不但能够使数据的范围减少，满足数据挖掘算法的需要，而且能够得到和原始数据相同或近似的分析结果。数据归约的主要方法有数据立体聚集、维归约、数据压缩、数值归约、离散化和概念分层等。

（1）数据立方体聚集。数据立方体是数据的多维建模和表示，由维和事实组成。维就是涉及的属性，而事实是一个具体的数据。通常认为立方体是一个三维的几何结构；实际上，一个数据立方体的维数可以是 n。

（2）维归约。维归约是指通过创建新属性，将一些旧属性合并在一起来降低数据集的维度。通过选择旧属性的子集得到新属性，称为特征子集选择或特征选择。

（3）数据压缩。对原始数据进行数据编码或者变换，得到其压缩表示。数据压缩可以减少数据存储空间而不影响数据挖掘的结果。

数据压缩的方法一般分为两类：无损压缩和有损压缩。无损压缩如基于熵的编码方法；有损压缩如主成分分析法，是将分散在一组变量熵中的信息集中到某几个综合指标上的探索性统计分析方法。利用主成分描述数据集的内部结构，实际上也能起到数据降维的作用。

（4）数值归约。就是通过某种方法，选择较少的数据替代原始数据，减少数据量。通常的方法有直方图、聚类、抽样、回归和对数模型等。

（5）离散化和概念分层。离散化是为了满足算法或者存储的需要，用有限数量的离散数据替代连续数据。通常采用的方法是将数据划分为若干个区间，每个区间中的数据都用一个值来代替。分箱、直方图和聚类等都是离散化技术。如果在数据集上递归地使用某种离散化技术，就形成了数据集的分层概念。

3.3　数据抽取–转换–装载

3.3.1　相关概念

在构建商务智能系统时，是否能正确有效地将分散在各个不同数据源中的信息正确、有效地整合到系统中是整个系统成败的关键，它直接影响系统的运行效率和最终结果。数据抽取–转换–装载（extract-transform-load，ETL）可以有效地解决这一问题。

数据 ETL 即用户从数据源抽取所需的数据，经过数据清洗，按照预先定义的数据仓库模型，最终将数据加载入数据仓库。随着应用和系统环境的不同，数据的 ETL 具有不同的特点。数据 ETL 维系着数据仓库中数据的新陈代谢，而数据仓库日常的大部分管理和维护工作就是保持数据 ETL 的正常和稳定。

将数据从数据源装入数据仓库的过程，就是数据的抽取、转换和装载过程，如图 3–4 所示。数据 ETL 的实质是符合特定规则的数据流动过程，是数据从不同异构数据源流向统一的目标。其间，数据的抽取、清理、转换和装载可采取串行或并行的过程，每个过程都必须符合特定的规则。根据国内外众多实践所形成的共识，数据 ETL 规则设计和实施所需的工作量占整个项目的 60%~80%。如何设计高效的数据 ETL 过程已经成为商务智能系统构建过程中必须要解决的重要问题。

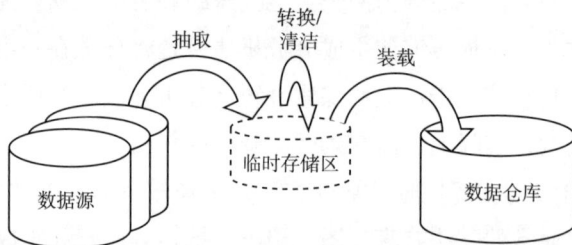

图 3–4　ETL 的过程

目前，在数据 ETL 过程中，国内外的研究主要集中在以下几个方面。

（1）数据抽取阶段。数据抽取是数据 ETL 的首要任务，主要是确定需要抽取的数据，并采用合适的方式抽取。源数据进入数据仓库是通过数据抽取完成的，是从一个或多个源数据库中通过记录选取进行数据复制的过程。抽取过程是将记录写入 ODS 或者临时区（staging area）以备进一步处理。

根据数据的不同性质，主要研究数据捕获的时机，对于立即型数据，可以通过交易日志进行数据捕获，从数据库触发器中捕获，或者从源应用程序中捕获；对于延缓型数据，则主要基于日期和时间来捕获，以及通过对文件进行比较来捕获；另外，还有文献提出全量/增量抽取。

（2）数据转换阶段。数据转换把已抽取的数据升华为数据仓库的有效数据，主要通过设计转换规则，实施过滤、合并、解码和翻译等操作实现。这一阶段主要研究记录的选择、数据类型转换、日期和时间格式转换、有效值检查、重新格式化、数据丢失、衍生数据、聚集和概括、字段的分离与合作、模式的集成与转化、数据异常的检测、相似重复记录的识别与检测等。

（3）数据装载阶段。数据装载把转换后的数据按照目标数据库元数据定义的表结构装入数据仓库。装载数据到目标数据仓库的两种基本方式是刷新和更新。

刷新方式是在定期的间隔对目标数据进行批量重写。目标数据起初被写进数据仓库，然后每隔一定的时间，数据仓库被重写，替换以前的内容。现在这种方式用得比较少。更新方式是一种只将源数据中的数据改变写进数据仓库的方法。刷新方式通常用于数据仓库首次被创建时填充数据仓库，更新方式通常用于目标数据仓库的维护。刷新方式通常与全量抽取相结合，而更新方式常与增量抽取相结合。

3.3.2　数据 ETL 建模过程

数据 ETL 过程的设计质量与对业务需求和数据仓库环境进行形式化的建模密切相关。数据 ETL 模型包括数据 ETL 概念模型和逻辑模型两部分。

概念模型是整个数据 ETL 过程设计的最初阶段。在这个阶段，数据抽取–转换–装载过程设计者的主要任务是收集用户的需求，然后分析相关数据源的结构和内容，确定抽取操作所使用的数据源。数据抽取–转换–装载概念模型主要是建立数据源与数据仓库的模式或者属性之间的映射关系，以及在映射过程所需的转换和清理操作。

数据 ETL 概念模型设计中使用的基本元素定义如下。

（1）转换是指从源数据到目标数据仓库属性映射过程中对数据进行必要的清理、转换操作。

（2）约束是对数据集合中的数据必须满足的某些条件进行建模的结果。

（3）数据供应关系定义从源数据到目标数据仓库的属性之间的映射关系，以及中间可选的相关转换。

逻辑模型是一个以数据为中心的工作流模型。在逻辑建模阶段，数据抽取–转换–装载过程设计者需要明确定义数据流所经过的各个活动的操作语义，并确定整个过程中各项活动的执行顺序。

数据抽取–转换–装载逻辑模型中的活动对应于数据抽取–转换–装载概念模型中的转换或者约束，但它为人们提供了更加详细和准确的运行时信息。对每一个活动都必须定义明确的操作语义，且必须规定执行的优先级。

3.3.3　数据 ETL 增量抽取机制

数据抽取是数据 ETL 过程中重点考虑的问题。若是先增量抽取，就要准确快速地捕捉变化的数据。好的增量抽取机制要求数据 ETL 能够将业务系统中的变化数据按照一定的频率准确地捕捉到。与全量抽取相比，增量抽取的设计更复杂。目前增量数据抽取中常用的捕捉变化数据的方法主要有以下几种。[①]

1. 触发器方式

触发器方式是一种常用的增量抽取机制。该方式根据抽取要求，在将被抽取的源表上建立插入、修改和删除三个触发器。每当源表中的数据发生变化，就被相应的触发器将变化的数据写入一个增量日志表，数据 ETL 的增量抽取则是在增量日志表中而不是直接在源表中抽取数据，同时及时对增量日志表中被抽取过的数据进行标记或删除。触发器方式的优点是数据抽取的性能较高，缺点是要求在业务数据库中建立触发器，对业务系统有一定的性能影响。

2. 时间戳方式

它是一种基于递增数据比较的增量数据捕获方式，在源表上增加一个时间戳字段，系统中更新修改表数据的时候，同时修改时间戳字段的值。有的源表时间戳支持自动更新，即当源表的其他字段的数据发生改变时，时间戳字段的值会被自动更新为改变时刻。在这种情况下，进行 ETL 时只需要在源表加上时间戳字段。对于不支持时间戳自动更新的源表，就要求业务系统在更新业务数据时，通过编程的方式手工更新时间戳字段。

---

① 思考：试列举一电商业务过程中需要进行数据抽取的实例，并说明需要抽取哪一部分数据。

同触发器方式一样，时间戳方式的性能比较好，数据抽取相对清楚简单，但对业务系统也有很大的侵入性（加入额外的时间戳字段）。另外，无法捕获对时间戳以前数据的删除和更新操作，在数据准确性上受到一定的限制。

3. 全表删除插入方式

全表删除插入方式是指每次抽取前先删除目标表数据，抽取时全新加载数据。该方法实际上将增量抽取与全量抽取等同看待。当数据量不大、全量抽取的时间代价小于执行增量抽取的算法和条件代价时，可以采用该方式。

4. 全表对比方式

全表对比即在增量抽取时，数据 ETL 过程逐条比较源表和目标表的记录，将新增和修改的记录读取出来。典型方式是采用 MD5 校验码。ETL 工具事先为要抽取的表建立一个结构类似的 MD5 临时表，该临时表用来记录源表主键字以及根据所有字段的数据计算出来的 MD5 校验码。每次进行数据抽取时，对源表和 MD5 临时表进行 MD5 校验码的比对，从而决定源表中的数据是新增、修改还是删除，同时更新 MD5 校验码。

5. 日志对比方式

通过分析数据库自身的日志来判断变化的数据。对于建立了业务系统的生产数据库，可以在数据库中创建业务日志表，当需要监控的特定业务数据发生变化时，由相应的业务系统程序来更新和维护日志表内容。增量抽取时，通过读日志表数据决定加载哪些数据及如何加载。日志表的维护需要由业务系统程序用代码完成。

3.3.4　数据 ETL 过程数据质量控制

建立数据仓库的目的是为数据分析者提供具有准确性、一致性、完整性、有效性的数据来辅助决策，因此数据仓库中存储的必须是具有较高质量的数据。然而数据仓库中的数据来自多种数据源，这些数据源可能处在不同的硬件平台上，而且使用不同的操作系统和数据库管理系统，因而其数据在编码、命名、数据类型、语义等方面存在较大的冲突。

随着时间的流逝，冲突问题会变得越来越严重。造成数据质量问题的原因很多，如由系统集成和历史数据造成的原因等。在数据 ETL 过程中，数据质量问题将会对数据仓库中的数据质量产生重大影响。因此，需要对数据 ETL 过程中可能存在的质量问题进行分析、校验并给出相应的解决方案。

1. 数据质量问题分类

由于数据仓库和数据源的数据结构不同，因此在实施数据 ETL 时并不能通过简单的数据复制就能将数据加载到数据仓库中。在数据 ETL 过程中，可能会出现许多数据质量问题。数据质量问题既有可能来自数据源，又有可能来自 ETL 过程。

数据源的质量在很大程度上依赖于模型和完整性约束设计。对于那些非结构化数据源约束实现起来更为困难。由于这些非结构化数据源产生的错误和不一致性远远高于结构化数据，因此相应的清理工作仍是一个尚未解决的问题。为了更好地解决这些问题，必须对它们进行分类。可以根据处理的是单源数据还是多源数据，以及问题是出在模式层还是出在实例层，将数据质量问题分为 4 类，如表 3 – 1 所示。

表 3 – 1　　　　　　　　　　　数据质量问题分类

数据源数量	层次	原因	典型表现形式
单源数据	模式层次	缺少完整性约束，糟糕的模式设计	唯一性约束
			引用约束
	实例层次	数据记录的错误	拼写错误
			相似重复记录
			互相矛盾的字段
多源数据	模式层次	异质的数据模型和模式设计	命名冲突
			结构冲突
	实例层次	冗余、互相矛盾或不一致的数据	不一致的词汇
			不一致的时间选择

2. 数据质量控制

数据质量过去被认为是属于数据本身的概念，独立于数据产生和使用环节。这种对数据库中数据固有质量的关注，不能解决复杂的数据组织问题。而现在关于数据质量比较认同的观点是：在以数据为中心的系统中存在数据生产者、数据管理员和数据消费者三种角色。其中，数据生产者负责数据的生产过程；数据管理者负责数据的存储、维护和安全；而数据消费者则负责数据应用过程。这些过程可能涉及数据的进一步聚集和集成。

因此，高质量的数据就是指哪些适合消费者使用的数据，有用性和可用性是数据质量的两个重要特征。

数据 ETL 过程中数据质量控制主要方法有以下四种。

（1）预处理：预先诊断和检测新的数据加载文件，特别是新的文件和数据集。

（2）标准化处理：为名字和地址建立辅助表或联机字典，据此检查和修正名字和地址。应用数据仓库内部的标准字典，对地名、人名、公司名、产品名、品类名等进行标准化处理。设计拼写检查，与标准值对照检查。

（3）查重：应用各种数据查询手段，避免引入重复数据。

（4）出错处理和修正：将出错的记录和数据写入日志文件，留待进一步处理。

3.3.5　数据 ETL 并行处理技术

数据仓库中的数据是海量的和与时间相关的。因此，数据 ETL 过程要能够在指定的时间段内将大量数据从多个分布数据源中抽取出来，经过转换装载到数据仓库中。数据 ETL 过程速度越快，数据仓库中的数据就越接近实时数据，数据仓库上层决策支持系统的决策结果也就越准确。提高数据抽取–转换–装载处理速度的途径有两个：一是提高硬件平台性能，二是构建并行数据 ETL 过程。其中，并行数据 ETL 过程指利用现有技术将顺序执行的数据 ETL 过程转换为多个并行处理的过程。在保证数据并行处理的前提下，并行数据 ETL 过程必须保证数据的完整性、数据的可靠传输以及断点恢复能力。

目前，基本的多线程并行处理技术分为三种：任务并行处理、数据并行处理和管道并行处理。任务并行处理是最基本的并行处理技术，主要依靠并行运行多个独立的任务实现。数据并行处理是指并行处理单个任务中的独立数据元组。管道并行处理则是将单个任务划分为多个顺序执行的步骤，之后按照流水线方式处理数据元组，以达到数据抽取–转换–装载过程中多个步骤并行执行的效果。

3.4　联机分析处理

随着数据库技术的飞速发展和广泛应用，数据库的数据存储容量从以前的兆字节（MB）、吉字节（GB）级别发展到现在的太字节（TB）、拍字节（PB）级别。同时，用户查询的需求变得越来越高，查询或操作的结果不是仅仅涉及一张关系表或者其中的一条记录，而是涉及多张表格，需要对多张表格进行信息综合和数据分析才能得出查询结果。此外，仅仅把数据存储在数据仓库之中，利用一定的方法实现对其安全有效的管理，并不是最终目的。根据用户所处行业和企业的特点，建立起内容完备、结构合理的数据仓库，才能为决策支持提供不可或缺的支持。

关系数据库不能满足这两个要求。因此，为了弥补关系数据库管理系统的不足，很多国外的厂商发展其前端产品，通过统一分散的公共应用逻辑，来解决在短时间内响应非数据处理专业人员复杂查询要求的问题。然而，这种方式已不能满足终端用户对数据库查询的需要。为此，关系数据库之父 E. F. Codd 提出了一种用于组织大型商务数据库和支持商务智能的技术——联机分析处理（OLAP）。

3.4.1　联机分析处理简介

联机分析处理是一种基于数据仓库的数据分析和处理技术，也可以将它看成是基于数据仓库的一种软件工具。它是与数据仓库技术相伴而发展起来的，作为分析处理数据仓库中海量数据的有效手段，它弥补了数据仓库在直接支持多维数据视图方面的不足。

联机分析处理为支持复杂的分析操作而设计，主要是为企业决策者或者高层管理人员提供决策支持。它针对分析人员提出的各种要求，在大量的数据中进行快速而灵活的查询，最后将查询结果以一种简单明了的形式提供给决策者，决策者通过这些信息可以全方位地掌握企业的状况，并根据当前对象的需求，制定正确的执行方案。

联机分析处理可以实现多维信息共享，而且可以针对特定问题进行联机数据访问和分析。它通过对信息的多种可能的观察形式进行快速、稳定、一致和交互的存取，允许决策者对数据进行深层次的分析和观察。决策的结果不是单一数据而是多维数据，多维数据成为决策的主要内容。联机分析处理有很多优点，如分析功能灵活、数据操作直观、分析结果可视化，这使得用户对大量繁杂数据的分析变得容易而且高效，便于决策者做出快速而正确的判断。它可以对人们提出的复杂假设进行证实，其结果以图形或者表格的形式显示。但它并不将异常信息标记出来，是一种知识证实的方法。

联机分析处理能够直接仿照用户的多角度思考模式，提前为用户组建多维的数据模型，这里的维是指用户分析角度的不同。例如，在进行销售数据分析时，可以把时间周期作为维度，也可以把产品类别、分销渠道、地理分布、客户群类作为维度。通过建立多维数据模型，用户可以从各个分析角度去快速获取数据并且可以动态地在各个分析角度之间进行切换或者进行多角度综合分析，可见联机分析处理具有很大的灵活性。这也是联机分析处理被广泛关注和使用的原因，联机分析处理与传统管理信息系统的本质区别体现在它的设计理念和具体实现上。

联机分析处理属于数据仓库应用，它以数据仓库为基础。在系统结构上，主要有 C/S 结构、三层结构和 B/S 结构三种构造方式。联机分析处理系统在诞生之初，根据 E. F. Codd 的观点，联机分析处理多采用 C/S 的体系结构。随着研究的不断深入，改进的 C/S 结构（即三层结构方式）开始出现。因为它要对来自基层的操作数据（如果企业已建立了数据仓库，那么操作历史数据可由数据仓库提供）进行多维化或预综合处理，因此，它不是传统联机分析处理软件的两层 C/S 结构，而是三层 C/S 结构。随着 Web 技术的迅速发展，B/S 结构已经成为联机分析处理系统结构的主流。

C/S 结构是一种传统的、应用极为广泛的方法。在 C/S 结构中，后台（服务器端）提供数据库服务器的功能，并通过存储过程等手段，实现部分应用逻辑；而前台（客户端）是与用户进行交互、展现分析结果的界面，同时用来实现主要的应用逻辑。在应用灵活性方面，C/S 结构有较大的局限性，其完整的工作程序必须在前/后台两端同时安装，程序的维护和修改也同时涉及前台、后台。因此，系统一旦建立其维护与升级的工作难度较大。

三层结构 OLAP 的具体实现方案通常采用三层 C/S 结构方式，又称中间件方式，是对 C/S 结构的改进。如图 3 - 5 所示，第一层是数据仓库服务器，它实现与基层运营的数据库系统的连接，完成企业级数据一致和数据共享的工作；第二层是 OLAP 服务器，它根据最终客户的请求实现分解成 OLAP 分析的各种分析动作，并使用数据仓库中的数据完成这些动作；第三层是前端的展现工具，用于将 OLAP 服务器处理得到的结果用直观的方式，如多维报表、饼图、柱状图、三维图形等展现给最终用户。

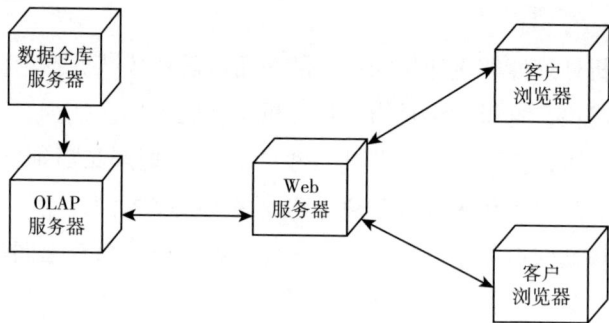

图 3-5　联机分析处理的 B/S 结构

　　在这种结构中，前台（客户端）的交互/展示功能与应用逻辑被分开，在客户端只保留交互与展示的功能，而应用逻辑集中在独立的功能模块上，该模块在系统结构上位于前、后台之间，故又称中间件。当应用逻辑发生变化时，只需对中间件进行修改，而不需要向两层的 C/S 体系那样做整体的改动。这种三层体系结构使数据、应用逻辑和客户应用分离开，同时，在物理布局上，中间件与服务器多置于一处，以便维护与升级。这样，就大大降低了系统维护与升级的成本，提高了系统的工作效率。①

　　随着 Web 应用的发展，B/S 结构日益流行。不仅联机分析处理系统越来越多地采用这种方式，许多原先以 C/S 结构为主的应用系统也逐渐改为使用 B/S 结构。在 B/S 结构中，客户端没有专门的应用程序，因此，其优点首先体现为良好的跨平台性，其次是免维护的特征，客户只需使用浏览器即可进行工作。

3.4.2　联机分析处理的分类

　　提供联机分析处理的工具有很多，根据数据的存储格式，联机分析处理系统可以分为关系联机分析处理（relational OLAP，ROLAP）、多维联机分析处理（multidimensional OLAP，MOLAP）和混合型联机分析处理（hybrid OLAP，HOLAP）三种类型。

　　根据进行 OLAP 分析动作处理地点的不同，可将 OLAP 分成 Server OLAP 和 Client OLAP 两种，如图 3-6 所示。SAS MDDB 和 IBM OLAP Server 都是在 OLAP 服务器进行 OLAP 处理动作；而 BO 公司的产品既能进

---

　　①　请同学们思考如何画出 OLAP 的三层结构示意图。

行前端展现，又能完成一定功能的 OLAP 动作。需要指出的是 Client OLAP 是在计算能力较差的客户 PC 上执行 OLAP 动作，因此处理数据很慢，并且需要将数据从服务器端传输到客户端后才能进行处理，因此 Client OLAP 类型的产品通常 OLAP 功能很弱、系统的响应速度较慢、性能较差。对于大数据量的系统，应当采用 Server OLAP 类型的产品，如 SAS MDDB、IBM OLAP Server 等。

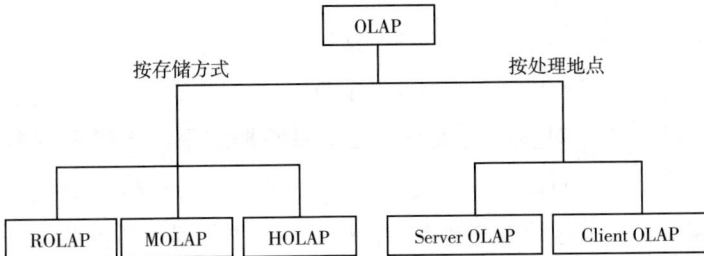

图 3-6　联机分析处理的分类

下面，将着重讲述按照存储方式进行分类分成的 ROLAP、MOLAP、HOLAP 等的具体知识，以及它们之间相互的区别与联系。

1. ROLAP

ROLAP 将分析用的多维数据存储在关系数据库中，并根据实际需要选择性地定义一批实视图，将其也同样存储在关系数据库中。但并不是将每个 SQL 查询都作为实视图保存，只有那些使用频率较高、计算量较大的查询才被保存为实视图。为了提高效率，每个针对 OLAP 服务器的查询，优先利用已经计算好的实视图来生成查询结果。同时，用作 ROLAP 存储器的关系数据库管理系统也针对联机分析处理进行了相应的优化，如并行存储、并行查询、并行数据管理、基于成本的查询优化、位图索引、SQL 的 OLAP 扩展（cube、rollup）等。

2. MOLAP

MOLAP 将联机分析处理所用到的多维数据物理上存储为多维数组的形式，形成"多维立方体"（cube）的结构。多维数组的上标值或下标值的范围是维的属性值的映射，而汇总数据作为多维数组的值存储在数组的单元中。MOLAP 由于采用了新的存储结构，从物理层开始实现，故又称为物理联机分析处理（physical OLAP）；而 ROLAP 主要通过一些软件工具或中间软件实现，物理层仍然使用关系数据库的存储结构，故又称为虚拟联机分析处理（virtual OLAP）。

多维数据库（multi-dimensional database）。在 RDBMS 中，数据总是以关系表的方式来组织。在多维数据库中，数据将以多维方式来组织，并以多维方式来存储。"维"实际上是人们观察事物的视角，维不是任意选取的，而是通过对问题的分析得到的。比如分析某企业今年在各个地区的销售情况，则可以选择时间维、地理维，以销售量作为度量变量，这样就形成了一个多维数据集，多维数据直观地表达了客观世界中的"一对多""多对多"的关系。比如，企业各个地区和各个时段销售量的关系在多维表中能够直观地表现出来。而在关系数据库中，"多对多"的关系往往需要转化成多个"一对多"的关系。在关系数据库中，将"多对多"的关系转化成多个"一对多"关系有利于数据的一致性和规范化，这符合业务系统的需求，但是这种方式并不能直观地反映人们对事物的感知。除直观性的差异外，同多维表相比，对于同样的数据，关系表需要更多的表项和存储空间。对于需要处理大量数据的 OLAP 来说，应当选择对存储量需求较小的方式即多维表。

3. HOLAP

由于 MOLAP 和 ROLAP 有各自的优点和缺点，并且具有完全不同的结构，因而给开发人员设计联机分析处理结构增加了难度。因此，另一种新的联机分析处理结构——混合型联机分析处理（HOLAP）应运而生，它结合了 MOLAP 和 ROLAP 两种结构的优点。到目前为止，HOLAP 还没有一个正式定义。显然，HOLAP 结构并不是 MOLAP 与 ROLAP 结构的简单组合，而是这两种结构技术优点的有机结合，它可以满足用户各种复杂的分析需求。

对于常用的维和维层次，在 HOLAP 中使用多维数据表来记录，对于用户不常用的维和数据，HOLAP 采用类似 ROLAP 的星形结构来存储。当用户需要访问不常用数据时，HOLAP 将会把简化了的多维数据表和星形结构进行拼合，从而得到完整的多维数据表。HOLAP 的多维数据表中的数据维少于 MOLAP 中的多维数据表，数据存储容量也小于 MOLAP 方式，但是，HOLAP 在数据存取速度上又低于 MOLAP。HOLAP 在主要的性能上都介于 MOLAP 和 ROLAP 之间，其技术复杂度高于 ROLAP 和 MOLAP。

3.4.3　联机分析处理的基本概念和典型操作

联机分析处理展示给用户的是各种各样的多维视图，下面介绍几个相关的基本概念。

（1）维（dimension）。维是指人们观察数据的特定角度，是反映问题的某一类属性，这些属性的集合构成一个维。通过把一个实体的多项重要的属性定义为多个维，用户能对不同维上的数据进行比较。例如，时间维是企业观察不同销售数据随时间变化的情况。

维的度量描述要分析的数值，例如销售额等。维的粒度指数据仓库所保存数据的细化或综合程度的级别。数据仓库的逻辑模型是多维模型。维更是联机分析处理的技术核心。联机分析处理支持最终用户进行动态多维分析，包括跨维计算和建模等，更好地契合了人类的思维模式，可以更好地满足决策者的要求。

（2）维的层次（level）。一个维可能存在细节程度不同的多个描述，形成维的层次，例如时间维可以有年、月和日等不同层次。维的层次就是指人们在从某个特定角度（即某个维）观察数据时，还可以根据细节程度的不同来描述该维的各个方面（例如，描述空间维可以从上、中、下等不同层次来描述）。维的层次是人们观察数据细致程度不同造成的，维层次的确定需要具体问题具体分析，不同分析应用对数据组织的详略程度不同，将使同一维上的层次繁简不同。

（3）维的成员（member）。维成员是维的一个取值，若一个维是多层次的，则该维的成员就是在不同层次上取值的组合。例如时间维有年、月和日 3 个层次，则分别在 3 个层次上各取一个值组合起来得到时间维的一个成员，即"2014 年 12 月 6 日"。有时，维成员不一定包含所有的层次，比如"中国山东省"，它实际上也是唯一的一个取值，并不包括其下的各个地区。

（4）维的分类（classification）。维不但存在层次性，而且为了分析的需要，常常需要定义"类"。类就是按照一定的划分标准对维的所有取值集合的一个分类划分。比如，手机通信业务类型可分成"通话""短信""彩信"等。根据某个维是否为某一多维数据集专有，可以将维划分为私有维度与共享维度。顾名思义，私有维度是指为某一多维数据集所专有的维度，其他多维数据集不能共享该维度，它的建立是在其所属的多维数据集建立的基础上完成的。共享维度则是任何多维数据集都可以享有的，通过添加维度即可完成。根据维的结构特征，可以将维划分为星形维度、雪花维度、父子维度、虚拟维度等。

（5）度量（measure）。除了常用的数据维之外，还有另外一个维用来存储以后汇报或分析时会用到的实际数值或集合。这一个数据维也被称为度量维（measures dimension）。这些度量值作为资源存储在数据库的事实表里。对于任何一个给定的成员，都会有一个或一个以上的度量值与它相匹配。

（6）事实表。一般对于数据仓库来说，事实表是标准表。它是将多维模型映射到关系模型中，用于记录维度交点处的度量信息的关系表。比如，多维数据集由时间维、地理维、产品维数据构成，用户打算看到某一产品在某一时间、某一地点的销售情况，可以使用这样的表结构（产品ID，时间，地点，销售量）来形成一张事实表。它与维度表不同，已经加载到维度表中的数据不再随时间的推移而变化，但不断有新的数据加载到事实表中。事实表中的信息反映的是度量值，如销售总量和销售成本等。事实表的主要特点是包含数值数据（事实），这些数据可以汇总，以提供有关单位作为历史信息。每个事实表还包括一个由多个部分组成的索引，该索引包含作为外键的相关维度表的主键，而维度表包含事实记录的特性。事实表不包含描述性信息，也不包含除数字度量字段及事实与维度表中对应项相关的索引字段以外的任何数据。

事实表中的度量值有两种：一种是可累计的度量值，另一种是非累计的度量值。最有用的度量值是可累计的度量值，其累计出来的数字是非常有意义的。用户可以通过累计度量值获得汇总信息。非累计度量值也可用于事实表，但其汇总结果一般没有意义。一般说来，一个事实表需要与一个或多个维度表相关联。因此，用户在利用事实表创建多维数据集时，可以使用一个或多个维度表。

联机分析处理基于多维视图对数据仓库进行操作，其主要的多维分析操作有钻取（dill）、切片（slice）、切块（dice）和旋转（pivot）等。

（1）钻取。维是具有层次性的，如时间维可能由年、月、日构成，维的层次实际上反映了数据的综合程度。维层次越高，代表的数据综合度越高，细节越少，数据量越少；维层次越低，代表的数据综合度越低，细节越充分，数据量越大。

　　钻取即通过改变维的层次，变换分析的粒度。它分为向下钻取（dill-down）和向上钻取（dill-up）两种。向上钻取是在某一维上将低层次的细节数据概括到高层次的汇总数据，或者减少维数；而向下钻取则与向上钻取相反，它从汇总数据深入细节数据进行观察，或者增加新维。

　　能够执行"钻取"功能的单元格，必定要从原始数据表列衍生而来，而不支持具有依据表达式所得的单元格，如具有自定义成员公式的单元格，便无法使用"钻取"功能。比如，前面提到的"销售额"可以从其某一个数据浏览源数据记录，但根据"销售额"计算生成的"平均销售额"无法执行"钻取"功能。

　　（2）数据切片。人们在一部分维上选定值后，关心度量数据在剩余维上的分布。如果剩余的维只有两个，则进行切片；比如，在一个（时间，城市，产品，价格）的多维数据集中，时间、城市、产品是三个维度，价格是度量变量。要分别显示的是北京和上海各年各种产品的价格情况，只需要在城市维上取"北京""上海"，则分别形成两个在城市维上的数据切片。

　　（3）数据切块。数据切块就是将完整的多维数据集切取一部分数据而得到的新的数据集。选定多维数据集中若干维的取值范围，从而形成了多维数据集的子集，将这个子集称作数据切块。比如，在一个（时间，城市，产品）的多维数据集中，要浏览 2001～2003 年（北京，上海，广州）的产品（电视机，计算机，数码相机）的销售情况，通过指定时间维的取值为 2001～2003，指定城市维（北京，上海，广州），指定产品维（电视机，计算机，数码相机）实现，则这样的子集称为该多维数据集的数据切块。

　　（4）旋转。旋转是指变换维的方向，即在表格中重新安排维的放置（如行列互换）。比如，要形成横向为地理、纵向为时间的报表，可以把横向的时间维与纵向的地理维进行交换。这样，能更好地对数据进行分析比较。①

3.4.4　联机分析处理的主流工具

　　目前，市场上主流的联机分析处理工具主要有 IBM Cognos、Hyperion、

---

　　①　请同学们列举出实际操作中数据切片、切块、旋转的实例。

Microsoft Analysis Service、Business Objects 以及 MicroStrategy 等厂商的产品。综合业界多方面的观点，下面对 IBM Cognos、Hyperion System 和 Business Objects 这三种产品进行简要介绍。

1. IBM Cognos

IBM Cognos 能够帮助用户提取企业数据，然后对数据进行分析并汇总得出报告，Cognos 有许多产品，但最著名的还是它的联机分析处理工具 Powerplay。

IBM Cognos 提供的报表采用统一的元数据模型。它为应用提供了统一的视图。用户可以在浏览器中自定义格式灵活、元素丰富的报表，而且可以通过 Query Studio 进行快速的开放式查询。IBM Cognos 还具有独特的穿透钻取、切片、切块以及旋转等功能，使分析人员、管理人员或执行人员能够从多角度对信息进行快速、一致、交互的存取，进而更加深入地掌握和了解数据，并能够有效地将各种相关的信息关联起来，从而在分析汇总数据的同时能够深入自己感兴趣的细节数据，更全面地了解情况，最终做出正确决策。

IBM Cognos 具有强大的报表制作和展示功能，它能够制作展示任何形式的报表。IBM Cognos 采用 Web 界面大大降低了其部署和管理成本。同时，IBM Cognos 还可以与数据挖掘工具、统计分析工具配合使用，增强决策分析功能。

2. Hyperion System

Hyperion System 是一个综合性较强的企业绩效管理系统。它集成了财务应用程序和商务智能平台，可以提供适合任意业务需要的模块化系统。Hyperion System 9 BI + 是实现商务智能标准化的平台，它用统一的系统满足多种多样的报表和分析需求，即企业内每个部门中的每个用户，都能够通过易于操作和维护的单一系统来按需生成报表或进行分析。这样，企业内部信息的使用者和生产者就可以迅速生成、访问和共享重要信息，并快速准确地做出业务决策，使工作的灵活性得到增强。简单而功能强大的用户界面，降低了业务用户在自行创建报表时对 IT 的支持和依赖；产品模块化的架构，极大地降低了用户对 IT 支持的需求，通过使用 Hyperion System 9 BI + 平台，用户只需在服务端对其进行部署和管理即可。

3. Business Objects

Business Objects 的企业信息管理解决方案提供了数据整合、数据质量管理、元数据管理以及生命周期管理产品，使用户的数据更加可信。同时，还为企业提供业界知名的，并且已经成为报表行业标准的 Crystal 系列产品，能帮助企业更加深入地跟踪和了解其业务，改善决策水平，优化企业绩效。

本章小结

　　数据仓库是商务数据分析的基础，本章首先介绍数据仓库的基本概念和主要特征；数据仓库的"三层结构"，包括数据获取/管理、数据存储层和数据分析/应用层；以及数据仓库的概念模型、逻辑模型和物理模型。

　　本章介绍了数据预处理的相关内容。数据分析的初始数据大都是不完整、不一致的数据，严重影响商务数据分析的结论和决策效果。为此，在正式的数据分析之前，需要进行数据预处理，主要包括数据清洗、数据集成、数据变换和数据规约等。

　　本章还介绍了商务数据分析中的数据抽取-转换-装载。在大数据环境下，商务数据通常分散在不同的数据源，有效地将分散在不同数据源中的数据正确、有效地整合起来，是商务数据分析的关键，数据抽取-转换-装载可以有效地解决这一问题。

　　最后，本章介绍了联机分析处理的相关内容。联机分析处理能够支持在大量数据中进行快速而灵活的查询，为企业决策者或者高层管理人员提供决策支持。决策者通过这些信息可以全方位地掌握企业的状况，并根据当前对象的需求，制定正确的执行方案。

复 习 题

1. 简述数据仓库的主要特点。

2. 数据仓库系统包括哪些部分？

3. 什么是概念模型？

4. 列举至少五个在数据预处理中处理数据缺失值的方法。

5. 数据预处理的基本方法有哪些，各有什么作用？

6. 数据清理的主要任务是什么，常用的数据清理技术有哪些？

7. 数据归约的目的是什么，常用的规约方法包括哪些？

8. 数据 ETL 过程中，增量抽取方式和数据质量控制方法有哪些？

9. OLAP 发展过程中曾出现过怎样的体系结构，目前应用最为广泛的是哪种结构？

10. 维成员与维层次的概念是什么？

11. 什么是数据切片、数据切块，它们在 OLAP 中有什么功能？

12. MOLAP、ROLAP、HOLAP 各自的特点是什么，它们有什么区别？

第 4 章

预测性分析 I：
数据挖掘的过程与方法

本章学习目标

1. 理解数据挖掘的基本概念。
2. 了解数据挖掘的发展历程。
3. 理解数据挖掘的过程。
4. 理解并掌握分类分析、聚类分析和关联分析的原理及方法。

☞ 引例

零售商系统购物车数据挖掘——以沃尔玛为例

1. 沃尔玛简介

沃尔玛百货有限公司由美国零售业的传奇人物山姆·沃尔顿先生于 1962 年在阿肯色州成立。经过 60 多年的发展，沃尔玛公司已经成为美国最大的私人雇主和世界上最大的连锁零售企业。子公司分布在美国、中国、墨西哥、加拿大、英国、波多黎各、巴西、阿根廷、南非、哥斯达黎加、危地马拉、洪都拉斯、萨尔瓦多、尼加拉瓜等国家，被誉为零售业的一个奇迹。

2. 沃尔玛购物车数据挖掘内容

沃尔玛关注客户的购物车。沃尔玛认为商品销售量的冲刺只是短期行为，而零售企业的生命力取决于购物车。购物车可以体现客户的购买行为及消费需求，关注购物车可以使门店随时掌握客户的消费动向，从而使门店始终与客户保持一致。

为了能够准确了解顾客在其门店的购买习惯，沃尔玛对其顾客的购物行为进行分析，想知道顾客经常一起购买的商品有哪些。商品相关性分析是购物车分析中最重要的部分，沃尔玛数据仓库里集中了其各门店的具体原始交易数据。在这些原始交易数据的基础上，利用 NCR 数据挖掘工具对这些数据进行了分析和挖掘。沃尔玛发现了一个令人难以理解的现象：在某些特定情况下，"啤酒"与"尿布"两件看上去毫无关系的商品会经常出现在同一个购物车中，这种独特的销售现象引起了管理人员的注意。

这是数据挖掘技术对历史数据进行分析的结果，反映数据内在的规律。那么这个结果符合现实情况吗？是否是一个有用的知识？是否有利用价值？于是沃尔玛派出市场调查人员和分析师对这一数据挖掘结果进行调查分析。经过大量实际调查和分析，揭示了美国人隐藏在"尿布与啤酒"背后的一种行为模式：在美国有婴儿的家庭中，一般是母亲在家中照看婴儿，父亲前去购买尿布。父亲在购买尿布的同时，30% ~40% 的人往往会顺便为自己购买啤酒，因而啤酒与尿布这两件看上去不相干的商品经常会出现在一个购物车里。如果这位年轻的父亲在卖场只能买到两件商品之一，则他很有可能会放弃购物而到另一家商店，直到可以一次同时买到尿布与啤酒为止。于是沃尔玛开始在卖场尝试将尿布与啤酒摆放在相同的区域，让年轻的父亲可以同时找到这两件商品，并很快地完成购物。

当然"尿布与啤酒"的故事必须具有技术方面的支持。1993 年，美国学者阿格拉瓦尔（Agrawal）提出通过分析购物车中的商品集合来找出商品之间关联关系的关联算法，并根据商品之间的关系，找出客户的购买行为。Agrawal 从数学及计算机算法角度提出了商品关联关系的计算方法——Apriori 算法。沃尔玛从 20 世纪 90 年代尝试将 Apriori 算法引入 POS 机数据分析中，并获得了成功，于是产生了"尿布与啤酒"的故事。

问题思考：

1. 你还想到生活中有哪些利用数据挖掘的实例？

2. 你认为 Walmart 利用数据挖掘技术的过程是什么？

3. 数据挖掘除了关联分析法，你还知道其他方法吗？

4.1　数据挖掘概述

数据库在给我们提供丰富信息的同时，也体现出明显的海量信息特征。海量信息的负面影响之一是有效信息难以提炼，过多无用的信息必然会导致有用知识的丢失。这也就是约翰·内斯伯特（John Nalsbert）提出的"信息丰富而知识贫乏"窘境。因此，人们迫切希望能对海量数据进行深入分析，发现并提取隐藏在其中的信息，以更好地利用这些数据。但仅以数据库系统的录入、查询、统计等功能，无法发现数据中存在的关系和规则，无法根据现有的数据预测未来的发展趋势，更缺乏挖掘数据背后隐藏知识的手段。正是在这样的条件下，数据挖掘技术应运而生。

4.1.1　数据挖掘的概念

数据挖掘不是验证某个假设的正确性，而是在数据中寻找未知模式，本质上是一个归纳学习的过程。数据挖掘是一门涉及面很广的交叉学科，融合了模式识别、数据库、统计学、机器学习、粗糙集、模糊数学和神经网络等多个领域的理论。数据挖掘有一些替代词，如数据库中的知识发现（KDD）、知识提炼、模式识别、数据考古、数据捕捞和信息获取等。由于"数据挖掘"能表现"挖掘"的本质，因此在学术界和业界被广泛应用。也有学者认为数据挖掘是知识发现的一个步骤。

作为一个多学科交叉领域，数据挖掘没有一个统一的定义，专家学者们从不同领域给出了数据挖掘的不同定义。有学者认为数据挖掘是从大型数据库中提取以前未知的，可理解的，可用的知识，并把这些知识用于关键的商业决策过程。也有学者把数据挖掘定义为在知识发现过程中，辨识存在于数据中的未知关系和模式的一些方法。罗伊格（Roiger）等则认为数据挖掘是为那些未知的信息模式而分析大型数据集的一个决策支持过程。数据挖掘的过程比较复杂，其结果的评价也不是一件轻松的事情：数据挖掘是否完成了预设的计划，数据挖掘是否能给企业带来价值，投资回报率（ROI）如何？在实际应用中数据挖掘的结果最终还要看挖掘出的知识转化为行动的效果。

概括而言，数据挖掘是从大量的、不完全的、有噪声的、模糊的、随机的数据中提取正确的、有用的、未知的、综合的以及用户感兴趣的知识并用于决策的过程。其中，"正确"意味着提取的信息、知识应该是可信的，要保证在挖掘结果中正确信息的比例。数据挖掘的结果往往很多，"有用"意味着挖掘出的模式能够指导实践。要让用户接受一个挖掘出的业务模型，仅靠正确的结果是不够的，还需要考虑模型的可用性和可解释性，即模型有什么业务价值。数据挖掘毕竟不是为了建立一个完美的数学模型，而是要切实解决实际业务中出现的问题。"未知"强调挖掘的模式具有预测功能，不仅是对过去业务的总结，也可以预测业务的未来发展。"综合"说明数据挖掘的过程应当运用多种方法，从多个角度得出结论，挖掘结果不应该是片面的。此外，数据挖掘的结果是用户感兴趣的。同一组数据用不同的数据挖掘方法可能得到不同的模式。在数据挖掘产生的大量模式中，通常只有一小部分是用户感兴趣的，这就需要通过兴趣度的度量与评价，过滤掉用户不感兴趣的模式。每一种兴趣度度量都可以由用户设定阈值，低于阈值的规则被认为是不感兴趣的。兴趣度度量包括客观兴趣度量和主观兴趣度度量，前者使用从数据推导出来的统计量来确定模式是否有趣，而后者需要领域专家的先验知识，可能需要领域专家解释和检验被发现的模式。下面简要介绍这些兴趣度度量。其中模式的简洁性、确定性、实用性和提升度属于客观兴趣度度量，而新颖性是主观兴趣度度量。

（1）简洁性。模式兴趣度的一个重要因素是简洁，符合最小描述长度（minimum description length，MDL）的要求，便于理解和应用。模式简洁的客观度量可以看作模式结构的函数，用模式的二进位位数、属性数或模式中出现的操作符数进行度量。一个规则的条件越复杂，就越难解释，用户对它的兴趣度可能就越低。

（2）确定性。每个发现的模式都有一个表示其有效性或值得信赖的确定性度量，如分类规则的精度和召回率、关联规则的置信度等。

（3）实用性。挖掘的模式或规则能带来一定的经济效益，关联规则的支持度必须大于一定的阈值才可能有商业价值。对于分类或预测型任务，模型的实用性可以通过测试集的预测错误率来判断。而对于连续变量的估计，可以考虑估算值和实际值之间的差别。

（4）提升度。比较模型的好坏还可以用提升度（lift）的概念。以顾客响应分析为例，假设从潜在的顾客群中抽取一定数量的样本进行市场推广，发现有30%的响应者，而利用分类模型挑选同样数量的潜在顾客进行推广，有65%的响应者，那么此分类模型的提升度 lift = 65/30 = 2.17。

（5）新颖性。新颖的模式是指那些提供新知识的模式能够解释意料不到的信息，使用户感到意外。如一个例外的规则可以认为是新颖的，它不同于根据统计模型和用户的信念所期望的模式。

4.1.2　数据挖掘的发展

数据挖掘是一门不断发展的学科，尽管作为一门独立的学科只有数十年的时间，但数据挖掘的起源可追溯到早期的模式识别、机器学习等人工智能技术以及统计学的抽样、估计和假设检验等。这些技术虽然没有被冠以数据挖掘之名，但至今仍然是数据挖掘的技术基础。随着数据库技术的发展，尤其是近年来计算机性能按摩尔定律增长，数据库技术被应用于越来越多的领域。企业存储的数据量越来越大，数据越来越复杂，高级数据库、并行处理和分布式技术也先后应用于数据挖掘领域。Oracle、Microsoft和IBM等主流的数据库厂商聚焦商务智能，已在其产品中增加了数据仓库、在线分析处理和数据挖掘等功能。

在电子商务时代，随着各行业业务流程的自动化和各类信息系统的不断深入应用，在企业内产生了大量的数据，这些数据最初不是为了分析的目的而收集的，而是在企业的日常运营中产生的。根据有关调查，每两三年左右，企业的数据量就会翻一番，而93% ~ 95%的数据进入数据库后并没有得到有效利用。换句话说，海量的、未被充分利用的数据并没有成为企业的财富，反而因占用企业的资源而成了负担。因此企业面临着两个问题：一方面，全球化竞争的加剧要求企业比任何时候都需要更快、更好地做出决策；另一方面，许多企业在面对逐年增长的业务数据时，不知道真正有价值的模式在哪里，难以发现数据中存在的关系以及根据现有的数据预测未来的发展趋势。数据挖掘正是在这个背景下应运而生的。数据挖掘是一类深层次的数据分析方法，能够揭示隐藏的、未知的业务规律，以达到增加收入、降低成本的目的，使企业处于更有利的竞争位置。表4－1所示为数据挖掘的大致演变过程。

表 4 – 1 数据挖掘的大致演变过程

时间	挖掘对象	解决的问题
20 世纪 60 年代	文件系统	过去 5 年中公司总收入是多少、利润是多少
20 世纪 80 年代早期	关系数据模型 关系数据库管理系统	某分公司在去年 3 月的销售额是多少
20 世纪 80 年代晚期	各种高级数据库系统（扩展的关系数据库、面向对象的数据库等）和面向应用的数据库系统（时序数据库、多媒体数据库等）	购买产品 A 的顾客过段时间是否会购买产品 B
20 世纪 90 年代	数据仓库、多媒体数据库和网络数据库	某分公司去年各个月份的销售额是多少
2000 年至今	流数据管理和挖掘、Web 挖掘、XML 数据库和分布异构数据分析、非结构化复杂数据挖掘、大数据分析、文本分析、情感分析和基于流数据的分析等	顾客智能、电子推荐、流程智能化管理等

数据挖掘软件的进展体现了数据挖掘技术的发展，其发展大致经历了以下阶段。

（1）第一代数据挖掘软件是独立的，可以支持少数几种数据挖掘算法，典型的代表是 Salford System 公司的 CART 系统，其缺点是在数据量较大或者数据变化频繁时效率不高。

（2）第二代数据挖掘软件和数据库系统进行了集成，能够处理大规模的数据，但缺少对业务的预测能力。

（3）第三代数据挖掘软件有显著的进步，不仅增加了预测功能，而且还能在分布式系统中运行，挖掘网络环境下的数据，但不能支持移动应用，此问题在第四代数据挖掘软件中得到了解决。

（4）第四代数据挖掘软件支持移动计算和各种嵌入式系统，扩展了数据挖掘的应用领域。

不断发展数据挖掘方法面对的大数据环境更加复杂，不仅数据量猛增，而且非结构化程度增加，数据呈现分布和异构的特点，新的挑战层出不穷。

4.1.3 数据挖掘的过程

数据挖掘的过程由以下步骤组成：定义业务问题，提取与预处理数据，选择挖掘方法分析，解释挖掘结果，探查新模式以及运用发现的知识，各步骤所占的工作量如图 4 - 1 所示。整个过程需要数据库管理员、业务分析师、数据挖掘专家（数据科学家、数据分析师、数据工程师等）、数据质量分析人员、系统开发人员等共同合作才能顺利完成。其中业务人员提出业务需求，协助熟悉数据挖掘算法和相关数据挖掘软件的数据分析员把业务问题转化为数据挖掘问题，并评价数据挖掘结果，最终把数据挖掘模型转化为企业的行动，创造价值。数据挖掘中的一些步骤很难自动完成，如果后续步骤的结果不令人满意，可能会回溯，这个过程需要循环多次才能达到目标。

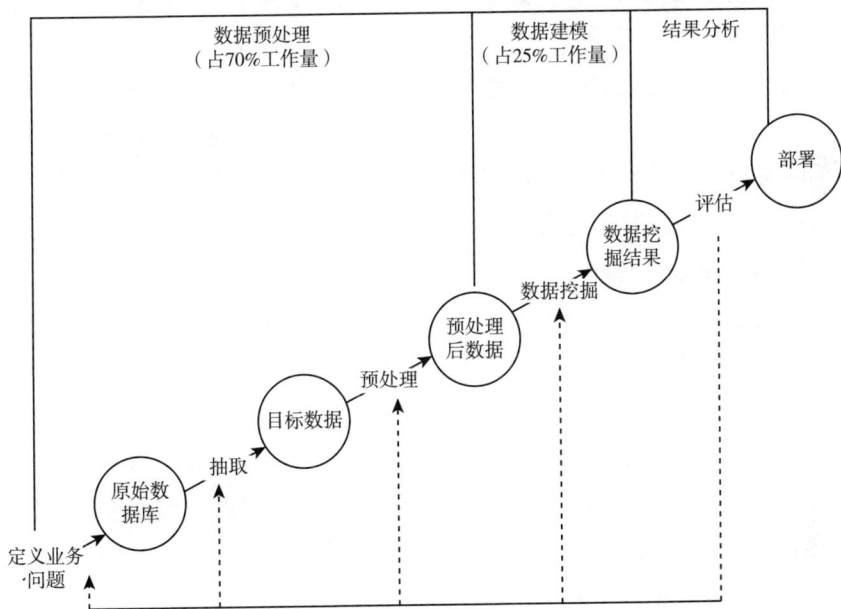

图 4 - 1　数据挖掘过程

1. 确定业务问题

　　数据挖掘不是简单地把数据输入算法就可以解决问题，业务决策在大多数情况下是比较复杂的。无论是处理大数据，还是常规数据，在做数据挖掘时都需要熟悉业务，与业务专家紧密协同，准确把握业务分析问题，在此基础上设计或选择合适的算法，并对挖掘结果进行严密的验证。这不是一个简单的过程。

　　数据挖掘第一步不是分析数据，而是理解业务需求，清晰定义业务问题，从而避免迷失在大量数据中。评价一个数据挖掘项目的成败，主要看挖掘的结果是否解决了业务问题。对于同一个数据集，不同的业务问题会需要不同的分析过程。这里所说的业务问题并不限于纯商业领域，而是使用数据挖掘技术能够解决的问题。在定义业务问题时，只有了解相关领域的背景知识，才能确定挖掘什么内容。例如，在市场营销领域，用户感兴趣的可能是顾客的购买行为和购买方式；而在天文学领域，相关的知识是天体运动的规律以及某些天体在同一个地方同时出现的概率等。在此阶段与业务人员的充分交流是有必要的。

在定义业务问题时，首先，需要考虑是否有充足的与业务问题有关的数据。识别数据挖掘分析的数据是否包含需要的模式是很重要的，这甚至决定了一个数据挖掘项目的成败。其次，需要仔细考虑如何应用已发现的知识，思考如何把数据挖掘的结果应用到业务中有助于洞察业务存在的实际问题。例如，在分析顾客的购买模式时，数据挖掘的目的是通过了解顾客的购买模式，确定哪些潜在顾客会对公司的新产品感兴趣，从而针对这些目标顾客制定出相应的市场策略，以实现利润最大化。

2. 数据抽取与探测

高质量的数据可简化数据挖掘的过程，这需要从数据源头控制。数据挖掘在确定业务问题后就要抽取相关的数据，这些数据一般用简单文件、文本或数据库表的数据结构表示，不同的数据需要用到不同的工具和语言。分析什么数据，需要多少数据，如何进行各种数据的平衡，需要进行什么转换才能有效地挖掘？解决这些问题是比较耗时的。数据挖掘往往需要使用大量的数据，但只有包含业务模式的数据才是真正需要的。例如对某公司的顾客购买模式进行分析，很明显需要顾客购物记录和人口统计等方面的数据，这些数据分布在电子商务交易网站或者连锁店的数据库中，很多情况下数据的质量难以保证，因此充分的数据探测（exploration）是必要的。

数据抽取后不能马上进行数据建模。在数据挖掘之前，通过绘制各种图表，对数据的分布、变化趋势和相关关系等数据特征进行描述性的统计分析，埋解数据的分布与统计信息，有助于全面了解数据特点并建立合适的数据挖掘模型。

3. 数据预处理

数据预处理有助于为数据挖掘提供高质量、易于处理的数据。良好的数据源是数据挖掘成功的重要保证，但现实的数据源中存在不完整的、异常（outlier）的和不一致的数据。在数据挖掘中，由于某种原因，例如，在该输入的时候操作人员没有输入，或者由于硬件的故障，或者有些数据被删除或修改等，造成了某些数据的空值（missing value），而这些数据可能包含了重要的信息，有些变量也可能是相关的。这些有问题的数据在数据挖掘早期必须被有效地处理，否则就会影响数据挖掘的质量。因此在数据挖掘前，需要通过可视化、统计学理论等手段对数据进行评价和预处理。事实证明，从数据源开始时控制数据质量，不断纠正各种数据质量问题，可以推动数据质量的不断改善。

4. 数据建模

选择一个合适的数据挖掘算法还是多种挖掘算法的组合主要由待解决的业务问题决定，其中参数的选择是一个比较棘手的问题（需要理解数据挖掘算法及其参数的作用）。在业务问题明确后，就可以从分类、聚类、关联、预测或者序列分析等方法中选择相应的数据挖掘方法。这些方法可以分为发现型（discovery）数据挖掘和预测型分析（predictive analysis），前者不需要一些业务相关的先验知识（priorknowledge），包括聚类、关联和序列分析，后者包括分类、回归分析等。然后在此基础上确定合适的挖掘算法。按照学习方式的不同，数据挖掘算法分为监督学习和无监督学习。在监督学习中，输入数据（训练样本）有明确的类别或标识，在训练过程中不断调整预测模型，使得预测结果与数据的实际结果尽量接近。监督学习算法包括常见的分类算法、回归分析方法等。在无监督式学习中，输入数据没有类别或标识，通过训练得到数据中的内在规律。常见的无监督学习有关联挖掘、聚类等。

每种数据挖掘算法都有适用的范围（处理的业务问题类型、数据量、数据类型等）和局限性，需要的数据预处理方法各不相同，数据建模算法也不是越复杂越好。通常每一类问题可通过多种算法解决，每个算法可能生成不同的结果，具体选择哪种（些）算法没有固定的思路，有时需要综合多种方法才能挖掘出较满意的结果。此外，数据挖掘的结果只是辅助决策，最终的决策还要结合决策人员的业务经验。

面对日益复杂的应用场景，使用单一的数据挖掘算法可能难以满足应用的需求。混合数据挖掘（hybrid data mining）综合运用多种数据挖掘模型或算法，以解决更复杂的问题。例如，在银行客户分析时，可以先使用聚类算法，对客户进行细分，掌握各类客户的群体描述。在此基础上，再使用决策树算法对各类客户的特征进行识别，便于对新客户的类别进行预测，辅助企业的精准营销、产品推荐、客户价值分析以及风险评估等业务决策。

5. 评估数据挖掘结果

为了判断模型的有效性和可靠性，需要评估数据挖掘结果。评估模型的好坏可用准确率、召回率、均方根误差、速度、鲁棒性、可解释性等指标。数据挖掘算法会输出许多模式，但并不是所有模式都是用户感兴趣的，因此需要对这些模式进行评估，这个阶段与业务人员的充分沟通是必要的。可视化的工具把数据挖掘结果以一种直观的形式呈现，有助于解释数据挖掘的结果。

6. 部署

数据挖掘的价值体现在把挖掘结果应用到商务决策，更好地辅助管理人员和业务人员的决策，产生经济效益。这里需要注意，挖掘得到的模式应该回到数据产生的业务背景。此外，这些模式有一定的时效性，需要补充新的数据用于挖掘、更新。

下面以电商客户评论的情感分析为例，说明数据挖掘的过程。随着电子商务的发展，竞争逐渐激烈，如何改善客户的体验尤其重要。通过对电商平台客户评论文本的分析，挖掘客户对商品的情感倾向以及客户对这些商品满意或不满意的原因就变得尤其重要。

在确定客户情感分析的主题后，就可以利用数据抓取软件（例如八爪鱼软件，http：//www.bazhuayu.com/download）或编程，从相应的商品页面抓取客户的评论数据。这是业务理解和数据准备阶段。然后进行数据理解以及预处理。这个步骤主要是利用分词软件，通过字符串匹配、句法分析、关联分析或者基于机器学习的方法，提取重要的关键词，并删除一些停用词、语气词、连词、介词等无用的数据。这里关键词的重要性可以用文献检索的 TF－IDF 等方法计算。为了提高分析的效果，可以使用 LDA 等方法提取评论文本中隐含的主题，而不是简单地根据词频多少，提取关键词，从而可以进行评论的语义分析。在此基础上，可以对用户的情感进行统计分析，找出客户对商品持有的各种情感的分布，并利用标签云等可视化的方法，展示反映客户正面和负面情感的主题。上述分析不仅为改善客户的体验提供了有用的信息，也为网商改善经营、制造商完善产品设计提供了指导。

4.1.4　数据挖掘的应用领域

数据挖掘的应用范围相当广泛。数据挖掘不仅在一些传统行业中得到了应用，而且在电子商务等新兴的科技领域中也引起了人们的注意。在过去的十几年中，大型商业数据库（特别是数据仓库）的使用和人们需要了解数据之间的内在规律的需求迅速增长，导致数据挖掘广泛地应用于多样化的商业领域。下面简单介绍数据挖掘在一些典型行业的应用。

1. 银行

通过数据挖掘，一方面可以对顾客的信用卡使用模式进行分类，检测信用卡欺诈行为，并按顾客等级和类型建立信贷发放模型，避免顾客出现信贷危机，减少信贷损失；另一方面，根据信用卡的使用模式，可以识别为银行带来较高利润的顾客，进行收益分析。

2. 证券

数据挖掘在证券业的应用包括从股票交易的历史数据中得到股票交易的规则或规律、探测金融政策与金融业行情的相互影响等。

3. 保险

在保险业领域，可以通过历史数据预测何种顾客将会购买什么样的保险，从而推出具有针对性的保险产品，根据顾客的消费特征制定营销计划；可以分析如何对不同行业、不同年龄段、不同层次的顾客确定保险金数额；数据挖掘也可以进行险种关联分析，分析购买了某种保险的顾客是否会同时购买另一种保险，进而促进交易的达成。此外，利用数据挖掘还可以分析承保新险种和新顾客的风险，发现高风险市场区域，减少赔偿。

4. 零售

在零售业中，数据挖掘的主要应用之一是分析顾客的购买行为和习惯。例如，"某地区的男性顾客在购买尿布的同时购买啤酒"，"顾客一般在购买了睡袋和背包后，过了一定的时间也会购买野营帐篷"等，这些模式促使零售企业改进营销手段。数据挖掘也可以分析企业销售商品的构成，例如，把商品按照利润的多少分成多个类别，然后分析属于同一类别商品的共同特征。这些知识有助于决策商品的市场定位、商品的定价等。数据挖掘工具还可以用于预测商品销售量、分析商品价格和选择零售点等，例如，聚类可用于顾客细分，把顾客分成不同的群组进行有针对性的营销。

5. 电信

数据挖掘在电信行业主要用于分析顾客的消费记录，确定高收益的产品和顾客分布。通过分析历史记录、竞争和交流渠道数据，对个人呼叫行为特点进行全面分析，设计面向特定顾客群的服务和营销策略，并预测顾客将来的产品需求和服务需求。

6. 科学研究

数据挖掘在科学研究领域也受到了重视。例如，在气象学中，可以对不同的海流情况进行聚类，根据以往的数据判断海流对未来气象的影响。在生物信息领域，数据挖掘常用于基因分析。在疾病治疗中，数据挖掘可以从健康组织、病变组织中分离出基因序列，结合疾病和药物的情况发现一些疾病的致病机理和治疗措施，例如，运用聚类算法分析遗传数据和基因数据，从而发现具有类似功能或特征的遗传基因组。

4.2　分类分析

分类技术是数据挖掘中最常用的技术之一，有着非常广泛的应用。在日常生活和工作中，经常将对象赋予不同的类别。例如，对于信用卡的申请者，可以根据其各方面信息判断其信誉的高和低；医生需要根据患者的症状判断所患疾病的类型；推广新产品时需要预测已有客户是否对新产品感兴趣等。总结已有类别对象的特点并进行未知类别对象的预测可以帮助解决许多实际问题。为此，本节将介绍分类任务的基本概念、常用技术以及分类学习的效果衡量方法等内容。

4.2.1　分类的概念

前面提到的三种场景具有共同的特点，通过分析对象的一些已知特性判断其可能所属的类别。例如，病人的每个症状或检查结果属于对象的已知特性数据，而所患疾病的类型为类别。所有可能的疾病类型构成一个类别的集合。类别之间是没有顺序的。为了达到这一目的，还需要一些历史数据，例如，记录的已有信用卡持有人的个人信息以及信誉情况。根据这些历史数据，可以进行一定的分析、归纳，总结每类用户区别于其他类别用户的共同特点，构造一个函数或分类模型（classifier，又称分类器），根据此函数或分类模型，预测一个对象的类别。这个过程称为分类（classification），其中历史数据称为训练数据集（training dataset）。表 4 - 2 是训练数据的一个示例。在表 4 - 2 中，每一行描述了汽车销售公司的一个客户的信息，包括客户编号、年龄、性别、年收入及婚姻状况等个人信息以及在此公司是否购买过豪华车。此表的每一列称为一个属性，用于描述一个对象的某个特性或性质。表 4 - 2 中的属性"豪华车"是分类的目标属性，称为分类属性（class label attribute），其每个取值称为一个类别（class label）。在表 4 - 2 中分类属性有两个类别：是和否。构造函数或分类器的过程称为学习。为了评价一个分类模型的性能，通常根据分类模型判断一组已知类别的对象的类别，这些已知类别的对象构成的数据集称为测试数据集（testing dataset）。

表 4 - 2　　　　　　　　　　　　　　分类训练数据

客户编号	年龄（岁）	性别	年收入（万元）	婚姻状况	是否购买过豪华车
1	< 30	女	86	已婚	否
2	< 30	男	65	单身	否
3	< 30	男	90	离异	否
4	< 30	女	75	已婚	否
5	30 ~ 50	女	82	已婚	是
6	30 ~ 50	男	91	已婚	是
7	30 ~ 50	女	200	离异	是
8	30 ~ 50	女	40	单身	否
9	30 ~ 50	男	20	离异	否
10	> 50	女	96	离异	否
11	> 50	女	80	单身	否
12	> 50	男	50	单身	是
13	> 50	女	80	离异	否
14	> 50	男	92	离异	是

分类有很多种方法，常用的方法有决策树方法、贝叶斯方法、K 近邻（K-Nearest Neighbor）以及支持向量机（Support Vector Machine，SVM）等。评价一个分类模型的度量也有多种，在本节的最后将对测试数据的构建以及常用的度量方法进行介绍。

4.2.2　决策树分类方法

决策树是最常用的分类技术之一，具有性能良好且结果容易理解的特点。图 4-2 是针对表 4-2 所构建的决策树。树中每个椭圆形代表一个节点（node），节点之间的边表示的是节点之间的关系。以"年龄"和"年收入"这两个节点为例，被指向的节点"年收入"是节点"年龄"的子女结点，节点"年龄"则是节点"年收入"的双亲节点。

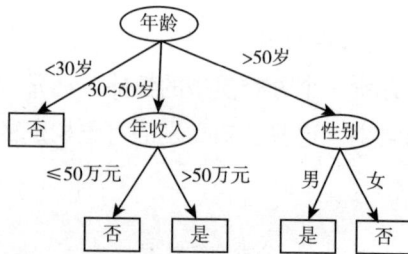

图 4-2　决策树

在决策树中有两类节点，每个没有子女节点的节点，即叶子节点，对应一个类别；其余每个节点对应一个属性。没有双亲节点的节点称为根节点。既有双亲又有子女的节点称为内部节点。节点的层次从根节点开始从 1 计数，即根节点的层次为 1，根节点的子女节点的层次为 2，以此类推。从非叶子节点引出的每条边（每条分支），即出边，对应一种基于此节点属性的判断（分裂）条件。例如，图 4-2 中，根节点的三条出边分别表示"年龄<30 岁""30≤年龄≤50 岁"和"年龄>50 岁"三个判断条件。

从根节点到叶子节点的路径可以转化为一条分类规则。在图 4-2 中，最右边从根节点"年龄"到叶子节点"否"的路径对应的规则为"if 年龄>50 岁且性别=女，then 是否购买过豪华车=否"。

当基于训练数据集构造了决策树之后，就可以利用该决策树进行未知类别样本的类别判断。例如对于一个年收入为 100 万元的 50 岁已婚男性，首先在根节点处判断其年龄属于大于 50 岁的情况从而选择最右分支，然后依据其性别选择左侧分支，最后到达叶子节点"是"，即预测该客户的类别为"是"。

1. 决策树的构建过程

如何才能快速构造出一个预测效果好的决策树呢？针对一个训练数据集可以构造出很多棵不同的树，有的树比较复杂，有的树相对简单，何种类型的树的预测效果好呢？根据奥卡姆剃刀（Occam's razor）原理："如无必要，勿增实体"（Entities should not be multiplied unnecessarily），通常来说一棵小的树的预测能力更好。从性能角度来说，不可能把所有可能的树都创建出来，然后从中选择最好的树。因此，通常采用分而治之的思想，利用贪心策略从局部出发来构造一棵大小紧凑的决策树。已有很多构建决策树的方法，如 Hunt、ID3、C4.5 及 CART 等。下面主要介绍常用的C4.5 算法。

给定一个训练数据集 D，涉及的类别由 $C = \{c_1, c_2, \cdots, c_k\}$ 表示。构建决策树 T 的过程可以看作是将训练数据集不断进行分裂的过程，其主要步骤如下。

（1）创建一个节点 t，初始情况下训练数据集中的所有样本与根节点关联，记为 D_t。将 t 设为当前节点。

（2）如果当前节点 t 所关联的数据集 D_t 中所有样本的类别都相同（假设为 c_i），则将该节点标记为叶子节点，记录类别为 c_i，停止对该节点所关联的数据集的进一步分裂。接着处理其他非叶子节点；否则，进入下一步。

（3）为数据集 D_t 选择分裂属性和分裂条件。根据分裂条件将数据集 D_t 分裂为 m 个子集，为节点 t 创建 m 个子女节点，将这 m 个数据集分别与之关联。依次将每个节点设为当前节点，转至步骤（2）进行处理，直至所有节点都标记为叶子节点。

上述过程是一个自顶向下递归的构建过程，其关键点在于分裂属性和分裂条件的选择。分裂属性的选择以分裂后的各个子数据集中类别的分布为依据，若子数据集中的类别都一样，则该节点变为叶子节点，否则需要进一步分裂。因此子女节点样本的类别越纯，构建的决策树的规模可能越小。因此分裂属性的选择通常利用类别纯度的衡量作为标准，常用的有信息熵和 gini 指数两种。下面主要介绍基于信息熵的方法。

给定一个数据集 D 及类别集合 $C = \{c_1, c_2, \cdots, c_k\}$，用 $count(c_i)$ 表示类别 c_i 在 D 中出现的次数，用 $p(c_i)$ 表示 c_i 在 D 中出现的相对频率，即 $p(c_i) = count(c_i)/|D|$，其中 $|D|$ 代表 D 中的数据行数。数据集 D 的信

息熵 $entropy(D)$ 的计算公式如下：

$$entropy(D) = -\sum_{i=1}^{k} p(c_i) lb p(c_i) \qquad (4-1)$$

设类别的个数为2，即 $k=2$，当 D 中的类别相同时，该数据集的信息熵最小，$entropy(D)=0$；当两种类别各占一半时，该数据集的信息熵最大，$entropy(D)=1$。由此可以看到，信息熵的取值越小类别分布越纯，反之越不纯。

假设一个数据集 D 按照属性 A 的分裂条件分裂出的 m 个子数据集分别为 $D_1, D_2, \cdots, D_m$，则综合这 m 个子数据集的信息熵就可以作为衡量一个属性 A 优劣的度量，记为 $entropy(D, A)$，其计算公式如下：

$$entropy(D,A) = \sum_{i=1}^{k} \frac{|D_i|}{|D|} entropy(D_i) \qquad (4-2)$$

一个数据集 D 按属性 A 分裂前后信息熵的差值称为信息增益（information gain），记为 $gain(D,A)$，计算公式如下：

$$gain(D,A) = entropy(D) - entropy(D,A) \qquad (4-3)$$

因此选择分裂属性时可以以信息增益作为选择标准，选取值最大的属性作为分裂属性。

2. 属性的类型及分裂条件

给定一个数据集 D 及一个属性 A，如果要根据公式（4-2）计算利用该属性进行数据集分裂的信息熵，还需要确定根据 A 对数据集的分裂方法。本节介绍针对不同类型的属性，如何对数据集进行分裂，即分裂条件的生成方法。下面先介绍属性的类型。

属性按取值类型的不同可以分为定量（quantitative）和定性（qualitative）两种。定量属性又称为数值（numerical）属性，每个取值为数值，既可以比较大小，又可以进行数值运算，如加、减、乘、除等。表4-2中的属性"年收入"属于定量属性。定性属性又称为类别（categorical）属性，其取值不具有数的特点，尽管表示形式可能为数，如客户编号，但对客户编号比较大小或求平均都是没有意义的。定性属性又可以分为标称（nominal）属性和序数（ordinal）属性。标称属性没有顺序关系，每个取值只是个符号用以区分不同的对象，不同的取值只能比较相等或不相等，标称属性的例子包括客户编号、性别、电话号码等。序数属性的值之间具有顺序关系，例如成绩的取值优、良、中、差之间是有顺序关系的。分类属性通常是标称属性。

属性从另一个角度又可以分为离散（discrete）属性和连续（continuous）属性。具有有限个取值的属性或可数的无限个取值的属性是离散属性。通常，整数表示的属性为离散属性，而实数表示的属性为连续属性。例如，年收入为连续属性。定性属性一般为离散属性。

（1）定性属性的分裂条件。

一个数据集 D 若根据一个定性属性 A 进行分裂，假设 A 在 D 中的取值由集合 V_A 表示，$V_A = \{a_1, a_2, \cdots, a_m\}$，则分裂条件为 $A = a_i$，其中 i 取 $1 \sim m$ 的所有整数。例如，对于表 4 - 2 中的数据，若按属性"婚姻状况"进行数据集分裂，则分裂条件为婚姻状况 = 单身、婚姻状况 = 已婚和婚姻状况 = 离异，即表 4 - 2 中的数据将分裂为 3 个子集，如表 4 - 3 至表 4 - 5 所示，其中"婚姻状况"属性的取值分别为单身、已婚和离异。

表 4 - 3　　　　　　"婚姻状况 = 单身"对应的子数据集 D_1

客户编号	年龄（岁）	性别	年收入（万元）	婚姻状况	是否购买过豪华车
2	< 30	男	65	单身	否
8	30 ~ 50	女	40	单身	否
11	> 50	女	80	单身	否
12	> 50	男	50	单身	是

表 4 - 4　　　　　　"婚姻状况 = 已婚"对应的子数据集 D_2

客户编号	年龄（岁）	性别	年收入（万元）	婚姻状况	是否购买过豪华车
1	< 30	女	86	已婚	否
4	< 30	女	75	已婚	否
5	30 ~ 50	女	82	已婚	是
6	30 ~ 50	男	91	已婚	是

表 4 - 5　　　　　　"婚姻状况 = 离异"对应的子数据集 D_3

客户编号	年龄（岁）	性别	年收入（万元）	婚姻状况	是否购买过豪华车
3	< 30	男	90	离异	否
7	30 ~ 50	女	200	离异	是
9	30 ~ 50	男	20	离异	否

客户编号	年龄（岁）	性别	年收入（万元）	婚姻状况	是否购买过豪华车
10	>50	女	96	离异	否
13	>50	女	80	离异	否
14	>50	男	92	离异	是

因此，根据公式（4-2），利用属性"婚姻状况"进行数据集分裂的信息熵计算如下：

$$entropy(D，婚姻状况) = \frac{|D_1|}{|D|}entropy(D_1) + \frac{|D_2|}{|D|}entropy(D_2) + \frac{|D_3|}{|D|}entropy(D_3)$$

$$= \frac{4}{14}\left(-\frac{1}{4}lb\frac{1}{4} - \frac{3}{4}lb\frac{3}{4}\right) + \frac{4}{14}\left(-\frac{2}{4}lb\frac{2}{4} - \frac{2}{4}lb\frac{2}{4}\right)$$

$$+ \frac{6}{14}\left(-\frac{2}{6}lb\frac{2}{6} - \frac{4}{6}lb\frac{4}{6}\right)$$

$$= 0.91$$

同理，可以计算分别按照属性"年龄"以及按照属性"性别"分裂数据集的信息熵分别为 $entropy(D，年龄) = 0.69$，$entropy(D，性别) = 0.89$。

（2）定量属性的分裂条件。

以表4-2中的年收入为例，为了方便计算信息熵，将该属性及分类属性抽出并按年收入升序排序，如表4-6中的前两列所示。表4-6中的第3列显示的是从第一行到当前行中两个类别的取值个数。如，第一行的类别统计只针对第一行，因此类别"否"有1个，"是"的个数为0。第二行统计的是前两行的类别个数，以此类推。

表4-6　　　　　　　　按年收入升序排序的类别数据集

年收入（万元）	是否购买过豪华车	累计类别分布
20	否	是：0；否：1
40	否	是：0；否：2
50	是	是：1；否：2
65	否	是：1；否：3
75	否	是：1；否：4
80	否	是：1；否：5
80	否	是：1；否：6

续表

年收入（万元）	是否购买过豪华车	累计类别分布
82	是	是：2；否：6
86	否	是：2；否：7
90	否	是：2；否：8
91	是	是：3；否：8
92	是	是：4；否：8
96	否	是：4；否：9
200	是	是：5；否：9

对于定量属性 A，设 A 在数据集 D 中有 m 个不同的取值，$a_1 < a_2 < \cdots < a_m$，其分裂数据集的候选条件为 $A \leqslant a_i$（或取相邻两点的中点（$a_i + a_{i+1}$）/2）和 $A > a_i$，其中 $1 < i < m$。以"年收入≤40 万元"为例，分裂成的两个数据集，一个满足"年收入≤40 万元"，另一个满足"年收入 > 40 万元"，前者的类别分布是"是：0；否：2"，则后者的类别分布为"是：5；否：7"，因为整个数据集的类别分布为"是：5；否：9"。因此，信息熵计算如下：

$$entropy(D, 年收入) = \frac{|D_1|}{|D|} entropy(D_1) + \frac{|D_2|}{|D|} entropy(D_2)$$

$$= \frac{2}{14} \times 0 + \frac{12}{14} \left(-\frac{5}{12} lb \frac{5}{12} - \frac{7}{12} lb \frac{7}{12} \right) = 0.84$$

可以证明不需要在每个取值处都计算信息熵，只需在类别发生变化的两个点处进行数据集的分裂并计算信息熵即可。因此，候选的分裂条件还包括"年收入≤50 万元""年收入≤65 万元""年收入≤80 万元""年收入≤86 万元""年收入≤91 万元""年收入≤96 万元"。对应的信息熵分别为 0.94、0.93、0.79、0.80、0.86 和 0.83。其中最小的是"年收入≤80 万元"，因此该条件作为属性"年收入"的分裂条件。

在未分裂表 4-2 所示的数据集 D 之前，该数据集的信息熵 $entropy(D) = 0.94$。因此 4 个属性的信息增益分别为：$gain(D, 年龄) = 0.24$，$gain(D, 年收入) = 0.15$，$gain(D, 性别) = 0.05$，$gain(D, 婚姻状况) = 0.03$。其中，属性"年龄"的信息增益最大，故在根节点的分裂属性为"年龄"。为根节点创建 3 个子女节点，3 个分支上的分裂条件分别为年龄 < 30 岁、年龄 = 30 ~ 50 岁、年龄 > 50 岁，如图 4-3 所示。其中，年龄 <

30 岁对应的数据集中的类别全部为否，将此子女结点标识为叶子节点。另外两个节点按照与处理表 4 - 2 的相同方法进行分裂属性的选择，直至所有节点成为叶子结点为止。

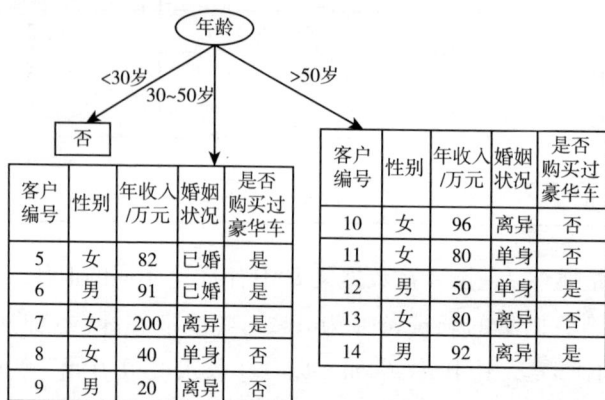

客户编号	性别	年收入/万元	婚姻状况	是否购买过豪华车
5	女	82	已婚	是
6	男	91	已婚	是
7	女	200	离异	是
8	女	40	单身	否
9	男	20	离异	否

客户编号	性别	年收入/万元	婚姻状况	是否购买过豪华车
10	女	96	离异	否
11	女	80	单身	否
12	男	50	单身	是
13	女	80	离异	否
14	男	92	离异	是

图 4 - 3　决策树的构建过程

3. 信息增益的调整——增益比率

度量信息增益偏向于选择取值个数多的属性。举个极端的例子，若以属性"客户编号"为分裂属性，则每个客户被划为一个单独的数据集，其信息熵为零，信息增益最大，但实际上，由于每个客户的编号均不相同，因此选择该属性没有意义。因为属性取值的个数越多，分裂后的子数据集趋向于更纯，而子数据集包含的行数越少，概括能力越差，因此需要解决此问题。解决方法有两种：一种是调整选择分裂属性的度量；另一种是限制分裂产生的条件。有些决策树算法限定每次对数据集的分裂都是二分的，如 CART 算法。如果一个标称属性的取值多于 2 个，则需要将取值进行组合。例如，若属性 A 有 3 个不同的取值 a、b 和 c，则组合有 3 种情况：$\{a\}$ 和 $\{b, c\}$、$\{a, b\}$ 和 $\{c\}$ 及 $\{a, c\}$ 和 $\{b\}$。以属性"婚姻状况"为例，其二分方案如图 4 - 4 所示。如果是序数属性，则应该考虑其顺序，将相邻顺序的值进行组合。

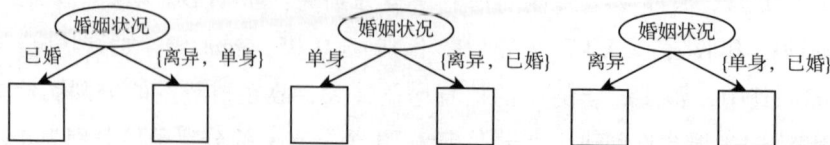

图 4 - 4　数据集的二分策略

采用第一种方法，可以调整信息增益的度量方法，以便对所分裂的数据集的大小进行考虑，这就是度量增益比率（gain ratio）的由来。假设一个数据集 D 按照属性 A 的分裂条件分裂出的 m 个子数据集分别为 $D_1, D_2, \cdots, D_m$，则增益比率 $gain\_ratio(D, A)$ 的计算公式为

$$gain\_ratio(D,A) = \frac{gain(D,A)}{splitInfo(D,A)} = \frac{gain(D,A)}{-\sum_{i=1}^{m} \frac{|D_i|}{|D|} lb\left(\frac{|D_i|}{|D|}\right)}$$

$$(4-4)$$

以属性"年龄"为例，分成的 3 个数据集的大小分别为 4、5、5，则其 $splitInfo(D，年龄)$ 的计算如下：

$$splitInfo(D,A) = -\frac{4}{14} lb \frac{4}{14} - \frac{5}{14} lb \frac{5}{14} - \frac{5}{14} lb \frac{5}{14} = 1.58$$

属性"年龄"的增益比率则为 $0.24/1.58 = 0.15$。

4.2.3　决策树的剪枝

在构建决策树过程中，如果以叶子节点中的类别尽量纯作为停止分裂一个节点的标准，则构造的决策树对于训练集的误差可能比较小，但是由于这样的决策树尽可能地拟合了训练集中的样本特点，因而通常具有较低的概括（generalization）能力，在预测未知类别对象时的准确率较低，这就是过度拟合（overfitting）问题。当然，如果过早地停止对节点的进一步分裂也会导致拟合不足（underfitting）问题。为了解决这些问题，通常需要对决策树进行剪枝（pruning）优化。剪枝分为两种类型：一种是先剪枝（pre-pruning）；另一种是后剪枝（post-pruning）。先剪枝指的是在构建树的过程中，在尚未完全拟合训练集的情况下，例如，在一个结点中的类别还没有达到最纯且还可以进一步分裂的情况下就停止对它的分裂。具体实现时可以指定一个信息熵阈值，当一个节点关联的数据集的信息熵低于该阈值时停止继续分裂。此方法的缺点是阈值不容易确定，阈值设置得不恰当可能导致拟合不足或过分拟合问题解决不彻底。因此常用的方法是后剪枝。下面介绍 C4.5 中所用的基于误差估计的剪枝方法，重点介绍用叶子节点替换子树的方法，即子树替换（subtree replacement）方法。

以图 4-5 为例，图 4-5（a）中用阴影表示的子树被一个叶子节点

替换，如图 4 - 5（b）所示的树中带阴影的节点。这种替换称为子树替换。

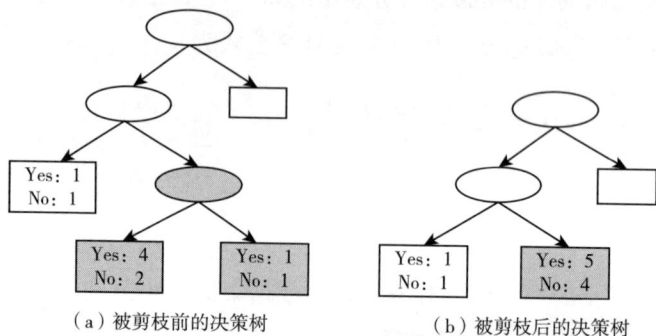

（a）被剪枝前的决策树　　　　　（b）被剪枝后的决策树

图 4 - 5　决策树的剪枝过程

为了判断是否需要进行子树替换，通常需要估计决策树的概括误差（generalization error）。训练误差又称回代误差（resubstitution error），是训练数据集中被错误分类的样本数占总训练样本数的比例。利用训练误差对概括误差进行估计是一种乐观估计，通常估计效果很差。C4.5 中采用的是基于统计的误差上界估计属于悲观估计。为了利用训练误差估计概括误差，假设每个节点中的样本被误分类的错误率符合二项分布，当节点中样本个数足够大时该分布可以用正态分布近似。假设属于一个节点的样本个数为 N，被错误分类的个数为 n，则观测到的分类误差为 $f = n/N$。假设真实误差为 p，将变量 f 通过变换 $(f-p)/\sqrt{p(1-p)/N}$ 使其符合标准正态分布。给定置信度 a，找到使公式（4 - 5）成立的置信限 z。

$$Pr\left(\frac{f-p}{\sqrt{p(1-p)/N}} > z\right) = a \qquad (4-5)$$

然后将公式（4-5）中的不等式改为等式，解出 p 的上限，得到公式（4-6），作为每个节点中分类误差的悲观估计。

$$e_{upper}(f,N,a) = \frac{f + \frac{z^2}{2N} + z\sqrt{\frac{f}{N} - \frac{f^2}{N} + \frac{z^2}{4N^2}}}{1 + \frac{z^2}{N}} \qquad (4-6)$$

查标准正态分布表，当 $a = 25\%$ 时 $z = 0.69$。C4.5 中 a 的默认值为 25%。

图 4 – 5（a）中第四层左侧的节点中有 6 个样本，其中 2 个样本被分错，即 $N=6$，$f=2/6=0.33$，设 $a=25\%$，则代入公式（4 – 6）可得 $e=0.47$。同理，同层右侧节点的误差上限可以估计为 $e=0.72$。将这两个误差按照数据集占的比例加权求和，即 $0.47\times6/8+0.72\times2/8=0.533$。然后计算这两个节点的双亲节点（$N=8$，$f=3/8$），可算得 $e=0.497$。因为 $0.497<0.533$，所以这个子树被一个叶子结点替换，如图 4 – 5（b）所示。接着可以继续如此计算，判断现在的子树是否需要替换。

实现决策树剪枝还有一些其他方法，其中一种方法是利用确认数据集（validation dataset），即从训练数据集中移出一部分作为确认数据集。在判断一棵子树是否需要被替换时，利用确认数据集来比较替换前和替换后的分类误差，如果替换后的误差较小，则实现剪枝。该方法的缺点是，训练数据集的数据量变少，可能会影响决策树的学习效果，尤其在数据不充足的情况下。

4.2.4　其他分类方法

除了上述分类方法之外，还有一些分类方法因各具特色而得到日益关注和应用。下面将对其中一些方法的基本思想进行简要介绍，进一步细节请参阅相关参考文献。

1. 神经元网络分类

神经元网络（neural net，NN）起源于生理学和神经生物学中有关神经细胞计算本质的研究工作，是在对人脑组织结构和运行机制的认识理解基础之上模拟其结构和智能行为的一种工程系统。神经元网络对噪声数据有较好的适应性，对未知数据也有很好的分类能力，但其需要较长的训练时间，模型选择和参数确定更依赖经验，同时其可理解性较差。

顾名思义，神经元网络使用一个网络对未知样本进行分类，它的分类能力主要取决于两个因素：一方面是网络的拓扑结构，另一方面是网络的权重设置。在前者确定之后，神经元网络的学习过程就是如何调整网络的权重。目前已经有各种类型的神经元网络，其中在分类领域最为流行的是基于多层前馈神经元网络的后向传播（BP）方法。其中，多层的含义为网络包含一个或多个隐藏层；前馈是指误差反向传播，即后面的一层将结果反馈给前面的一层；后向传播是指在分类过程中，输入内容在隐藏层中向后传播并最终得到输出结果。

一般的多层前馈神经元网络是由一个输入层，一个或多个隐藏层和一个输出层组成的。输入信息同时提供给输入层的每一个神经元，这些神经元的加权输出提供给第一个隐藏层，该隐藏层的加权输出可以输入到下一个隐藏层，最后一个隐藏层的加权输出作为输出层的神经元输入，输出层的输出结果就是分类结果。BP方法则使用链法从后往前逐层计算权重的调整量，最小化其目标函数。当样本有 M 种类别时，可以在输出层设置 M 个神经元，每一个输出均代表了一个不同的类别，具有最大输出的神经元所代表的类别即为样本所属的类。

2. 支持向量机分类

支持向量机（Support Vector Machine，SVM）能够非常有效地处理回归问题（时间序列分析）和模式识别（分类问题、判别分析）等诸多问题，并可推广于预测和综合评价等领域。

在分类问题中，可将需要分类的对象看作 n 维实空间中的点。为了确定每个点的类别，希望能够把这些点通过一个 $(n-1)$ 维的超平面分开，通常这个超平面被称为线性分类器。例如，在二维空间中，$(n-1)$ 维的超平面为一条直线，如果能找到一条直线把数据点分开，保证直线一侧的数据点均属于一类，则该直线就是一个线性分类器。我们希望找到分类最佳的超平面，也就是使得属于两个不同类的数据点间隔最大的那个面，该面亦称为最大间隔超平面。支持向量机的目的就是寻找最大间隔超平面。

支持向量机通过引入核函数将数据样本对应的向量映射到一个更高维的空间里，在这个空间里找到一个最大间隔超平面。在分开数据的超平面两边建有两个互相平行的超平面，支持向量机通过建立方向合适的间隔超平面使两个与之平行的超平面间的距离最大化。支持向量机的基本假设为：平行超平面间的距离或差距越大，分类器的总误差越小。

支持向量机针对有限样本，其目标是得到现有信息下的最优解而不是样本数趋于无限大时的最优解。支持向量机方法通过解决一个凸二次规划问题得到全局最优解，从而克服了神经元网络中拓扑结构难以确定、局部最优解并非全局最优解等问题；支持向量机方法将实际问题通过非线性变化把样本从输入空间映射到更高维的特征空间，然后在这个特征空间中寻找一个具有最大间隔的超平面作为其分类面，从而解决输入空间中非线性分类面的问题。

支持向量机方法的一个瓶颈是核函数，核函数的引入解决了非线性和维数灾难问题，但它同时引入了模型选择的问题；支持向量机的另外一个瓶颈在于数据量非常大时，如何快速地计算出凸二次规划的最优解。

3. 懒惰型分类器

前面介绍的各种分类方法具有一个共同点，它们均通过给定的训练集构造一个分类器，利用该分类器对新记录进行分类，这类方法称为"急切型学习方法"（eager learner）。与急切型学习方法对应的是"懒惰型学习方法"（lazy learner），这类方法不构造分类器，而是仅将训练集保存起来或只对训练集进行简单分析，当需要对新记录进行分类时，在保存的记录中寻找与之最相似的样本，根据这个样本的类别来分类。因此，用懒惰型学习方法进行分类时需要进行大量运算，对存储效率及并行运算等有很高的要求。懒惰型学习方法主要包括 K – 最近邻分类方法和基于案例推理方法。

K – 最近邻分类方法（K-NN）基于相似性，将每个样本表示为 K 维空间中的一个点。对于需要分类的样本，选出与其最相近的 K 个样本，该样本的类别为这 K 个最相近样本中出现次数最多的类别。

基于案例推理方法（CBR）则采用问题数据库来解决新的问题，与 K – 最近邻分类方法保存 K 维空间点不同，CBR 保存复杂的符号描述。当新的案例到来时，首先判断案例数据库中是否存在相同的案例，如果能找到相应案例，则按照此案例的解决方法解决新的案例；如果没有，则寻找相似的案例，通过相似的案例的解决方案，找出一个适合新案例的解决方案。CBR 的难点在于如何判断案例之间的相似性。

4. 深度学习

深度学习的本质是一种有着多隐藏层的神经网络。由于之前大多数神经网络只具备一层隐含层，只需要简单的训练方法和技巧就可以使用，在有限计算和较少样本的情况下，对复杂问题的泛化能力较弱。而深度学习采用多个隐含层，在每个隐含层只针对一个特征的情况下，组合低层特征形成更加抽象的高层特征，实现对数据隐藏特征的发现和准确标注。可以说，深度学习具有强大的从样本中多方面地学习数据集本质特征的能力。

2012 年多伦多大学的克里泽夫斯基（Krizhevsky）等人构造了一个图片识别系统，使用的就是多层神经网络，该网络共有九层，共有 65 万个神经元和 6 000 万个参数。该神经网络的隐含层中，第一层识别颜色，第二层识别纹理，第三层识别高光图片，第四层识别圆形物体和狗，第五层识别花、屋顶、鸟等。每层神经元各司其职。经过海量图片输入后，该系统能够准确识别小虫、救生船、美洲狮等物体。

深度学习需要海量数据，并且需要多次训练，反复摸索。并且深度学习的基本结构是神经网络，但是它的结构更复杂，参数更多，训练规模也更大，需要消耗大量的计算资源对其进行训练。而由于图形处理器（Graphic Process Unit，GPU）可以高效地处理矩阵乘法和卷积，这恰恰解决了深度学习的速度瓶颈，因此许多深度学习的过程需要整合 GPU 加速和集群计算构建 GPU 集群，获得相当于数十台甚至上百台 CPU 服务器的计算能力，来大幅降低计算成本。

5. 组合方法

组合（ensemble）方法或集成方法是多种基分类算法的组合，结论是由所有基算法进行投票（用于分类问题）或者加权平均（用于回归分析）。这些基分类算法往往是弱学习算法，即分类正确率仅比随机猜测略高的学习算法，但它们组合后的效果可能优于强学习算法（识别准确率很高并能在多项式时间内完成的学习算法），因此受到了人们的关注。组合方法的主要问题是选择哪些独立的较弱学习模型以及如何把它们的学习结果整合起来。

不同分类方法的分类结果以某种方式（如多数表决或加权投票）组合起来。实验表明，组合方法得到的结果通常比单个分类方法得到的结果更加准确。常用的组合方法是对同一训练样本集用多种分类方法归纳不同的分类模型。此外，也可以对样本集按一定方式多次抽样得到多个训练样本集，在此基础上选择某分类方法归纳多个分类模型。这类方法包括装袋（bagging）法、提升（boosting）法和堆叠（stacking）法等。

（1）装袋法。假设 S 为 n 个样本的集合，装袋法的过程大致如下：首先从样本集 S 中采用多次放回抽样训练集 S_t，在每一个训练集 S_t 上选择特定的学习算法，都可以建立一个分类模型。对于一个未知类别的测试样本，每个分类模型都会返回一个预测结果（投票），根据多数表决就可以确定测试样本可能的类。从上面过程可见，装袋法可以改善分类模型的泛化能力，对于噪声数据也不会过拟合。

（2）提升法。提升法的基本思想是给每一个训练样本都分配一个权重，来确定它们在训练集的抽样分布，开始时所有样本的权重相同。然后，选择一个分类方法训练，归纳出一个分类模型。利用这个分类模型对样本集的所有样本进行分类，按下面方法更新训练样本的权重：增大错误分类的样本权重，减少正确分类的样本权重，使分类方法在随后的迭代中关注被错误分类的样本。根据更新后的样本权重提升选择训练样本集，进入下一轮训练。如此迭代，得到一系列分类模型。对于测试样本，把每轮训练得到的分类模型的预测结果加权平均，即可完成组合预测。

（3）堆叠法。堆叠法主要是训练一个组合多个弱学习器的模型，首先训练多个不同的弱学习器，然后以这些弱学习器的输出作为输入来训练一个模型，从而得到一个最终的输出。首先在整个训练数据集上通过重采样方法得到多个训练子集，然后分别在这些训练子集上进行训练，将这些弱分类器预测得到的结果作为下一层分类器（元分类器）的输入，将元分类器得到的结果作为最终的预测结果。

4.2.5 分类器评价

在分类器设计过程中，如何评价分类器至关重要，一个好的评价指标有利于人们对分类模型进行优化；同时，好的分类器评价指标要求其能充分反映分类器对问题的解决能力。

1. 几个常用的术语

现在假设分类目标只有两类，即为正例（positive，P）和负例（negative，N）。这里首先介绍几个常见的分类器评价术语，分别是：

（1）TP（true positives）。被分类器正确地划分为正例的个数，即实际为正例且被分类器划分为正例的实例数（样本数）。

（2）FP（false positives）。被分类器错误地划分为正例的个数，即实际为负例但被分类器划分为正例的实例数。

（3）FN（false negatives）。被分类器错误地划分为负例的个数，即实际为正例但被分类器划分为负例的实例数。

（4）TN（true negatives）。被分类器正确地划分为负例的个数，即实际为负例且被分类器划分为负例的实例数。

2. 评价指标

（1）准确率。准确率（accuracy）是最常见的评价指标，又称为分类器的总体识别率，$accuracy = (TP + TN)/(P + N)$。这很容易理解，就是被分对的样本数除以所有的样本数。通常来说，准确率越高，分类器越好。

（2）误分类率。误分类率（error rate）则与准确率相反，描述被分类器分错的样本比例，$error\ rate = (FP + FN)/(P + N)$。对某一个实例来说，分对与分错是互斥事件，所以 $accuracy = 1 - error\ rate$。

（3）灵敏度。灵敏度（sensitive）表示的是所有正例中被分对的比例，sensitive = TP/P，它用于衡量分类器对正例的识别能力。

（4）特效度。特效度（specificity）表示的是所有负例中被分对的比例，specificity = TN/N，它用于衡量分类器对负例的识别能力。

（5）精度。精度（precision）是精确性的度量指标，表示被分为正例的实例中实际为正例的比例，precision = TP/(TP + FP)。

（6）召回率。召回率（recall）是覆盖面的度量指标，度量有多少正例被分为正例，recall = TP/(TP + FN) = TP/P = sensitive，可以看到召回率与灵敏度是一样的。

（7）其他评价指标。例如，计算速度：分类器训练和预测所需要的时间；鲁棒性：处理缺失值和异常值的能力；可伸缩性：处理大数据集的能力；可解释性：分类器的预测标准的可理解性。由于可解释性是主观的，因而很难对其进行评估。

对于某个具体的分类器而言，不可能同时提高上述所有指标，当然，如果一个分类器能正确划分所有的实例，那么其各项指标就都已经达到最优，但这样的分类器往往不存在。

4.3　聚类分析

在自然科学和社会科学中，存在着大量的聚类（clustering）问题。通俗地说，类是指相似对象的集合。聚类分析是数据挖掘中的一种重要方法，在银行、零售和保险等领域都有着广泛的应用。聚类分析既可以作为一个独立的方法透视数据分布，也可以作为其他分析方法的预处理步骤。

4.3.1　聚类的概念

聚类是把对象或样本的集合分组成为多个簇（类）的过程，使同一个组中的对象具有较高的相似度，而不同类的对象差别较大。相异度是根据描述对象的属性值进行计算的，距离经常采用相异度来度量。在许多应用场合，可以把一个簇中的对象作为一个整体对待。与分类、回归分析等不同，聚类的每个样本都没有类标号，因此一般是无监督（unsupervised）方法。在数据挖掘领域，聚类分析已经被广泛应用，其应用领域包括模式识别、图像处理和市场研究（市场细分、客户群细分）等。通过聚类，人们能够识别密集的和稀疏的区域，进而发现全局的分布模式。

目前已出现多种聚类方法：基于划分的方法、基于层次的方法、基于密度的方法、基于网格的方法、基于模型的方法以及模糊聚类等。聚类方法的选择取决于数据的类型、聚类目的和应用场合。一个好的聚类方法可以产生高质量的聚类结果，这些类有较高的类内相似性和较低的类间相似性。一般地，聚类分析需要有良好的可伸缩性，能够处理不同类型的属性，发现任意形状的类。此外，聚类分析应该有效地处理噪声数据，异常数据和高维数据，产生满足用户指定约束的聚类结果，并且聚类结果是可解释、可理解和可用的。

4.3.2　聚类分析的统计量

聚类分析可表示为给定 n 个待聚类的对象（也称为样本）组成的集合 $S = \{t_1, t_2, \cdots, t_n\}$ 和整数值 k，聚类问题就是定义一个映射 $f: S \rightarrow \{1, \cdots, k\}$，其中第 i 个对象 t_i 被映射到第 j 个簇中。第 j 个簇 K_j 由所有被映射到该簇中的对象组成，即 $K_j = \{t_i \mid f(t_i) = j, 1 \leqslant i \leqslant n, 1 \leqslant j \leqslant k, t_i \in S\}$。

通过引进一些表示样本间相似程度的度量标准把性质相似的对象归为一类，这些度量标准称为聚类统计量。最常用的聚类统计量可分为距离和相似系数等，这些统计量处理数值型数据比较有效。

距离的定义有多种，对于连续值数据，可以采用欧几里得距离、曼哈坦距离、明考斯基距离和切比雪夫距离等几何距离。其中最常用的是欧几里得距离和曼哈坦距离。

假定每个样本包含有 p 项指标，如果有 n 个样本的观测数据，每个样本可看作 p 维空间中的一个点，并把 p 维空间距离相近的对象划为一类，把二维平面中两个点的距离推广到 p 维空间中，p 维空间中两个点 X_i 与 X_j 之间的欧几里得距离 d_{ij} 表示为：

$$d_{ij} = \sqrt{\sum_{k=1}^{p} (x_{ki} - x_{kj})^2}$$

其中：x_{ki} 是第 i 个对象 x_i 的第 k 个维（属性）的值；x_{kj} 是第 j 个对象 x_j 的第 k 个维的值，其中 i、$j = 1, 2, \cdots, n$；$k = 1, 2, \cdots, p$。与欧几里得距离不同，曼哈坦距离可减少某一维产生大的差异而支配总的距离。

$$d_{ij} = \sum_{k=1}^{p} |x_{ki} - x_{kj}|$$

如 $X_1 = (2,1)$ 和 $X_2 = (5,3)$ 表示二维空间的两个对象，则它们的欧几里得距离是 3.61，曼哈坦距离为 5，如图 4-6 所示。

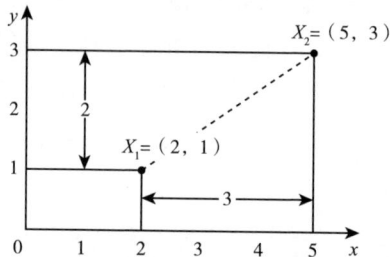

图 4-6　二维空间中的欧几里得距离和曼哈坦距离

如果对象包含其他数据类型的属性聚类，如可分类变量、二元变量、标称变量（nominal variables）、序数型变量和文本等，需要设计相应的距离公式，对象之间总的距离可由不同类型属性的距离加权和求得。对于可分类变量，常见的对象之间距离可用 Jaccard 系数或 Dice 系数计算。其中，Jaccard 系数是两个对象共有的可分类属性的个数与两个对象属性个数和（属性集并集的元素个数）的比值，而 Dice 系数是两个对象共有可分类属性的个数与两个对象属性个数的平均值的比值。

二元变量只有 1 或 0 两种状态，例如某病人的属性发烧与否。根据这两种状态的权重是否相同，二元变量分为对称的二元变量和非对称的二元变量，前者表示二元变量的两个状态优先权相同，例如性别有男女两种取值。而非对称的二元变量的两个状态出现的概率不同、重要程度不同（通常比较重要的状态用 1 表示），因此在距离计算上有别于对称的二元变量。例如病人的属性咳嗽比较重要，用状态 1 表示（不咳嗽用 0 表示）。为便于计算两个对象 X_1 和 X_2 的距离，构造下面的可能性矩阵：

$X_1 \backslash X_2$	1	0
1	a	b
0	c	d

其中，a 表示对象 X_1 和 X_2 值都为 1 的属性的个数；b 是在对象 X_1 中值为

1，在对象 X_2 中值为 0 的属性个数；c 是在对象 X_1 中值为 0，在对象 X_2 中值为 1 的属性个数；d 是在对象 X_1 和 X_2 中值都为 0 的属性个数。如果对象 X_1 和 X_2 的属性都为对称的二元变量，它们之间的距离可用下面的简单匹配系数计算。

$$d(X_1,X_2) = \frac{b+c}{a+b+c+d}$$

对于属性为非对称的二元变量的两个对象 X_1 和 X_2，采用 Jaccard 系数度量两个对象之间的距离。

$$d(X_1,X_2) = \frac{b+c}{a+b+c}$$

【例 4 – 1】比较表 4 – 7 中三个包含非对称的二元变量对象的距离

表 4 – 7			病人的数据			
对象	a_1	a_2	a_3	a_4	a_5	a_6
Jack	1	0	1	0	0	0
Mary	1	0	1	0	1	0
Tim	1	1	1	0	0	0

表 4 – 7 中的 $a_1 \sim a_6$ 是对象 Jack、Mary 和 Tim 的属性，都为非对称的二元变量。它们之间的距离用 Jaccard 系数计算，分别为 $d(\text{Jack},\text{Mary}) = (0+1)/(2+0+1) = 1/3$；$d(\text{Jack},\text{Tim}) = 2/3$；$d(\text{Mary},\text{Tim}) = 3/4$。可见 Jack 和 Mary 的距离最小，而 Mary 和 Tim 的距离最大。

此外，由于簇之间的距离有多种解释，对于给定的两个簇，有如下常用计算方法。

（1）单一链接（single link）。簇之间的距离由不同簇中两个最接近的样本（成员）的距离确定。

（2）完全链接（complete link）。簇之间的距离由不同簇中两个最远样本之间的距离确定。

（3）质心（centroid）。计算代表簇的质心，质心距离是指两个簇质心之间的距离。

4.3.3　常用聚类算法

最基本的聚类算法是 K-means 算法，K-means 算法比较简单，对凸型分布数据的聚类效率比较高，但这种聚类算法不能有效处理非数值型数据。然而在实际应用中非数值数据经常出现，因此有些学者对 K-means 算法进行了扩展，如 K-modes 算法和 K-prototypes 算法，以处理包含分类型属性和混合型属性的数据。其中，K-modes 算法用一种简单的相异度测量处理可分类型数据，聚类的过程和 K-means 算法相似，而 K-prototypes 算法结合了 K-means 算法和 K-modes 算法的相异度测量方法处理数值型和分类型的混合数据聚类。这两种扩展的算法对大规模的数据集聚类也比较有效。下面简要介绍这几种算法。

1. K-means 算法

K-means 算法是常见的基于划分的聚类方法，其中相异度基于对象与类中心（簇中心）的距离计算，与簇中心距离最近的对象可以划为一个簇。此算法目标是使每个对象与簇中心距离的平方和最小。

$$SSE = \sum_{i=1}^{k} \sum_{t \in K_i} d(t, m_i)^2$$

其中，d 表示对象 t 与簇中心 m_i 的欧几里得距离。由 $\frac{\partial SSE}{\partial m_i} = 0$ 可以证明这里的簇中心为质心，即一组点的均值。

K-means 算法过程比较简单。首先，用户指定聚类的类别数 k，随机选择 k 个对象作为 k 个初始聚类中心。对剩余的每个对象，分别计算与初始聚类中心的距离，根据距离划到不同的簇。然后重新计算每个簇的平均值，求出新的聚类中心，再重新聚类。这个过程不断重复，直到收敛（相邻两次计算的聚类中心相同）或迭代次数小于设定的值为止。K-means 算法以 k 为参数，把 n 个对象分为 k 个簇，簇内对象具有较高相似度，簇间的对象相似度较低。K-means 算法的时间复杂度是 O（k·n·t），其中 n 是所有对象数目，t 是迭代次数。通常 k 远远小于 n，且 t 也远远小于 n，K-means 算法经常以局部最优结束，效率比较高，其缺点是对数值型的且簇呈球状分布的数据比较有效，对离群点和噪声数据非常敏感。而且这种算法不能处理非凸形（非球形）的簇和不同大小的簇。此外，初始聚类中心的选择对聚类结果影响比较大，随机选择的初始聚类中心可能会导致出现不同的迭代次数和聚类结果，通常可以用不同的初始值多次运行再确定合适的聚类结果。注意这些初始的聚类中心应相互远离。K-means 算法的大致过程如下。

（1）给定 k，从 n 个对象中任意选择 k 个对象作为初始聚类中心。

（2）重复如下过程：

计算每个对象与聚类中心的距离，把它们划到不同的簇；

重新计算每个簇的聚类中心。

直到聚类中心不再发生变化。

图 4-7 是 K-means 算法聚类过程示意图（$k=2$，● 表示对象，Δ 表示质心）。

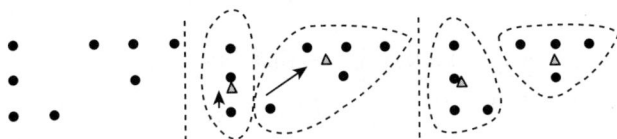

图 4-7　K-means 算法聚类过程示意图

K-means 聚类算法比较适合处理凸形分布的连续数值型数据的聚类。

K-means 聚类算法对异常点也比较敏感，少数异常点会极大影响聚类中心的计算，因此在预处理前去异常样本是必要的。聚类后一些样本较少的组可以合并到其他样本较多的邻近组。每个样本维也可根据需要赋予不同的权重，k 值的选择也需要视应用而定，而不是简单地看聚类效果，例如使 SSE 最小。通常可以使用不同的 k 值进行聚类，然后利用合适的准则选择合适的 k 值。例如可以不断增加聚类数，直到满足一定的停止条件。

聚类经常与其他数据挖掘方法结合使用，例如，聚类可以作为决策树、神经网络等方法的基础，聚类的结果也可以结合数据可视化技术分析各簇的特点。此外，离群点对聚类的影响很大，在聚类前可以识别离群点并删除，这里离群点的检测作为预处理的一部分。

2. K-modes 算法

K-modes 算法改变了 K-means 算法的相异度测量方法，这种算法用一个简单的匹配相异度测量对数据进行聚类处理。K-modes 算法把 K-means 算法扩展到可分类数据，定义了新的度量可分类数据相异度的距离公式，并给出了相应的更新聚类中心的方式，能够迅速处理可分类型数据。

K-modes 算法根据可分类属性值出现的频率更新聚类中心，聚类中出现频率最高的属性值被选为聚类中心，即类模式（modes）。但这种基于频率的 modes 更新方式也有一些问题，例如，出现频率同样高的两个属性值时就很难决定选择哪个属性值作为 modes。此外，如果 modes 的属性值不占绝对多数，那么用其表示聚类中心可能不太准确。

K-modes 算法改变了 K-means 算法的相异度测量方法，用一个简单的相异度测量对数据进行聚类。假设 X、Y 是数据集中的两个对象，它们用 m 维属性描述，则这两个对象之间的相异度为：

$$d(X,Y) = \sum_{j=1}^{m} \delta(x_j, y_j)$$

当 $x_j = y_j$ 时，$\delta(x_j, y_j) = 0$；当 $x_j \neq y_j$ 时，$\delta(x_j, y_j) = 1$。

K-modes 算法不断更新 modes，使得所有对象与其最近 modes 的相异度总和最小：首先，计算每一簇在某一属性值的对象所占百分数；然后，取每个簇中频率最高的一个属性值作为类模式 Q；最后，分别对每个属性进行上述计算，得到类模式 Q，即初始聚类中心。K-modes 算法与 K-means 算法的步骤类似。

（1）预先定义好 k 类，确定各个类的初始类模式 Q；

（2）根据类模式 Q 把每个对象赋给最近邻的类，然后更新类模式 Q；

（3）不断重复步骤（2），直到结果不再发生变化为止。

3. K-prototypes 算法

在实际应用中，数据可能是数值型的，也可能是可分类型的。K-prototypes 算法综合了 K-means 和 K-modes 算法，采用新的距离度量方法，能够快速处理混合类型数据集的聚类问题。

K-prototypes 算法的聚类中心由数值型数据的聚类中心和可分类数据的聚类中心两部分组成，其中，数值型属性的聚类中心和 K-means 算法类似，都可通过计算数值型属性的平均值得到。而可分类型属性的中心采用类似 K-modes 算法聚类中心的更新方式，通过计算可分类属性值出现的频率确定。

4.3.4 其他聚类方法

除了以上基于划分的聚类算法外，还有基于层次的聚类算法以及神经网络。层次聚类（hierarchical clustering）方法把数据组织成若干簇，并形成一个相应的树状图进行聚类，它可以分为两类：自底向上的聚合聚类和自顶向下的分裂聚类。聚合层次聚类采用自底向上的策略，首先把每个对象单独作为一类，然后根据一定的规则，例如，把簇间距离最小的相似簇合并成越来越大的簇，直到所有样本凝聚成一个大的簇，针对给定应用选择结果最好的聚类层次。与聚合型方法相反，分裂聚类采用自顶向下的方法，先把所有的对象都看成一个簇，然后不断分解直至满足一定的条件。可以看出，层次聚类的一个重要问题是如何评价两个簇的相似性。大多数层次聚类方法都属于聚合型方法，它们对噪声、异常数据比较敏感。层次聚类常用的方法有 BIRCH 和 CURE 等。

两步（two step）聚类算法也是常用的聚类方法，在 SPSS Modeler 数据挖掘工具中就有两步聚类建模组件。顾名思义，两步聚类算法由两个阶段组成：第一步是预聚类，把具有较少样本的子聚类视为离群值，生成若干子聚类；第二步利用分层聚类方法对上述子聚类进行合并，形成大的聚类。与 K-means 算法不同，两步聚类可以确定最佳聚类数：首先基于贝叶斯信息准则选择聚类数的上限，然后从聚类数更少的所有聚类模型中找出聚类间最小距离的差异，最终选择距离最大差异的聚类模型。需要注意的是聚类结果与训练数据的顺序有关。

基于划分的聚类和基于层次的聚类还有其他实现方法，如基于密度的聚类、基于网格的聚类、基于模型的聚类以及模糊聚类等，每种方法都有各自的优缺点，适用范围也有限。选择哪种聚类方法，需要综合考虑实际的应用需求、簇的类型与特征、数据的特性、数据质量、数据集的规模（样本个数、样本属性个数）等因素。

1. 基于密度的聚类

簇是对象的稠密区域。基于密度的聚类方法与 K-means 算法使用簇的中心不同，它使用密度的概念。这种聚类方法根据样本点周围的密度不断增长聚类，克服了基于距离的算法只能发现凸形分布数据聚类的缺点。基于密度的聚类方法首先计算一个区域中点的密度，如果大于某个阈值，就把它添加到相近的聚类中，主要算法包括 DBSCAN 算法和 OPTICS 算法（DBSCAN 的扩展算法）等。

DBSCAN 算法是一种常见的基于密度的聚类方法，大致过程如下。首先，把所有的样本标记为核心点、边界点或噪声点，其中一个样本是核心点，满足在该样本的邻域（由距离函数和用户指定的参数 R 确定）内的样本个数大于给定阈值 min；边界点是位于某核心样本邻域的非核心样本；

噪声点指既不是核心样本又不是边界样本的样本。然后，对每个样本做如下处理：删除噪声点，而足够靠近的核心点（它们的距离小于 R）聚集在同一簇中，与核心点足够靠近（它们的距离小于 R）的边界点也聚集在与核心点相同的簇中。DBSCAN 算法可以有效地发现数据库中任意形状的簇，自动确定聚类的簇个数，但也存在一定的局限性，例如，参数 R 和 min 仍然需要用户依靠经验来设置。

2. 基于网格的聚类

基于网格的聚类方法大多数是基于密度的。这种方法的基本思想是先把样本的属性值域分成许多区间（如通过离散化处理），这样，数据空间被划分为许多网格单元。然后计算落入每个单元的对象数目。在删除密度（单位体积的样本数）小于阈值的单元后，由邻接的高密度单元组成簇。基于网格的聚类方法处理速度比较快，但密度阈值较难确定，对高维数据的聚类效果不理想。

在一些应用中，样本集在少数属性的子空间存在有趣的簇。CLIQUE 算法就是一种发现子空间簇的有效方法，这种算法也是基于网格的。CLIQUE 算法的基础是如果样本集在 k 维属性空间是一个满足密度阈值的簇，那么此样本集在任何小于 k 维的属性子空间中都是满足密度阈值的簇。利用这个性质，可以由高密度的低维单元逐渐生成高维的候选高密度单元，最后再把邻接的高密度单元组成簇。

3. 基于统计模型的聚类

基于统计模型的聚类假定样本集是由某种统计过程产生的，因此找出最佳拟合数据的统计模型及其参数就可以描述数据。特殊地，每个簇都对应一个统计分布，这种统计模型是混合模型，它可以发现不同大小和椭球形状的簇。期望最大化等是常见的使用最大似然估计（maximum likelihood estimation）混合模型参数的算法，它迭代改进模型参数。

4. EM 算法

EM（expectation maximization）算法，也称为最大期望算法，是数据挖掘常用的十大算法之一，常用于计算机视觉等领域的数据聚类，可以从非完整数据集中对参数进行最大似然估计。EM 算法的大致步骤如下：首先，进行初始化，在缺少先验知识的情况下，通常从均匀分布开始，也可以选择随机概率作为起点。接着，在 E 步骤中计算期望，用最可能的值填补数据中的缺陷，并计算其最大似然估计值。然后，在 M 步骤中找出在 E

步骤中得到的最大似然估计值的极大值，并计算参数。数据集在给定变量估计值后得到了扩充。可以简化为只考虑最优估计，但更精确的方法是根据概率的不同对所有可能的估计进行加权。M 步骤上找到的参数估计值被用于下一次 E 步骤的计算中，上述过程不断交替，直至收敛。

5. 神经网络

神经网络也有一些算法可用于聚类，例如 Kohonen 神经网络，又称为自组织映射网络（SOM）等。Kohonen 神经网络是一种前馈型无监督学习网络，能够根据样本的特征自动聚类。如图 4 - 8 所示，Kohonen 神经网络的拓扑结构由输入层和输出层组成，其中输入层的每个节点与输出层的所有节点相连，每个连接对应一个权值（组成权向量），输出层的每个神经元与同层邻近的若干神经元相连。输入层的主要功能是计算样本输入向量与权向量之间的距离，输出层的主要功能是计算这两个向量之间的距离，确定样本与输出神经元的匹配程度，距离最小的输出层神经元获胜。

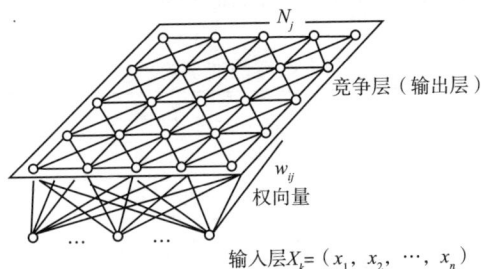

图 4 - 8　Kohonen 神经网络结构

在 Kohonen 神经网络的运行过程中，匹配竞争胜出的神经元及其邻近的神经元与相应输入层神经元之间的权向量朝着样本输入（特征）向量方向更新，如此经过多次迭代，这些权向量就可以对样本进行自动聚类，完成自组织学习（映射）过程。

4.4　关联分析

关联分析是一种简单、实用的分析技术，即发现存在于大量数据集中的关联性或相关性，从而描述一个事物中某些属性同时出现的规律和模式。

关联分析是从大量数据中发现项集之间有趣的关联性和相关性。关联分析的一个典型例子是购物篮分析，该过程通过发现顾客放入其购物篮中的不同商品之间的联系，分析顾客的购买习惯。通过了解哪些商品频繁地被顾客同时购买，可以帮助零售商制定营销策略。其他的应用还包括价目表设计、商品促销、商品的排放和基于购买模式的顾客划分等。

可从数据库中关联分析出形如"由于某些事件的发生而引起另外一些事件发生"之类的规则。如"67% 的顾客在购买啤酒的同时会购买尿布"，因此通过合理的啤酒和尿布的货架摆放或捆绑销售可提高超市的服务质量和效益。又如"C 语言优秀的同学，在学习数据结构时为优秀的可能性达 88%"，那么就可以通过强化 C 语言的学习来提高教学效果。

4.4.1 频繁模式与关联规则

1. 基本概念

为了便于解释，先以表 4 - 8 所示的数据为例进行说明。

表 4 - 8 超市顾客的交易信息

TID	Items
001	可乐、鸡蛋、火腿
002	可乐、尿布、啤酒
003	可乐、尿布、啤酒、火腿
004	尿布、啤酒

如表 4 - 8 所示是一个超市几名顾客的交易信息。TID 代表交易流水号，Items 代表一次交易的商品。对这个数据集进行关联分析，可以找出关联规则 {尿布}→{啤酒}。它代表的意义是：购买了尿布的顾客会购买啤酒。这个关系不是必然的，但是可能性很大，这就已经足够用来辅助商家调整尿布和啤酒的摆放位置了，例如摆放在相近的位置，或通过捆绑促销来提高销售量。

（1）事务。每条交易称为一个事务（transaction），例如表 4 - 8 中的数据集就包含四个事务。事务用 t_i 表示，其中 i 是交易序号。交易数据库 D 是交易的集合，即：$D = \{t_1, t_2, \cdots, t_m\}$。

（2）项。交易的每个物品称为一个项（item），例如可乐、鸡蛋等。

（3）项集。包含零个或多个项的集合叫作项集（item set），例如 {可乐，鸡蛋，火腿｝。项集用 I 表示，$I = \{i_1, i_2, \cdots, i_n\}$。一个项集包含项的个数称为该项集的长度。

（4）k – 项集。包含 k 个项的项集叫作 k – 项集，例如 ｛可乐｝ 叫作 1 – 项集，｛可乐，鸡蛋｝ 叫作 2 – 项集。

（5）支持度计数。一个项集 X 在数据库 D 中出现的次数 $count(X)$ 等于包含该项集的交易个数。若 $X = $｛可乐｝，则 $count(X) = 3$。又如 ｛尿布，啤酒｝ 出现在事务 002、003 和 004 中，所以它的支持度计数是 3。

（6）支持度。支持度（support）计数除以总的事务数，记为 $support$ (X)。

$$support(X) = \frac{count(X)}{|D|} \times 100\%$$

例如上例中总的事务数为 4，｛尿布，啤酒｝ 的支持度计数为 3，所以它的支持度是 $3 \div 4 = 75\%$，说明有 75% 的人同时买了尿布和啤酒。

（7）频繁项集。支持度大于或等于某个阈值又称为最小支持度（minimum support，minsup）的项集就叫作频繁项集。例如阈值设为 50% 时，因为 ｛尿布，啤酒｝ 的支持度是 75%，所以它是频繁项集。

（8）前件和后件。给定两个项集 X 和 Y，关联规则是形如 $X \rightarrow Y$ 的蕴含式，其中 $X \subseteq I$ 称为规则的前件，$Y \subseteq I$ 称为规则的后件，且 $X \cap Y = \varnothing$。对于规则 ｛尿布｝ → ｛啤酒｝，｛尿布｝ 叫作前件，｛啤酒｝ 叫作后件。

一个规则 $X \rightarrow Y$ 在数据库 D 中的支持度，记为 $support(X \rightarrow Y)$，定义为项集 $X \cup Y$ 的支持度，即 $support(X \rightarrow Y) = support(X \cup Y)$。

（9）置信度。项集 $X \cup Y$ 的支持度除以项集 X 的支持度称为置信度（confidence），定义如下：

$$confidence(X \rightarrow Y) = \frac{support(X \rightarrow Y)}{support(X)} \times 100\%$$

对于规则 ｛尿布｝→｛啤酒｝，｛尿布，啤酒｝ 的支持度计数除以 ｛尿布｝ 的支持度计数，为这个规则的置信度。例如规则 ｛尿布｝→｛啤酒｝ 的置信度为 $3 \div 3 = 100\%$。说明买了尿布的人 100% 也买了啤酒。

（10）强关联规则。大于或等于最小支持度 minsup（阈值）和最小置信度 minconf（阈值）的规则叫作强关联规则。关联分析的最终目标就是要找出强关联规则。

2. 频繁项集的性质

在实际应用中，给定最小支持度阈值和最小置信度阈值后，一个数据库中存在的频繁项集数据可能很巨大，这是因为频繁项集存在如下性质。

性质 1：给定最小支持度阈值 minsup，一个频繁项集的所有非空子集都是频繁的。

例如，如果 minsup = 40%，项集 {尿布，啤酒} 是频繁的，因为它出现在三个交易中，则这三个交易必然同时包含了该项集的所有非空子集，如 {尿布}、{啤酒}、{尿布，啤酒} 三个项集。这些项集至少出现在这三个交易中，因此它们是频繁的。

性质 2：如果一个项集是不频繁的，则其所有的超集都是不频繁的。

若一个集合 S_2 中的每个元素都在集合 S_1 中，且集合 S_1 中可能包含 S_2 中没有的元素，则集合 S_1 就是 S_2 的一个超集。由于该性质的存在，如果一个数据库中可以发现的频繁项集最大长度为 20，则最终输出的频繁项集个数至少为 $(2^{20} - 1)$ 个，其中 $(2^{20} - 2)$ 是该项集的子集。过多的项集会给后续的结果分析与评价带来问题。因此，减少输出的项集个数同时又不损失任何信息是需要解决的问题。

3. 频繁项集的代表项集

由于事务数据集产生的频繁项集的数量可能非常大，所以，识别出可以推导出其他所有频繁项集的、具有代表性的项集就变得尤为重要。本节将介绍具有代表性的项集：最大频繁项集和闭合频繁项集。

最大频繁项集（max pattern/maximal frequent itemset）：如果频繁项集 L 的所有超集都是非频繁项集，那么称 L 为最大频繁项集或最大频繁模式，记为 MFI（maximal frequent itemset）。频繁项集是最大频繁项集的子集。最大频繁项集中包含了频繁项集的频繁信息，且通常项集的规模要小几个数量级。在数据集中含有较长的频繁模式时，挖掘最大频繁项集是非常有效的手段。所以，最大频繁项集是各频繁 k - 项集中符合无超集条件的频繁项集。

闭合频繁项集（close pattern）：所谓闭项集，就是指一个项集 X，它的直接超集的支持度计数都不等于它本身的支持度计数。如果闭项集同时是频繁的，也就是它的支持度大于或等于最小支持度阈值，那它就称为闭合频繁项集。

如表 4 - 9 所示，项集 {b,c} 出现在 TID 为 1、2、3 的事务中，所以

$\{b,c\}$ 的支持度计数为 3。而 $\{b,c\}$ 的直接超集 $\{a,b,c\}$ 和 $\{a,b,c,d\}$ 的支持度计数分别为 2、1，都不等于 $\{b,c\}$ 的支持度计数 3，所以 $\{b,c\}$ 为闭项集，如果支持度阈值为 40%，则 $\{b,c\}$ 也为闭合频繁项集。

项集 $\{a,b\}$ 出现在 TID 为 1、2 的事务中，其支持度计数为 2。而它的直接超集 $\{a,b,c\}$ 支持度计数也为 2，所以 $\{a,b\}$ 不是闭项集。

表 4 - 9　　　　　　　　　　　　　　　项集示例

TID	Items
1	a、b、c
2	a、b、c、d
3	b、c、e
4	a、c、d、e
5	d、e

利用闭合频繁项集，输出的最终满足条件的项集个数将大大降低。举个极端的例子，如果一个长度为 20 的频繁项集 X 的所有非空子集的支持度都与该项集相同，则原结果中的 $(2^{20}-1)$ 个项集都由该项集 X 所涵盖了。如果只有部分子集具有与 X 相同的支持度，则在不必输出这些项集的同时，又可以通过 X 推导出它们的存在，所有未出现在结果中的那些 X 的子集一定是频繁的，且具有与 X 相同的支持度。因此闭合频繁项集的集合是对频繁项集集合的一种信息无损的压缩。

4. 关联规则的度量

关联规则分析涉及两个参数：支持度和置信度。这两个参数是描述一条关联规则是否有意义的常用度量方式。但是在有些情况下，仅仅根据这两个参数发现的规则可能具有误导性。例如，如果利用关联分析的方法分析修"商务智能"课程的学生的基本信息以及所得成绩之间的关系，可能得到这样一条关联规则：专业 = 计算机→成绩 = 良（53%，72.6%），这使人感觉计算机专业的学生更易得"良"。但是实际上总人数中得"良"的比例为 75%，也就是说如果是计算机专业的学生，得"良"的可能性反而降低了。那么，我们如何能避免发现此类关联规则呢？因此，很多研究者提出了不同的度量方法。以下介绍提升度和度量。

（1）提升度。对于关联规则 $X \rightarrow Y$，提升度（lift）的计算公式为：

$$lift(X,Y) = \frac{confidence(X \rightarrow Y)}{support(Y)} = \frac{P(X \cup Y)}{P(X)P(Y)}$$

提升度反映了关联规则中的 X 与 Y 的相关性，弥补了置信度没有考虑规则后件支持度的缺陷。如果 X 和 Y 相互独立，则 $P(X \cup Y) = P(X)P(Y)$，此时，$lift(X,Y) = 1$。提升度 >1 且越高表明正相关性越高，提升度 <1 且越低表明负相关性越高。

例如，在所分析的 10 000 个事务中，6 000 个事务包含计算机游戏，7 500 个事务包含游戏机游戏，4 000 个事务同时包含两者。关联规则（计算机游戏，游戏机游戏）支持度为 0.4，看似很高，但其实这个关联规则是一个误导。

在用户购买了计算机游戏后有（4 000 ÷ 6 000）= 0.667 的概率去购买游戏机游戏，而在没有任何前提条件时，用户反而有（7 500 ÷ 10 000）= 0.75 的概率去购买游戏机游戏，也就是说设置了购买计算机游戏这样的条件反而会降低用户去购买游戏机游戏的概率，所以计算机游戏和游戏机游戏是相斥的。

在理论上把 0.667/0.75 称为提升度，一般在数据挖掘中当提升度大于 3 时，我们才承认挖掘出的关联规则是有价值的。

提升度是一种比较简单的判断手段，在实际应用中它受零事务的影响较大，零事务在本例中可以理解为既没有买计算机游戏也没有买游戏机游戏的事务，其值为 10 000 − 4 000 − 2 000 − 3 500 = 500，很小，但在现实中，这个值往往是很大的。如果保持其他数据不变，把 10 000 个事务改成 1 000 000 个事务，那么计算出的提升度就会明显增大，此时的零事务也很大（1 000 000 − 4 000 − 2 000 − 3 500），可见提升度是与零事务有关的。

（2）度量（cosine）。对于关联规则 $X \rightarrow Y$，度量的计算公式为：

$$cosine(X,Y) = \frac{P(X \cup Y)}{\sqrt{P(X)P(Y)}} = \frac{support(X \cup Y)}{\sqrt{support(X) \times support(Y)}}$$

$$= \sqrt{confidence(X \rightarrow Y) \times confidence(Y \rightarrow X)}$$

从上式可以看到，当 X、Y 向量夹角余弦等于 1 时，这两个向量完全重复，表示 X 与 Y 完全一致；当夹角的余弦值接近 1 时，两个向量相关度较高；夹角的余弦越小，两个向量越不相关。

4.4.2　频繁项集的典型挖掘方法

关联规则的挖掘一般分为两个步骤：第一步发现所有的频繁项集；第二步从频繁项集中发现关联规则。

关联规则自 1993 年提出以来，至今已经有非常多的相关研究。典型的挖掘算法包括阿格拉沃尔（Agrawal）于 1994 年提出的先验（apriori）算法，以及韩家炜（Han J W）等人提出的频繁模式增长（FP-growth）算法等。

1. 先验算法

先验算法是一种挖掘关联规则的频繁项集算法，其核心思想是通过候选集生成和情节的向下封闭检测两个阶段来挖掘频繁项集。而且该算法已经被广泛应用到商业、网络安全等领域。

先验算法的基本思想是：首先找出所有的频繁项集，这些项集出现的频繁性至少和预定义的最小支持度一样；由频繁项集产生强关联规则，这些规则必须满足最小支持度和最小置信度；然后使用找到的频繁项集产生期望的规则，产生只包含集合的项的所有规则，其中每条规则的右部只有一项。一旦这些规则被生成，那么只有那些大于用户给定的最小置信度的规则才被留下来。为了生成所有频繁项集，使用了递归的方法。

先验算法流程。图 4-9 是先验算法的流程图，其中，Apriori_Gen 算法完成并和剪枝（prune）两个操作。在并运算中，保证不会有重复的候选集生成；在剪枝步骤中删除那些存在子集不是频繁项目集的候选集。

先验算法的流程分为两个步骤。

第一步，通过迭代，检索出事务数据库中的所有频繁项集，即支持度不低于用户设定的阈值的项集；

第二步，利用频繁项集构造出满足用户最小置信度的规则。

具体做法就是：首先找出频繁 1-项集，记为 L_1；然后利用 L_1 来产生候选项集 C_2，对 C_2 中的项进行判定挖掘出 L_2，即频繁 2-项集。不断如此循环下去直到无法发现更多的频繁 k-项集为止。每挖掘一层 L_k 就需要扫描整个数据库一遍。算法利用了频繁项集的性质：任一频繁项集的所有非空子集也必须是频繁的。意思就是说，生成一个 k-项集的候选项时，如果这个候选项有子集不在 $(k-1)$-项集（已经确定是连续的）中时，那么这个候选项就不用拿去和支持度判断了，直接删除。包括如下两个步骤。

一是连接步。

为找出 L_k（所有的频繁 k – 项集的集合），通过将 L_{k-1}（所有的频繁 $k-$ 1 项集的集合）与自身连接产生候选 k – 项集的集合。候选集合记作 C_k。

假设先验算法对事务或项集中的项按字典次序排序，即对于 $(k-1)$ 项集 l_i，$l_i[1] < l_i[2] < \cdots < l_i[k-1]$ 将 L_{k-1} 与自身连接，如果 $(l_1[1] = l_2[1]) \&\& (l_1[2] = l_2[2]) \&\& \cdots \&\& (l_1[k-2] = l_2[k-2]) \&\& (l_1[k-1] < l_2[k-1])$，则认为 l_1 和 l_2 是可连接的。连接 l_1 和 l_2 产生的结果是 $\{l_1[1], l_1[2], \cdots, l_1[k-1], l_2[k-1]\}$。

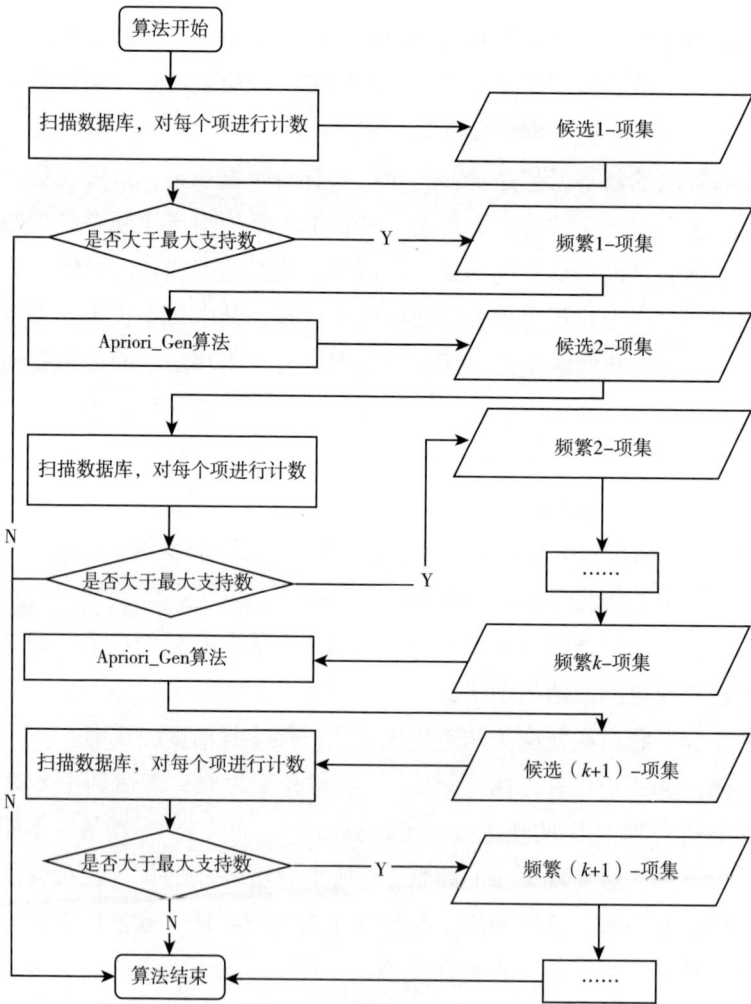

图 4 – 9　先验算法的流程

二是剪枝步。

C_k 是 L_k 的超集，也就是说，C_k 的成员可能是也可能不是频繁的。通过扫描所有的事务（交易），确定 C_k 中每个候选的计数，判断是否小于最小支持度计数，如果不是，则认为该候选是频繁的。为了压缩 C_k，可以利用先验算法的性质：任一频繁项集的所有非空子集也必须是频繁的，反之，如果某个候选的非空子集不是频繁的，那么该候选肯定不是频繁的，从而可以将其从 C_k 中删除。

下面举例说明该算法的运行过程：假设有一个数据库 D，其中有 4 个事务记录，如表 4-10 所示。

设置最小支持度 minsup = 2，算法运行的过程如下。

扫描数据库 D，对每个候选项进行支持度计数得到表 4-11 所示的表 C_1。

比较候选项支持度计数与最小支持度 minsup，产生 1 维最大项集 L_1，如表 4-12 所示。

表 4-10　事务集 D

TID	Items
T_1	I_1、I_3、I_4
T_2	I_2、I_3、I_5
T_3	I_1、I_2、I_3、I_5
T_4	I_2、I_5

表 4-11　表 C_1

项集	支持度计数
$\{I_1\}$	2
$\{I_2\}$	3
$\{I_3\}$	3
$\{I_4\}$	1
$\{I_5\}$	3

表 4-12　项集 L_1

项集	支持度计数
$\{I_1\}$	2
$\{I_2\}$	3
$\{I_3\}$	3
$\{I_5\}$	3

由 L_1 产生候选项集 C_2，如表 4-13 所示。

扫描 D，对每个候选项集进行支持度计数，如表 4-14 所示。

表 4-13　表 C_2

项集
$\{I_1, I_2\}$
$\{I_1, I_3\}$
$\{I_1, I_5\}$
$\{I_2, I_3\}$
$\{I_2, I_5\}$
$\{I_3, I_5\}$

表 4-14　C_2 支持度

项集	支持度计数
$\{I_1, I_2\}$	1
$\{I_1, I_3\}$	2
$\{I_1, I_5\}$	1
$\{I_2, I_3\}$	2
$\{I_2, I_5\}$	3
$\{I_3, I_5\}$	2

比较候选项支持度计数与最小支持度 minsup，产生 2 维最大项集 L_2，如表 4 – 15 所示。

由 L_2 产生候选项集 C_3，如表 4 – 16 所示。

比较候选项支持度计数与最小支持度 minsup，产生 3 维最大项集 L_3，如表 4 – 17 所示。

表 4 – 15　项集 L_2

项集	支持度计数
$\{I_1, I_3\}$	2
$\{I_2, I_3\}$	2
$\{I_2, I_5\}$	3
$\{I_3, I_5\}$	2

表 4 – 16　表 C_3

项集
$\{I_2, I_3, I_5\}$

表 4 – 17　项集 L_3

项集	支持度计数
$\{I_2, I_3, I_5\}$	2

算法终止。

从算法的运行过程可以看出该先验算法的优点：简单、易理解、数据要求低，然而我们也可以看到先验算法有如下缺点。

第一，在每一步产生候选项目集时循环产生的组合过多，没有排除不应该参与组合的元素。

第二，每次计算项集的支持度时，都对数据库 D 中的全部记录进行了一遍扫描比较，如果是一个大型的数据库，这种扫描比较会大大增加计算机系统的输入输出开销。而这种代价是随着数据库记录的增加呈现出几何级数的增加。因此人们开始寻求性能更好的算法。

2. 频繁模式增长算法

先验算法在产生频繁模式完全集前需要对数据库进行多次扫描，同时产生大量的候选频繁项集，这就使先验算法时间和空间复杂度较大。但是先验算法中有一个很重要的性质：频繁项集的所有非空子集都必须也是频繁的。先验算法在挖掘频繁模式的时候性能往往低下，频繁模式增长算法是韩嘉炜等人在 2000 年提出的关联分析算法，它采取如下分治策略：将提供频繁项集的数据库压缩到一棵频繁模式树（frequent pattern tree，FP-tree），但仍保留项集关联信息。

在算法中使用了一种称为频繁模式树的数据结构。频繁模式树是一种特殊的前缀树，由频繁项表头和项前缀树构成。频繁模式树增长算法基于以上的结构加快整个挖掘过程。

（1）基本概念。

频繁模式树：将事务数据表中的各个事务数据项按照支持度排序后，把每个事务中的数据项按降序依次插入一棵以 NULL 为根节点的树中，同时在每个节点处记录该节点出现的支持度。

条件模式基：包含频繁模式树中与后缀模式一起出现的前缀路径的集合。

条件树：将条件模式基按照频繁模式树的构造原则形成一个新的频繁模式树。

（2）频繁模式增长算法的基本过程。频繁模式增长算法比先验算法效率更高，在整个算法的执行过程中，只需遍历数据集两次，就能够完成频繁模式发现，其发现频繁项集的基本过程如下。

构建频繁模式树；

从频繁模式树中挖掘频繁项集。

频繁模式增长算法的一般流程如下。

第一步：先扫描一遍数据集，得到频繁项为 1 的项目集，定义最小支持度（项目出现的最少次数），删除那些小于最小支持度的项目，然后将原始数据集中的条目按项目集中降序进行排列。

第二步：第二次扫描，创建项头表（从上往下降序）及频繁模式树。

第三步：对于每个项目（可以按照从下往上的顺序）找到其条件模式基（conditional pattern base，CPB），递归调用树结构，删除小于最小支持度的项。如果最终呈现单一路径的树结构，则直接列举所有组合；非单一路径的则继续调用树结构，直到形成单一路径。

3. 关联规则的产生方法

对于规则 $S \rightarrow Y$ 来说，称项集 S 为该规则的前件，Y 为后件。所有的频繁项集发现之后，就可以生成关联规则。对于任一频繁项集 X 和它的非空真子集 Y，假设 $S = X - Y$，检验是否满足 $confidence(S \rightarrow Y) \geqslant minconf$，如果满足，则输出规则 $S \rightarrow Y$。为了快速生成所有规则，对于一个频繁项集 X，可以按照特定的顺序进行上述的检验，一种高效的方法是按照 Y 的长度从小到大进行。即先检验 X 的每个 1 项子集作为规则的后件。若 Y 和 Z 是 X 的两个不同的 k 项子集，只有当 $confidence(X - Y \rightarrow Y) \geqslant minconf$ 和 $confidence(X - Z \rightarrow Z) \geqslant minconf$ 都满足时才有必要检验 $X - (Y \cup Z) \rightarrow (Y \cup Z)$ 是否成立；如果 $confidence(X - Y \rightarrow Y) < minconf$ 或 $confidence(X - Z \rightarrow$

$Z) < minconf$, 则 $confidence(X-(Y\cup Z)\rightarrow(Y\cup Z))$ 一定不成立。因为如果 $confidence(X-Y\rightarrow Y) < minconf$，即：

$$confidence(X-Y\rightarrow Y) = \frac{count(X)}{count(X-Y)} < minconf$$

则一定有

$$confidence(X-(Y\cup Z)\rightarrow(Y\cup Z)) = \frac{count(X)}{count(X-(Y\cup Z))} \leqslant \frac{count(X)}{count(X-Y)} < minconf$$

因此在由 k 项子集构建 $k+1$ 项子集后件时可以采用先验算法中候选项集的构建方法。例如，假设项集 $\{a、b、c、d\}$ 是一个 4 项频繁集，简写为 $abcd$，假设 $abc\rightarrow d$，$abd\rightarrow c$，$acd\rightarrow b$ 和 $bcd\rightarrow a$ 都成立，检验 2 项子集时发现 $cd\rightarrow ab$、$bd\rightarrow ac$、$ad\rightarrow bc$、$ac\rightarrow bd$ 成立，则由前两个规则可以生成 $d\rightarrow abc$，由后两个规则可生成 $a\rightarrow bcd$。$d\rightarrow abc$ 需要进一步验证其置信度是否满足阈值要求，因为 $cd\rightarrow ab$、$bd\rightarrow ac$、$ad\rightarrow bc$ 都成立；而 $a\rightarrow bcd$ 不需要检验，因为 $ab\rightarrow cd$ 不成立，它不可能成立。

得到所有的频繁项集以后，可以按照下面的步骤生成关联规则。

（1）对于每个频繁项目集 I，生成其所有的非空子集；

（2）对于 I 的每个非空子集 x，计算 $conference(x)$，如果 $confidence(x) > minconf$，那么，$x\rightarrow(I-x)$ 成立；

（3）由于规则由频繁项集产生，每个规则都自动满足最小支持度。

频繁项集的挖掘是算法的瓶颈。先验算法有两个致命的性能瓶颈：

（1）多次扫描事务数据库，需要很大的 I/O 负载；

（2）可能产生庞大的候选集。

瓶颈产生的原因是候选集的产生和判断过程。而频繁模式增长算法可以较好地解决这个问题，其策略是：

（1）将提供频繁项集的数据库压缩为一棵频繁模式树，但仍然保留项集关联信息；

（2）将这种压缩后的数据库（频繁模式树）分成一组条件数据库（若干子树），每个关联一个频繁项，并分别挖掘每个条件数据库（子树），从而获得频繁项。

该方法有如下优点。

（1）完备：保存了用来挖掘频繁项集的全部信息；任何事物包含的长

模式不会被截断；

（2）压缩：减少了不相关信息——非频繁项已经被过滤，项以出现次数降序排列。越频繁的项越容易被共享，频繁模式树中包含的节点数目不会比数据库中包含的项的数据多。

4.4.3　关联规则的其他类型

对于购物篮分析，前面提到的方法是针对顾客每次购买的商品的关联性进行分析，下面将介绍如何利用商品的类别层次信息进行关联分析，以及如何发现包含负项的模式及规则。

1. 多层次关联规则

如果只对顾客购买的最细节的商品进行关联分析，有可能产生某些商品出现频率太低的情况，如果将商品进行归类，属于一类的商品的支持度会大于其包含的每个商品的支持度，从而有利于发现一些有意义的频繁模式或关联规则。为此研究者提出了多层次关联规则的挖掘方法。商品的类别信息通常可以利用概念层次树来表示，图 4 - 10 所示为有关食品的概念层次树。

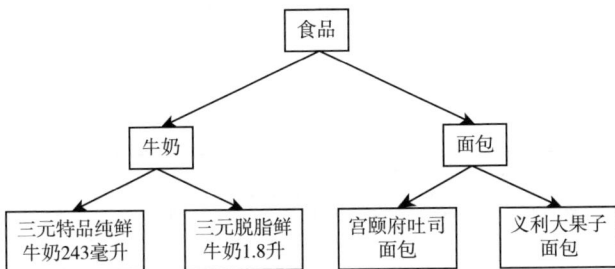

图 4 - 10　食品的概念层次树

在概念层次树中叶子节点通常代表具体商品，而其上层节点代表的是其类别信息。如果节点 A 和节点 B 之间存在一条从 A 指向 B 的有向边，则 A 称为 B 的双亲节点，B 称为 A 的子女结点，从根节点到节点 A 的路径中的所有除 A 外的节点都是 B 的祖先，同时 A 也是这些节点的子孙节点。节点的层次从根节点开始，根节点的层次为 1，根节点的子女节点的层次为 2，以此类推。

利用项的概念层次信息不仅可以发现出现频率比较低的商品的频繁模式和关联规则，而且也可以发现概括性更强的规则。为了发现包含不同层次商品的频繁模式，可以将交易数据库进行更新，将一行中每个商品的所有祖先节点都添加到该行中，与其他项同等对待，利用频繁模式和关联规则的挖掘算法可以发现类似"牛奶→面包"或"牛奶→某品牌大果子面包"等类型的关联规则。当然，引入概念层次信息也会有一些问题存在，例如，挖掘效率变低、发现冗余的关联规则等。如果一个规则中的项是另一个规则中项的祖先，则称前者是后者的祖先规则。例如规则"牛奶→面包"是规则"某品牌脱脂鲜牛奶1.8升→某品牌大果子面包"的祖先规则。如果一个规则和其祖先规则具有近似相同的置信度，则该规则称为冗余规则。为了减少发现的规则数目，可以将冗余规则从输出的结果中去除。

2. 负模式

很多的算法都使用"支持度 – 置信度"的框架。这样的结构有时会产生一些错误的结果。如表4 – 18中的例子所示。

由表4 – 18可以了解到，如果设定最小支持度和最小置信度分别为0.2和0.8，按照Agrawal的定义得到关联规则"买牛奶→买咖啡（$s = 0.2$，$c = 0.8$）"，即80%的人买了牛奶就会买咖啡，但同时也可以得到"90%的人肯定会买咖啡"。换句话说，买牛奶这个事件对于买咖啡这个事件的刺激作用（80%）并没有想象中的（90%）那么大。反而是规则"买咖啡→不买牛奶（$s = 0.7$，$c = 0.78$）"更具有实际的指导意义。

表4 – 18　　　　　　　　　　　负模式的例子

购买模式	购买模式		
	买咖啡	不买咖啡	合计
买牛奶	20	5	25
不买牛奶	70	5	75
合计	90	10	100

如前所述，集合 $I = \{i_1, i_2, \cdots, i_n\}$ 包含了交易数据库中出现的所有项，当项 i_n 没有出现在某个给定的交易中时，称该项对于该交易是负项，记为 $\overline{i_k}$；与此对应，出现在该交易中的每个项 i_d 称为正项。一个包含负项的集合称为负项集。一个负项集的支持度如果不小于用户给定的最小支持度，则称为频繁负项集。给定一个频繁负项集 X，如果 $confidence(subset(X) \rightarrow X - subset(X))$ 大于或等于给定的最小置信度阈值则称 $subset(X) \rightarrow X - subset(X)$ 为负关联规则。负项集和负关联规则统称为负模式。

　　为了发现负模式，将未出现在一个交易中的所有项都以负项的形式加入是不行的，毕竟出现在交易中的项的个数是很少的。可以只将那些频繁出现的项或所关注的某些项加入。

4.5　实例分析

　　Weka 由 java 语言编写，是一套完整的数据处理工具、学习算法和评价方法，包含数据可视化的图形用户界面，同时该环境还可以比较和评估不同的学习算法的性能。

　　本节利用 Weka 自带的天气数据集，演示本章介绍的分类和聚类方法。数据集存放在 Weka 安装目录的 data 子目录下，有两个文件 weather. numeric. arff 和 weather. nominal. arff，前者有两个属性使用具体的连续型数值，后者全部都使用标称型属性。天气数据集列举了在何种天气条件下可以进行体育运动的情况，数据集中的样本由五个属性值来表示，通过测量不同天气的四个指标得到样本。天气问题的四个指标是：天气趋势（outlook）、温度（temperature）、湿度（humidity）和刮风（windy）。最后一个属性表示样本的类别，即在四个天气指标的归类下得到是否可运动（play）的结论。

　　天气问题仅有 14 个样本，表 4 – 19 是天气问题的简单形式，四个属性和一个目标属性都采用标称符号来表示，而不采用具体数值。其中，天气趋势的属性值分别为 sunny（晴）、overcast（多云）和 rainy（雨）；温度的属性值分别为 hot（热）、mild（温暖）和 cool（凉爽）；湿度的属性值分别为 high（高）和 normal（正常）；刮风的属性值分别为 true（真）和 false（假）；是否可运动的属性值分别为 yes（是）和 no（否）。

表 4 – 19　　　　　　　　　　weather. nominal. arff 的天气数据

天气趋势 （outlook）	温度 （temperature）	湿度 （humidity）	刮风 （windy）	是否可运动 （play）
sunny	hot	high	false	no
sunny	hot	high	true	no
overcast	hot	high	false	yes
rainy	mild	high	false	yes

续表

天气趋势 （outlook）	温度 （temperature）	湿度 （humidity）	刮风 （windy）	是否可运动 （play）
rainy	cool	normal	false	yes
rainy	cool	normal	true	no
overcast	cool	normal	true	yes
sunny	mild	high	false	no
sunny	cool	normal	false	yes
rainy	mild	normal	false	yes
sunny	mild	normal	true	yes
overcast	mild	high	true	yes
overcast	hot	normal	false	yes
rainy	mild	high	true	no

数据分析的一个目标就是要找出数据的内在关系，本例中，需要得到在什么天气情况下可运动的规则，然后根据这个规则，对给定的新的天气情况，例如：

$$outlook = sunny \; and \; humidity = high \; then \; play = ?$$

给出是否可运动的判断。

表 4 - 20 是天气问题的稍微复杂一点的形式。其中，温度和湿度两个属性的数据类型是连续的数值型。并非全部属性都是数值型，因此该天气问题称为混合属性问题。如果全部属性都是数值型，则称为数值属性问题。

表 4 - 20   weather. numeric. arff 的天气数据

天气趋势 （outlook）	温度 （temperature）	湿度 （humidity）	刮风 （windy）	是否可运动 （play）
sunny	85	85	false	no
sunny	80	90	true	no
overcast	83	86	false	yes
rainy	70	96	false	yes
rainy	68	80	false	yes
rainy	65	70	true	no

续表

天气趋势 （outlook）	温度 （temperature）	湿度 （humidity）	刮风 （windy）	是否可运动 （play）
overcast	64	65	true	yes
sunny	72	95	false	no
sunny	69	70	false	yes
rainy	75	80	false	yes
sunny	75	*70*	true	yes
overcast	72	90	true	yes
overcast	81	75	false	yes
rainy	71	91	true	no

4.5.1　基于决策树的分类

本例使用 C4.5 分类器对天气数据集进行分类。

先是加载天气数据集，操作步骤为：启动探索者界面，在 Preprocess 标签页中单击 Open file 按钮，选择并打开 data 目录中的 weather. nominal. arff 文件；然后，切换到 Classify 标签页。

构建决策树的 C4.5 算法在 Weka 中是作为一个分类器来实现的，名称为 J48。单击 Classify 标签页上部的 Choose 按钮，打开分类器分层列表，单击 trees 条目以展开其子条目，然后单击 J48 条目选择该分类器。与过滤器一样，分类器也按层次进行组织，J48 的全名为 weka casifitrsitree. J48。

在 Choose 按钮旁边的文本框内，可以看到当前分类器及选项：J48 - C0. 25 - M2。这是此分类器默认的参数设置，对于 J48 分类器，一般不用更改这些参数就可以获得良好的性能。

为了便于说明，下面使用训练数据进行性能评估。使用训练数据进行评估并不是一个好方法，因为它会导致盲目乐观的性能估计。如同期末试题就从平时测验中抽取一样，绝大部分学生都能考高分，但这并不意味着他们都掌握了课程知识。在分类（Classify）标签页的测试选项（Test options）选项组中，选中使用训练集（Use training set）单选按钮，以确定测试策略。做好上述准备之后，可以单击开始（Start）按钮，启动分类器的构建和评估，使用当前选择的学习算法 J48，通过训练集构建 J48 分类器模型。然后，使用构建的模型对训练数据的所有实例进行分类以评估性能，并输出性能统计信息，如图 4-11 所示。

训练和测试结果会以文本方式显示在探索者界面右侧的分类器输出（Classifer Output）区域中。读者可拖动右边的滚动条以检查这些文字信息。首先看决策树的描述部分，其信息重新摘录如图 4-12 所示。

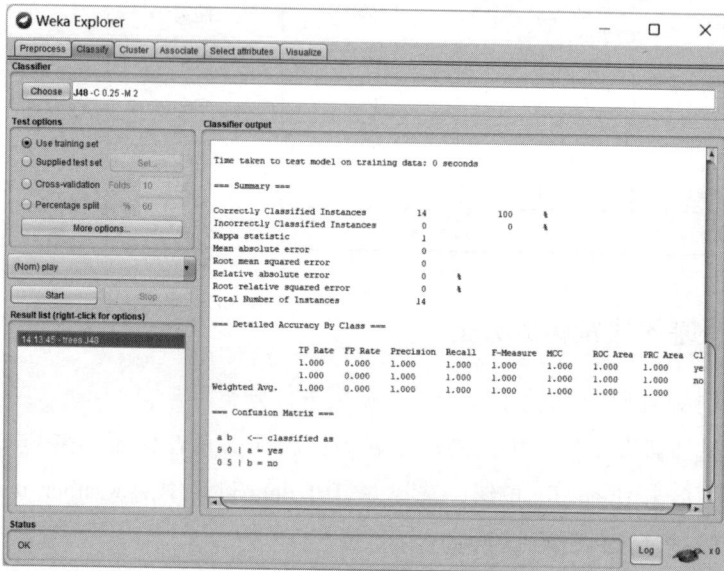

图 4-11　选择测试选项

图 4-12 中的文字表示构建的 J48 修剪（pruned）决策树，包括决策节点、分支和叶节点。决策节点用一个测试表示，分支用"｜"加上缩进表示，叶节点后面有一个括号，括号内的数字代表到达该叶节点的实例数量。采用文字对模型进行表述十分笨拙且难以理解，因此 Weka 也能生成等效的图形。

按照上述方法，如果更改数据集或调整选项，每次单击 Start 按钮，都会构建和评估一个新的分类器模型，在图 4-11 所示窗口左下角的 Resultlist（结果列表）区域中就会相应添加一个新条目。

可以按照如下方法得到图形化表示的决策树。右击刚刚被添加到结果列表中的 trees. J48 条目，并在弹出的快捷菜单中选择可视化树（Visualize tree）菜单项，会弹出如图 4-13 所示的决策树视图窗口。该决策树视图可以自动缩放和平移，可以通过选择右击空白处而弹出的快捷菜单中的 AutoScale 菜单项实现视图的自动缩放，可以通过按下鼠标左键并拖动鼠标进行视图平移。

```
J48 pruned tree
------------------

outlook = sunny
|   humidity = high: no (3.0)
|   humidity = normal: yes (2.0)
outlook = overcast: yes (4.0)
outlook = rainy
|   windy = TRUE: no (2.0)
|   windy = FALSE: yes (3.0)

Number of Leaves  :     5

Size of the tree :      8
```

图 4 – 12   决策树的文字描述

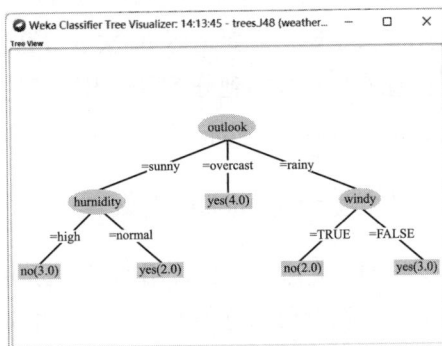

图 4 – 13   决策树视图窗口

可见，图 4 – 13 与图 4 – 12 表示的信息是一致的。其中，叶节点中用括号括起的数字表示到达该节点的实例数量。图 4 – 12 中的文字描述还包含两条额外信息：number of leaves（叶子数量）表示叶节点的数量，size of the tree（树大小）表示树中全部节点的数量。

现在来看看分类器输出的其余信息。输出中接下来的两个部分给出了基于选定的测试选项得到的分类模型的质量报告。第一部分是一段文字描述：

Correctly Classified Instances 14 100%

这段文字描述了正确分类的测试实例有多少条，占多大比例。它表示使用数据测试模型的准确性。本例中，准确性高达 100%，表示完全正确。不用惊奇，这是使用训练集进行测试时经常发生的事。

分类器输出的最后一项是一个如下所示的混淆矩阵：

=== Confusion Matrix ===

a   b   <-- classified as

9   0 | a = yes

0   5 | b = no

矩阵中的每一个元素都是实例的计数值。行表示真实类别，列表示预测类别。可以看到，全部 9 个真实类别为 yes 的实例都已预测为 yes，全部 5 个真实类别为 no 的实例都已预测为 no。只有主对角线上的数值很大，而非主对角线上的数值都为 0，表明预测完全正确。

以上是使用训练集作为测试策略得到的训练结果，当然，还可以选择使用其他的测试策略。单击 Start 按钮启动所选学习算法的运行，使用 Preprocess 标签页中加载的数据集和所选择的测试策略。例如，如果使用十则交叉验证，需要运行 10 次学习算法，以构建和评估 10 个分类器。需要注意的是，打印到分类器输出区域的分类器模型是由完整的训练集构建的，这是最后一次运行学习算法得到的结果。

4.5.2　基于 K-means 的聚类

K 均值算法是一种常用的聚类分析算法。该算法接受输入值 k，然后将 n 个数据对象划分为 k 个簇，使得获得的簇满足如下条件：同一簇中的对象相似度较高，而不同簇中的对象相似度较小。

Simple K Means 算法使用 K 均值算法。簇的数量由一个参数指定，用户可以选择欧氏距离或曼哈顿距离度量。如果使用后者，该算法实际上是使用 K-medians 替代 K-means，并且中心也是基于中位数而不是均值，以尽量使簇内的距离函数最小。

下面对天气数据集使用 Simple K-Means 算法。首先在 Preprocess 标签页中加载 weather. numeric. arff 文件，然后切换至 Cluster 标签页，选择 Simple K-Means 算法，保持默认参数，即 2 个簇以及欧氏距离。单击 Ignore atributes 按钮，选择 play 属性为忽略属性，单击 Select 按钮确认选择。单击 Start 按钮运行聚类算法，结果如下：

=== Run information ===

Scheme：weka. clusterers. SimpleKMeans-init 0 – max-candidates 100 – periodic-pruning 10000 – min-density 2. 0 – t1 – 1. 25 – t2 – 1. 0 – N 2 – A "weka. core. EuclideanDistance-R first-last"– I 500 – num-slots 1 – S 10

Relation：　weather

Instances：　14

Attributes：　5

　　　　　　outlook

　　　　　　temperature

　　　　　　humidity

　　　　　　windy

Ignored：

　　　　　　play

Test mode： evaluate on training data

=== Clustering model(full training set) ===

kMeans

======

Number of iterations：3

Within cluster sum of squared errors：11. 237456311387234

Initial starting points(random)：

Cluster 0：rainy,75 ,80 ,FALSE

Cluster 1：overcast,64 ,65 ,TRUE

Missing values globally replaced with mean/mode

Final cluster centroids：

		Cluster#	
Attribute	Full Data	0	1
	(14. 0)	(9. 0)	(5. 0)
========	========	========	========
outlook	sunny	sunny	overcast
temperature	73. 5714	75. 8889	69. 4
humidity	81. 6429	84. 1111	77. 2
windy	FALSE	FALSE	TRUE

Time taken to build model(full training data)：0 seconds

=== Model and evaluation on training set ===

Clustered Instances

0   9(64%)

1   5(36%)

可以看到，聚类结果以表格形式显示：行对应属性名，列对应簇中心。在开始的一个额外簇（full data）显示整个数据集。每个簇拥有的实例数量显示在所在列的顶部括号内。每一个表项如果是数值型属性，则显示平均值；如果是标称型属性，则显示簇所在列对应的属性标签。用户可以选择显示数值型属性标准差和标称型属性值的频率计数，在通用对象编辑器中将 displayStdDevs 参数设置为 true 即可。输出结果底部显示应用所学聚类模型的结果。本例中显示了分配给每个簇的训练实例数目及百分比，与表格中每一列顶部括号内的数字相同。使用不同的聚类模式，输出结果会有所不同。

4.5.3　基于关联规则的购物篮分析

购物篮分析将关联技术用于交易过程，特别是分析超市收银数据，找出那些以组的形式同时出现的商品。对于大多数零售商来说，这是主要的用于数据挖掘的销售信息来源。例如，自动分析收银数据后发现买啤酒的客户同时也买薯片，对超市管理人员来说，这个发现也许非常有意义。一些顾客通常星期四在买尿片的同时还买啤酒。这似乎令人惊讶，但如果考虑年轻父母为了在家度周末而采购，这又非常容易理解。上述信息可以用于多种目的，如规划货架摆放位置、仅对会同时购买的商品中的一种进行打折销售、提供与单独销售的产品相匹配产品的赠券等。了解顾客的个人购买历史记录能够创造出巨大的附加价值。商家可以从顾客的购买行为中鉴别特殊客户，不但可以分析其历史购买模式，而且还能精确地针对潜在用户提供特殊的极有可能感兴趣的购买信息。

在 Weka 中进行市场购物篮分析，每笔交易都编码为一个实例，其中的每个属性表示店里的一个商品项，每个属性都只有一个值，如果某笔特定交易不包含某个商品项（也就是说，客户没有购买该项商品），就将其编码为缺失值。

本次实验的任务是对超市收银台进行关联数据挖掘。Weka 自带一个超市购物篮分析数据集，文件名为 supermarket. arff，其中的数据是从新西兰的一个超市里收集而得的。我们需要在真实数据中寻找一些有趣的模式。

首先，在 Weka 探索者界面的 Preprocess 标签页中，加载 data 目录下的 supermarket. arff 文件。在 Current relation 选项组中，可以看到属性数量有 217 个，而实例数量有 4 627 个，相对于前面用于教学的例子，这个数据集要大了许多。单击 Preprocess 标签页中的 Edit 按钮，打开数据集的 Viewer 对话框，查看数据文件，确认已经理解了数据的结构。

然后，切换至 Associate 标签页，选择 Apriori 算法，保持默认选项不变，单击 Start 按钮启动 Apriori 算法，运行结果如下：

=== Run information ===

Scheme：   weka. associations. Apriori-N 10 – T 0 – C 0.9 – D 0.05 – U 1.0 – M 0.1 – S – 1.0 – c – 1

Relation：　　supermarket

Instances：　　4627

Attributes：　　217

[list of attributes omitted]

=== Associator model(full training set) ===

Apriori

=======

Minimum support：0. 15(694 instances)

Minimum metric < confidence > ：0. 9

Number of cycles performed：17

Generated sets of large itemsets：

Size of set of large itemsets L(1)：44

Size of set of large itemsets L(2)：380

Size of set of large itemsets L(3)：910

Size of set of large itemsets L(4)：633

Size of set of large itemsets L(5)：105

Size of set of large itemsets L(6)：1

Best rules found：

1. biscuits = t frozen foods = t fruit = t total = high 788 ==> bread and cake = t 723　　< conf：(0. 92) > lift：(1. 27) lev：(0. 03)[155]conv：(3. 35)

2. baking needs = t biscuits = t fruit = t total = high 760 ==> bread and cake = t 696　　< conf：(0. 92) > lift：(1. 27) lev：(0. 03)[149]conv：(3. 28)

3. baking needs = t frozen foods = t fruit = t total = high 770 ==> bread and cake = t 705　　< conf：(0. 92) > lift：(1. 27) lev：(0. 03)[150]conv：(3. 27)

4. biscuits = t fruit = t vegetables = t total = high 815 ==> bread and cake = t 746　　< conf：(0. 92) > lift：(1. 27) lev：(0. 03)[159]conv：(3. 26)

5. party snack foods = t fruit = t total = high 854 ==> bread and cake = t 779 < conf：(0. 91) > lift：(1. 27) lev：(0. 04)[164]conv：(3. 15)

6. biscuits = t frozen foods = t vegetables = t total = high 797 ==> bread and cake = t 725　　< conf：(0. 91) > lift：(1. 26) lev：(0. 03)[151]conv：(3. 06)

7. baking needs = t biscuits = t vegetables = t total = high 772 ==> bread and cake = t 701 　　＜conf:(0.91)＞lift:(1.26)lev:(0.03)[145]conv:(3.01)

8. biscuits = t fruit = t total = high 954 ==> bread and cake = t 866 ＜conf:(0.91)＞lift:(1.26)lev:(0.04)[179]conv:(3)

9. frozen foods = t fruit = t vegetables = t total = high 834 ==> bread and cake = t 757 　　＜conf:(0.91)＞lift:(1.26)lev:(0.03)[156]conv:(3)

10. frozen foods = t fruit = t total = high 969 ==> bread and cake = t 877 ＜conf:(0.91)＞lift:(1.26)lev:(0.04)[179]conv:(2.92)

分析一下得到的十条最佳关联规则，看看能发现什么。

第一条规则：饼干＋冷冻食品＋水果＋高总额⇒面包和蛋糕。

第二条规则：烘烤所需＋饼干＋水果＋高总额⇒面包和蛋糕。

第三条规则：烘烤所需＋冷冻食品＋水果＋高总额⇒面包和蛋糕。

第四条规则：饼干＋水果＋蔬菜＋高总额⇒面包和蛋糕。

第五条规则：聚会零食＋水果＋高总额⇒面包和蛋糕。

第六条规则：饼干＋冷冻食品＋蔬菜＋高总额⇒面包和蛋糕。

第七条规则：烘烤所需＋饼干＋蔬菜＋高总额⇒面包和蛋糕。

第八条规则：饼干＋水果＋高总额⇒面包和蛋糕。

第九条规则：冷冻食品＋水果＋蔬菜＋高总额⇒面包和蛋糕。

第十条规则：冷冻食品＋水果＋高总额⇒面包和蛋糕。

十条关联规则中，多项商品多次出现，而且总金额都很高。这给出了一些显而易见的信息：第一，购买饼干、冷冻食品等速食的顾客，会顺便采购些水果、蔬菜；第二，购买饼干、冷冻食品以及水果、蔬菜的顾客，会顺便购买面包和蛋糕；第三，购买上述食品的顾客，一次的采购量会很大，总金额较高；第四，总金额较高的交易，一般都会购买面包和蛋糕，等等。

对于超市经理来说，这些信息非常重要，可以根据挖掘到的知识重新安排货架，重新布局超市，提供快速付款通道以及安排送货等附加服务，以期提升市场竞争力。

请读者尝试使用 Apriori 算法的不同参数进行挖掘，看看挖掘效果，能否得到一些意外而又在情理之中的结论。

本章小结

本章首先介绍了数据挖掘的概念、发展、过程和应用领域。概括而言，数据挖掘是从大量的、不完全的、有噪声的、模糊的、随机的数据中提取正确的、有用的、未知的、综合的以及用户感兴趣的知识并用于决策的过程。

其次，本章介绍了三大类数据挖掘方法，即分类、聚类和关联分析。主要从每类方法的基本概念、典型算法、适用场景、计算过程和结果评价等方面展开叙述。具体而言，在分类分析中，重点介绍了决策树算法；在聚类分析中，着重介绍了 K-means、K-modes 和 K-prototypes 算法；在关联分析中，主要介绍了先验算法。

最后，介绍了数据挖掘工具 Weka，Weka 由 java 语言编写，是一套完整的数据处理工具、学习算法和评价方法。利用 Weka 及其自带的数据集，对决策树、K-means 和关联规则方法展开实例分析。帮助读者深入理解相关算法使用的问题背景、分析过程和结果解读。

复 习 题

1. 如何度量数据挖掘结果的价值？

2. 简述数据挖掘的过程。

3. 什么是信息增益？

4. 决策树为什么要进行剪枝？

5. 分类器的评价标准有哪些？

6. 聚类和分类的区别是什么？

7. 简述 K-means 聚类的过程。

8. 什么是强关联规则？

9. 简述关联规则分析中先验算法的流程。

第 5 章

预测性分析 Ⅱ：文本与 Web 分析

1. 了解文本与 Web 分析发展的背景。
2. 理解文本挖掘的定义与特点，掌握文本挖掘的过程及关键技术。
3. 理解情感分析的定义，掌握情感分析的主要方法和关键问题。
4. 了解 Web 挖掘的过程。
5. 掌握社交网络分析的特点、内容和方法。

☞ 引例

专利分析中的文本挖掘

专利是指国家向发明人授予的在一定期限内的排他权利，作为对发明公开的交换。发明的公开对于未来科学和技术的发展具有非常重要的意义。认真分析专利文档能够帮助人们识别新技术，激发新的解决方案，促进共赢的合作关系，促进对企业优势和局限性的认识。

专利分析使用分析技术从专利数据库中提取有价值的知识。一些国家或团体每年新增成数以万计的专利，有效地处理数量如此巨大的半结构化数据（专利文档通常包含部分结构化和部分文本数据）几乎是不可能的。使用半自动化的软件分析专利是缓解这个问题的一种方法。

Eastman Kodak 公司在全球雇用了超过 5 000 名科学家、工程师和技术人员。在 20 世纪，这些知识工作者和他们的前任申请了大约 2 000 项专利，使 Eastman Kodak 公司位居全球专利拥有者的前 10 名。在不断变化的商业环境中，该公司认识到成功取决于将超过一个世纪的影像科学知识和技术应用到新应用中，以及确保这些新应用使用专利的能力。

领会到了专利的价值，Eastman Kodak 公司不仅创造新专利，而且分析他人的专利。利用专业的分析人员和最先进的软件工具（包括 Claear Forest 公司专门的文本挖掘工具），Eastman Kodak 公司一直不断对不同的数据源（专利数据库、最新发布的档案和产品公告）进行深入研究，以获得整个竞争格局的概况。对专利的恰当分析使得类似 Eastman Kodak 公司这样的公司受益良多。

- 获取竞争情报。知道竞争对手正在做什么，能够帮助企业制定对策。
- 帮助企业做出重要决策，例如要发展什么新产品、产品线、新技术，采取什么兼并和收购计划。
- 帮助企业识别和招聘最优秀、最具头脑、拥有巨大影响力的新人才。
- 帮助企业发现未经授权使用专利的情况，使公司能够采取行动保护其资产。
- 发现互补性的发明，以建立共生的合作关系或者促进并购。
- 防止竞争对手研制相似的产品，保护企业免于侵权诉讼的纠纷。

使用专利分析作为知识和（防御性和进攻性）战略武器的丰富来源，在需要创新和不断变化的细分市场上，Eastman Kodak 公司不仅得以生存，而且脱颖而出。

问题思考：

1. 为什么保持专利文件的归档对企业来说非常重要？

2. Eastman Kodak 公司是怎样使用文本分析实现对专利更好的分析？

3. Eastman Kodak 公司面临的挑战、提出的解决方案和结果分别是什么？

5.1　文本分析与 Web 分析概述

互联网正积极倡导"以用户为中心，用户参与"的开放式构架理念。用户由简单的"读"网页，逐步向"写"网页、"共同建设"互联网的方向发展，并且由被动地接收网络信息向主动地创造网络信息迈进。由此，互联网（如博客、论坛）上产生了大量用户对事件、人物、产品等有价值的评论信息。这些评论信息表达了人们的各种情感倾向和情感色彩，如喜、怒、哀、乐，以及批评、赞扬等。潜在用户可以通过阅览这些带有主观色彩的评论，来进一步了解产品或事件。由于越来越多的用户愿意在网上分享自己的观点或体验，这类评论信息的数量不断膨胀，利用人工已不足以对网上海量信息进行收集和处理，迫切需要计算机来帮助用户快速获得、整理这些评论信息，在此情形下，文本与 Web 分析技术应运而生。

5.2　自然语言处理

计算机的自然语言处理技术，是指按照技术特性和研究内容、结合语言学和计算机科学来解决自然语言的处理问题。该技术借助于语言学的分析方法，研究自然语言的语法组成、结构特点和语义逻辑。自然语言处理先后经历了两个阶段：规则方法阶段和统计方法阶段。

1. 规则方法

规则方法出现得比较早，它是基于理性思维建立的处理方法，具有不可替代的优点。

（1）其规则主要是语言学规则，具有很强的形式描述能力、形式生成能力，在自然语言处理中有非常好的应用价值。

（2）规则方法一般通俗易懂，表达清晰，描述明确，很多事实都能用语言模型的结构和组成成分直接而清晰地表示出来。

（3）规则方法主要依托计算机处理流程，所以它能与计算机科学中的一些高效算法进行融合。例如，计算机算法分析中使用的 Earley 算法和 Marcus 算法都可以作为基于规则的理性主义方法应用于自然语言处理。

然而，这种理性思维的处理方法在处理自然语言这种天然蕴含感性思维的内容时表现出如下多种不适应性。

（1）规则方法研制出的语言模型一般稳健性很差，一些稍微偏离语言模型的、非本质性的错误都会使得整个语言模型无法正常工作，甚至导致严重的后果。近年来研究人员已经针对这一缺点研制出一些稳健的、灵活的剖析技术，使基于规则的剖析系统在剖析失败时能够得到恢复。

（2）利用规则方法研制自然语言处理系统时，需要语音学家、语言学家和各种专家的协调工作，进行知识密集的研究，研究工作的强度非常大；规则的语言模型不能通过机器学习等方法自动获得，也无法使用计算机自动地进行泛化，这给规则方法的推行带来很多不便。

（3）使用规则方法设计的自然语言处理系统针对性比较强，难以进行进一步的升级。对应用系统的一点点改动都将引起整个系统连续的"涟漪效应"，以致"牵一发而动全身"。

虽然规则方法有很多不足，但是它一直是自然语言处理中研究和应用得最深入的技术，是很有价值和强有力的技术。事实证明，基于规则的理性思维的算法不会因为语种的不同而失去效应，它不仅适用于英语、德语、法语等西方语言，还适用于汉语、日语及韩语等东方语言。在一些针对性非常强的应用领域中，对于一些需要丰富的语言学知识支持的系统，基于规则的理性思维是必不可少的。

2. 统计方法

如果说规则方法基于计算机逻辑的理性思维，统计方法就是基于经验主义的处理方法。这是一种使用概率或随机的方法来研究语言、建立语言的概率模型的方法。统计方法的基本处理方法是收集、分类和构筑模型。在语言知识不完全的一些应用领域中，这种基于统计的方法表现很出色。基于统计的方法最初在应用于文字识别时获得了成功，后来在语音识别和语音合成中大显身手，并扩充到自然语言处理的其他应用领域。

统计方法有如下显著优点。

（1）该方法的成效主要依赖于训练语言数据的规模，训练的语言数据越多，其效果就越好。在统计机器翻译中，语料库的规模，特别是用于训练语言模型的目标语言语料库的规模，对提高系统性能起着重要的作用。因此，可以通过扩大语料库规模的办法来提高自然语言处理系统的性能。

（2）该方法非常适合用来模拟不精确的、有细微差别的、模糊的概念（如"接近""很多""若干"等），而这些概念，在传统语言学中需要使用模糊逻辑才能处理。

（3）该方法可以与规则方法结合起来，用来处理语言中各种约束条件问题，使自然语言处理的效果不断得到提高。

统计方法也有不足之处，如其运行时间与符号类别的多少之间是线性增长的关系，因此不便于获取某个特殊应用领域的训练数据，容易出现数据稀疏的问题。

自然语言中既有浅层次的现象，也有深层次的现象，既有近距离的上下文关系，也有远距离的蕴含逻辑。因此，目前自然语言处理的发展趋势是把经验主义和理性思维结合起来，把基于统计的方法和基于规则的方法结合起来。

5.2.1　基础研究

自然语言有意义的基本单元是词，按照一定的句法规则将词组织在一起就成为句子，再由句子组成段落，由段落构成篇章。自然语言处理的基础研究主要包括词法分析、句法分析、语义分析，以及语用、语境与篇章分析等。

词法分析要先将构成句子的字符串变成词串，然后再给句子中的每个词加上句法范畴标记，有时还要加上语义范畴标记。词法分析包括词性标注和词义标注两大任务。词性标注是在给定句子中判定每个词的语法范畴，确定其词性并加以标注的过程，词义标注主要是确定多义词在具体语境中的义项。词法分析通常采用基于规则和基于统计的两种方法。

句法分析主要是确定句子的句法结构，识别组成句子的各个成分，明确它们之间的相互关系。判断输入的单词序列（一般为句子）是否合乎给定的语法，分析出合乎语法句子的句法结构。句法分析器就是完成这一分析任务的程序模块。词的构成和变化规律称为词法，句子和短语的构成规则称为句法，语法研究的是语言结构的规律。狭义的语法等同于句法，广义的语法则为词法、句法、语义与语用的总称。

语义分析是根据句子的句法结构和句子中每个实词的词义推导出能反映该句子意义（即句义）的某种形式化表示，即将人类能够理解的自然语言转化为计算机能够理解的形式语言。句子的分析与处理过程多数采用"句法语义一体化"的策略，有时也采用"先句法后语义"的策略。语义信息的研究一般包含词义消歧和浅层语义分析。

词义消歧的基本思路是对每个需要消除歧义的多义词先逐个找出其所

在的上下文特征，根据这个特征来确定特定语境中词义。浅层语义分析又称为语义角色标注，是将句子中的句法成分标注成谓语动词的语义角色，并为每个语义角色赋予一定的语义含义。语义角色标注是一个分类问题，标注的步骤为：剪枝——去掉不重要的句法成分；识别——找出可承担语义角色的句法成分；分类——进行具体的语义角色分类与标注；后处理。最大熵、支持向量机、决策树、随机森林等算法都曾成功地运用到语义角色标注上。

语用是人对语言的具体运用，它与语言使用者的知识状态、言语行为、语境、意图和想法有关联。语用分析用于分析和研究语言使用者的真正意图，是对自然语言的深层理解。语境分析主要关注文化语境和情景语境。篇章分析将研究扩展到句子界限之外，对文章段落和全篇进行理解和分析。

5.2.2　共性技术

共性技术是一种自然语言处理过程中经常使用的技术，当然，该技术也常被独立地运用于其他地方，如文本分类和聚类、信息抽取与文本挖掘、自动文摘、复述与文本生成、话题检测与跟踪、情感分析、语料库与词汇知识库。

1. 文本分类和聚类

文本分类是一个有指导的学习过程，文本聚类是一个无指导的学习过程。前者为了搭建文本属性以及文本类别之间的联系，抽取一组已被标注好的训练样本作为依据，从而达到检测文本类别的目的；后者是指以不同文本所具有的不同特点为依据，对这些数据进行分类。文本聚类的目的主要是缩小同类别文本间的距离，尽量扩大不同类别文本间的距离。

2. 信息抽取与文本挖掘

信息抽取是指从自然语言文本中挑选出部分指定的信息，如事件、关系或者实体等，然后再用表格对其进行结构化的归纳整理，最后达到存储信息和管理信息的过程。文本信息量巨大，文本挖掘就是在海量的信息中将客户最关注的或者是认为最有价值的信息归纳整理出来的过程。在大数据时代，数据挖掘已经受到越来越多人的关注与重视。

3. 自动文摘

自动文摘，从字面上看，就是利用计算机技术自动生成文摘。文摘生成的方法分为两种，即深层和浅层。根据这两种不同的文摘生成方法，文摘又可以分为机械式文摘和理解式文摘两类。机械式文摘的生成比较简单，只需要单纯依靠计算机技术即可。而理解式文摘则需要对语言进行理解，从当前的计算机技术来看，这类方式还面临比较大的挑战。

4. 复述与文本生成

复述所研究的是一种同义现象，它以短语或者句子作为基础；文本生成指的是研究计算机如何根据信息在机器内部的表达形式生成一段高质量的自然语言文本。复述研究主要包括两个方面，一方面是判断两个句子或短语是否存在互为复述的关系，另一方面是生成，也就是将现成的句子或短语复述成一个新的句子或者短语。

5. 话题检测与跟踪

话题检测与跟踪，是指设定相关程序，自动搜寻网络热门话题，同时将该话题的相关内容都搜集在一块。话题具有"时间"以及"语义"这两种重要的特征。以"时间"这一特征作为出发点，人们所说的话题可以分为两种，即突发性话题和持久性话题。另外，话题中不仅仅包含着事件的内容，还涉及时间、任务以及地点等命名实体。

6. 情感分析

情感分析用于识别文本中所包含的主观性句子，并对其情感趋势进行分析与判断。

7. 语料库与词汇知识库

语料库类似于粮仓，是存放语言材料的仓库。在自然语言处理领域，语料库是指大量真实自然语言数据的归纳与汇总，这种归纳与汇总是根据特定的组织原则进行的。按照语言种类数目，可以将语料库分为两类：单词语料库和多词语料库。国际上最具代表性的词汇知识库为英语机读词汇知识库 WordNet，这一知识库是由美国普林斯顿大学认知科学实验室的乔治·米勒（George A. Miller）所带领的研究组研发的。该知识库的基础构建单位为同义词的集合，它还标出了同义词集合的定义与例句。在我国，词汇知识库以汉英双语语言知识库——知网（HowNet）作为代表，该知识库是由董振东和董强共同创建的，是将概念和概念之间、概念与其所具有的属性之间的关系作为基本内容的常识知识库。

5.2.3 应用研究

1. 机器翻译

机器翻译（machine translation），又称为自动翻译，是指以计算机为转化中介，将源语言文本直接转为其他目标语言文本。机器翻译可以分为原文分析、原文转化为译文以及生成译文这三个阶段。一般情况下，源语言是指需要被翻译的原始语言，而目标语言则为最终翻译所生成的语言。根据外表形式可知，机器翻译就是一种符号序列之间相互转换的过程，该方法又可以分为两种类别，分别是基于规则的机器翻译、基于语料库的机器翻译。

（1）基于规则的机器翻译方法。该方法主要以词典和知识库作为基础，它可以细分为两类：基于转换的方法和基于中间语言的方法。

其中，基于转换的方法主要包含了三个步骤：第一是分析，即对需要被翻译的源语言进行分析，这当中就包括对词法、句法、语境以及语义等各个方面的分析，最重要的是对句子结构进行分析；第二是转换，该阶段主要依赖于分析阶段对句子结构的分析，将源语言当中的句子结构转换为相对应的目标语言句子结构；第三是生成，在前两个步骤的基础上，利用词典或常识，达成目标语言的最终生成。从这三个步骤可以了解到，人们的实际翻译可以看作"词—短语—句子"这样一种转换过程。

（2）基于语料库的机器翻译方法。这里所指的语料库一般都是已经标注过的，是有组织、有原则的一类自然语言数据的集合库。它可以细分为两种方法，即基于实例的方法和基于统计的方法。

基于实例的方法需要建立一个实例库，已经对该实例库中的文本的词法、句法进行了分析，并生成了翻译实例。运用该方法进行分析就是把所要翻译的句子和这一实例库中所存储的案例进行比对，找出与需要翻译的句子最接近的句子，从而直接获取其译文。

基于统计的方法的依据为双语语料库，它可以统计出源语言与目标语言词汇之间的对应关系，依据两种词汇共同出现的可能性进行计算，得出二者之间词汇映射的概率，从而最终得出目标语言的译文。它用机器学习的方法来解决机器翻译中的问题。

2. 主题分析

主题分析（topic spotting）是指给定某一主题，利用计算机在自然语言文本中搜索这一主题是否存在，其主要目的是在特定的领域中对具有延续性的语音或文字信号进行监控。也就是说，一个文本可能存在多个主题，该方法旨在利用计算机去分析该文本中各个主题出现的概率，得出这一概率后再对是否进行人工处理进行判断。在信息检索和数据抽取系统中，可以利用主题分析对信息的重要性进行排序，同时对文本进行筛选。另外，这一方法还可以应用于新闻报道的主题分类、文献检索、邮件和在线新闻的挖掘等方面。词、短语、音序或者声学特征都可以成为主题分析的基础。某一特征出现频率的高低会影响统计的可靠性，出现频率越高，则统计越可靠。专家系统的思路被大多数的文本分类系统所使用，该思路以人工方式，即人工手动选择关键词作为切入点，以大量的语言知识和领域知识作为依托，最终构建一个推理规则系统。另外，数据驱动的思路（data-driven approach）也是受关注较多的一类方法。该思路以一个已经对训练文本进行标注的语料库作为基础，在这一语料库中自动归纳整理出一种推理规则，其重点在于对于目标域而言，训练语料应有代表性。从实际运用的角度出发，数据驱动的思路比较实用，它搭建速度快，对数据环境变化的适应性也高，而人工构建系统虽然更为精准，但这当中需要消耗大量的人力成本和时间成本，同时也不能较好地适应数据环境的变化。

3. 自然语言理解

自然语言理解（natural language understanding），又称为人机对话。这种方式是通过模拟人的语言交际过程，让计算机可以以人脑的理解方式运用自然语言，从而使人机之间的通信自然畅通，以替代人类的部分脑力劳动，如查询、汇编、摘录以及解答等。对自然语言理解的研究主要从以下两个方面展开：一是人机交互问题的探讨，在计算机无法顺畅地完成人类指令时，就向人类发出信息，人类就着手处理这类指令；二是利用计算机，在没有反馈和对话的情况下，将用户需要的相关信息抽取出来。

4. 信息检索

信息检索（information retrieval）是指数据库中所存储的信息是通过一定的原则组织的，在用户提出需求指令后，在数据库中进行筛选，并将筛选到的相关信息反馈给用户的过程。信息检索最早源于图书馆的参考咨询和文摘索引工作，主要用于提供索引和检索服务。随着计算机的出现，信息检索的研究及其实际应用得到不断的发展和突破。1960～1980年，信息检索被广泛应用到军事、商业以及教育等领域。到20世纪末，网络时代的到来又将信息检索推向了另一个发展阶段，随着信息检索方式逐步网络化、智能化，信息检索也日益渗透到普通大众的生活之中。在这样的冲击下，信息检索的内容逐渐多样化，信息检索的领域不断扩展，数据量与日俱增。因此，传统的信息检索技术远远不能满足大众的检索需求，提高检索技术水平成为人们研究的重点。人们的检索需求丰富多样，单纯的关键词匹配技术已不能满足用户的需要，因此当前信息检索技术的研究方向重视以用户为导向，更加准确地掌握用户的检索意图。在自然语言处理中，对句子相似度的计算逐渐成信息检索中的关键技术。

信息检索主要包括两个方面，一是"存"，也就是指信息存储，先是对相关信息进行梳理，再对其进行标引、描述和组织，最后按照一定的原则进行存储。二是"取"，也就是信息查找。在存放信息的数据库中，用户通过某种指令进行查询，最终将用户所需要的信息提取出来。信息检索将用户的检索提问词（关键词）与数据库文献记录中的标引词进行对比，若比对结果为匹配，则检索成功。"存"和"取"的关联是，它们都是通过检索标识实现的。检索标识是为沟通文献标引和检索提问而编制的人工语言，检索结果根据用户检索的关键词的关联度进行展示，以供用户进行选择。

5. 社会计算

社会计算也称为计算社会学，是在互联网环境下，以现代信息技术为手段，以社会科学理论为指导，帮助人们分析社会关系、挖掘社会知识、协助社会沟通、研究社会规律、破解社会难题的学科。社会计算是一个包括管理科学、计算机科学和社会科学等的多学科交叉研究领域，它融合了社会行为与计算系统，一方面基于社会科学的方法进行计算，另一方面面向社会为解决社会中的具体问题进行计算。

社会计算的工具和手段有多种，其中社会媒体运用得最广泛，社会媒体允许多用户在线传递、交流、分享与发布信息，从而构成一个复杂的虚拟网络社区。社会媒体已经成为网络技术发展的热点和趋势，早期的社会媒体以论坛、博客等垂直网站为主，现在社交网站、微博和微信成为使用最频繁的社会媒体。社会媒体的文本属性的特点是具有草根性、篇幅短、字数少、实时性强、书写随意，但噪声也很大；社会媒体的社会属性的特点是具有社交性、在线、交互性，它赋予了每个用户创造并传播内容的能力，使用户能够实施个性化发布、社会化传播，将用户群体组织成社会化网络。典型的社会媒体包括 Twitter、Facebook、微博和微信等。社会媒体是允许用户广泛参与的新型在线媒体，通过社会媒体，用户可以彼此之间在线交流，形成虚拟的网络社区，构成社会网络。社会网络是一种关系网络，通过个人与群体及其相互之间的关系和交互，发现它们的组织特点、行为方式等特征，进而研究人群的社会结构，以使他们之间能够进一步共享、交流与协作。

6. 网络案情分析

互联网的普及与快速发展给犯罪分子进行犯罪活动提供了便利，也给办案人员提供了新的快速破案的途径。电子取证技术是目前使用最广泛的借助计算机手段进行刑侦破案的技术，为公安机关侦破众多计算机网络犯罪提供了重要帮助。EnCase 因其能兼容 Windows、Linux、UNIX、Macintosh 和 DOS 等不同系统，并且具有能快速恢复硬盘中的数据，完成数据预览、分析和生成报告等功能，已经成为使用得最多的电子取证工具。除此之外，X-ways、FTK、FBI 等软件也是使用得较多的电子取证工具。它们的主要特点是能对硬盘数据进行检测、修改和分析等，但不能处理分布于互联网上的网络案情文件，因此需要借助于自然语言处理技术，针对网络案情的特点，识别和跟踪网络犯罪嫌疑人的 IP、昵称等信息，为公安机关侦破案件提供线索。

5.2.4 处理工具

1. OpenNLP

OpenNLP 是一种处理自然语言文本的机器学习工具包，它以 Java 技术为基础。该工具适用于多数常用的自然语言处理技术，如名词抽取、句子切分、解析、标识化、部分词性标注以及组块等。

2. FudanNLP

FudanNLP 主要是为中文自然语言处理而开发的工具包，它同时包含用于实现这些任务的机器学习算法和数据集。该工具包及其包含的数据集使用 LGPL3.0 许可证，开发语言为 Java。它具有以下功能。

（1）文本分类和新闻聚类。

（2）中文分词、词性标注、实体名识别、关键词抽取、依存句法分析和时间短语识别。

（3）结构化学习、在线学习、层次分类、聚类和精确推理。

3. 语言技术平台

语言技术平台（language technology platform，LTP），是哈尔滨工业大学社会计算与信息检索中心经过长期摸索开发出来的一种中文语言处理系统。LTP 制定了基于 XML 的语言处理结果表示，并在此基础上提供了一整套自底向上的丰富而且高效的中文语言处理模块（包括词法、句法、语义等 6 项中文处理核心技术），以及基于动态链接库（dynamic link library，DLL）的应用程序接口，它是一种可视化工具，并且能够以网络服务（Web service）的形式使用。

5.3　文本挖掘

5.3.1　文本挖掘的意义

我们知道，只要是信息资源存在的地方，就很可能存在有价值的知识，这些信息聚集地也就成为传统数据挖掘的用武之地。但是，网络信息最自然的形式是文本，再现信息往往也是以文本形式呈现或者可以转化为文本形式。有研究表明，网络中超过 80% 的信息包含于文本文档中。由于文本数据具有无标签性、半结构性、非结构性、高维性、非均匀性和动态性等特性，传统的数据挖掘往往无能为力，这就导致了所谓的"信息爆炸但知识相对匮乏"现象。面对这一问题，一个极富挑战性的课题——如何高效地组织处理和管理文本大数据信息并快速、准确、全面地从中获得所需要的信息，成为学术界和企业界关注的焦点。在此背景下，文本挖掘应运而生并逐渐成为研究热点。

文本挖掘能够对 Web 上大量文档集合的内容进行关联分析、总结、分类、聚类，以及利用 Web 文档进行趋势预测等，这些功能可以使人们比较准确地找到需要的资料，节约检索时间，提高 Web 文档的利用价值，有利于检索结果的组织和加速检索过程，对人们充分利用网络资源意义重大。

5.3.2　文本挖掘的研究现状

对于文本挖掘的研究工作，国外开展得比较早。20 世纪 50 年代末，卢恩（H. P. Luhn）在这一领域进行了开创性的研究，提出了词频统计思想，用于自动分类。1960 年，马龙（Maron）发表了关于自动分类的第一篇论文，随后，以斯帕克（K. Spark）、索尔顿（G. Salton）和琼斯（K. S. Jones）等为代表的学者也在这一领域进行了卓有成效的研究工作。目前，国外的文本挖掘研究已经从实验阶段进入实用化阶段。著名的文本工具有以下几种。

1. 文本工具种类

（1）IBM 公司的文本智能挖掘机，其主要功能是文本特征提取、文档聚类、文档分类和检索，支持 16 种语言多种格式的文本检索，采用深层次的文本分析和索引方法，支持全文搜索和索引搜索，搜索条件可以是自然语言和布尔逻辑条件，采用 Client/Server 结构，支持大量并发用户做检索任务，联机更新索引。

（2）Autonomy 公司的核心产品 Concept Agents，经过训练以后，能够自动从文本中抽取概念。

（3）TelTech 公司的 TelTech 能提供专家服务、专业文献检索服务及产品与厂商检索服务，TelTech 成功的关键是建立了高性能的知识结构。

2. 我国学术界针对文本挖掘研究成果

文本挖掘属于新兴的前沿技术领域，相对于国外，我国学术界正式引入文本挖掘的概念并开展针对中文的文本挖掘研究起步较晚，现已取得了以下一些成果。

（1）清华大学计算机科学与技术系的汉语基本名词短语分析模型、识别模型、文本词义标注、语言建模、分词歧义算法、上下文无关分析、语素和构词研究等。

（2）中国科学院计算机语言信息工程中心的陈肇雄研究员及其课题组在汉语分词、自然语言接口、句法分析、语义分析、音字转换等方面作出了突破性贡献。

（3）哈尔滨工业大学计算机科学与工程系研究的自动文摘、音字转换、手写汉字识别、自动分词、中文词句快速查找系统等。

（4）上海交通大学计算机科学与工程系研究的语句语义、自然语言模型、构造语义解释模型（增量式）、范例推理、树形分层数据库方法（非结构化数据知识方法）等。

（5）东北大学计算机学院的中文信息自动抽取、词性标注、汉语文本自动分类模型等。

3. 文本挖掘技术应用

目前，对文本挖掘的理论方法和技术实现，国内外都在进行深入的研究和探讨。研究表明，文本挖掘技术可以应用于以下几个方面。

（1）信息智能代理。主要为分布式信息网络环境下的信息查询服务。用户可以不知道所要检索的信息的具体形式、存储于何地或何种介质中，只要用户提出查找要求，文本挖掘技术就会自动把信息源中各种形式的相关信息都检索出来。

（2）文本信息文摘。用包括题目和具有代表性的关键词进行抽取、计算和表达，自动选择重要的句子，产生文本信息摘要。

（3）基于内容检索。传统的基于几个关键词的检索很难描述具有丰富内涵的信息，而文本挖掘采用基于内容的检索技术，可以从文本信息中抽取一些更为详细的、经过特殊加工的特征信息，大大提高了信息检索的全面性和准确性。

（4）信息过滤。根据用户需要，通过对多个不同信息集之间的比较进行信息过滤，产生适量的、合乎用户需求的信息。

5.3.3 文本挖掘的概念

文本挖掘属于多交叉科学，它涉及数据挖掘、信息检索、自然语言处理、计算机语言学、机器学习、模式识别、人工智能、统计学、计算机网络技术、信息学等多个领域，不同专业的学者从各自的研究目的与领域出发，对其含义有不同的理解，并且应用目的不同，文本挖掘研究的侧重点也不同。文本挖掘作为数据挖掘的一个新分支，它的定义目前尚无定论，这需要国内外学者进行更多的研究以对其进行精确定义。

文本数据是大规模自然语言文本的集合，可以被人部分理解，但不能被人充分利用，它具有自然语言固有的模糊性与歧义性，有大量的噪声和不规则结构，而文本信息是从文本数据中抽取出来的、机器可读的、具有一定格式的、无歧义的、呈显性关系的集合。

文本挖掘是指从大量文本数据中抽取事先未知的、可理解的、最终可用的信息或知识的过程。文本挖掘又称为文本知识发现。文本数据挖掘的主要目的是从非结构化文本数据中提取满足需求的、有价值的模式和知识，可以看成传统数据挖掘或知识发现的扩展。不过，文本挖掘超出了信息检索的范畴，它主要是发现某些文字出现的规律以及文字与语义、语法间的联系，用于自然语言的处理，如机器翻译、信息检索、信息过滤等。

文本挖掘的很多思路和研究方向来源于对数据挖掘的研究，因此，文本挖掘系统和数据挖掘系统在高层次结构上会表现出许多相似之处。例如，这两个系统都依赖于预处理过程、模式发现算法以及表示层元素。此外，文本挖掘在核心知识发现操作中采用了很多独特的模式类型，这些模式类型与数据挖掘的操作有所不同。

5.3.4　文本挖掘的任务

文本挖掘一词出现于 1998 年第 10 届欧洲机器学习会议上。柯洛特柯夫（Kodratoff）认为文本挖掘的目的是在一定的理解水平上，从文本集合中尽可能多地提取知识。

1. 文本挖掘预处理

有效的文本挖掘操作依赖于先进的数据预处理方法。事实上，为了从原始非结构化数据源给出或抽取结构化表示，文本挖掘可以说是非常依赖于各种预处理技术，甚至在某种程度上，文本挖掘可由这些预处理技术定义。当然，为了处理原始的非结构化数据，文本挖掘需要不同的预处理技术。

文本挖掘预处理技术的类别繁多，所有方法都以某种方式试图使文本结构化，从而使文本集结构化。所以，同时使用不同的预处理技术从原始文本数据中产生结构化的文本表示是很常见的。不同的任务所使用的算法通常是不同的，相同的算法也可用于不同的任务。例如，隐马尔可夫模型（hidden Markov model，HMM）既可用于词性（part of speech，POS）标注，也可用于命名实体（name entity，NE）抽取。不同技术的结合并不是简单地将结果结合，可通过词的语法作用解决词性标注歧义问题，可使用特定领域信息解决结构模糊的问题。此外，任何文本的大部分内容都不包含有价值的信息，但在最终被丢弃前必须通过所有的处理阶段。

2. 文本模式挖掘

文本挖掘系统的核心功能表现为分析一个文本集合中的各个文本概念共同出现的模式。实际上，文本挖掘系统依靠算法和启发式方法跨文本考虑概念分布、频繁项以及各种概念的关联，其目的是使用户发现概念的种类和关联，这种概念的种类和关联是文本集合作为一个整体反映出来的。

一般来说，信息不是任何单个文本提供的，而是文本集合作为一个整体所提供的。模式分析的文本挖掘方法致力于在整个语料库中发现概念之间的关联。基于大规模和高维度特征集的文本挖掘方法，通常生成大量的模式，这将导致在识别模式时出现严重的问题。这个问题比目标是结构化的数据源的数据挖掘应用所面临的问题严重。对于文本挖掘系统，一项主要的操作任务是通过提供求精功能使用户能够限制模式过剩，这种求精功能的关键是对搜索结果采取各种特殊的"兴趣度"措施，可以阻止用户得到过多无法理解的搜索结果。模式过剩的问题可能存在于所有的知识发现活动中，这个问题在遇到巨大规模的文本集合的时候被简单地放大了。因此，文本挖掘系统必须为用户提供不仅相关而且容易处理的结果集。

3. 挖掘结果可视化

挖掘结果可视化是文本挖掘系统的表示层，简称浏览，充当执行系统的核心知识发现算法的后处理，目前的大多数文本挖掘系统都支持浏览，这种浏览是动态的和基于内容的。浏览是通过特定文本集合对实际原文内容加以引导，而不是通过严格预先定义的结构。一般来说，以层次结构形式用图形来表示概念模式可以方便用户浏览，这种层次结构形式通过为科学研究有效地组织概念来改善交互性能。

文本挖掘系统将面对用户从潜在巨大的文本集合中获取的极其庞大的概念集。因此，文本挖掘系统必须能够使用户跨越这些概念，随时可以选择以"图"的方式浏览文本集概貌或局部细节。

文本挖掘系统使用可视化工具来进行导航和概念模式的搜寻，这些工具使用各种图形化的方法来表达复杂的数据关联。过去，文本挖掘的可视化工具或产生静态的图形和图表，它们在屏幕上显示或打印机上打印成报告。现在的文本挖掘系统越来越多地表现为查询结果的高度交互式图形表示方法，这些方法允许用户拖动、单击或与概念模式的图形表示直接交互。

许多文本挖掘系统的设计人员不再限制用户仅能运行一定数量的、固定的、预先程序化的搜索。对用户开放查询语言可以使用户能够直接使用更多的搜索功能。这种开放可以通过语言接口查询或命令行查询的方式来实现。

此外，对于一些特殊的应用或任务，文本挖掘的前端可以通过一套聚类工具提供给用户聚簇概念的能力。文本挖掘系统允许用户为概念或概念之间的关联自定义概念配置文件，从而为交互式的搜索提供更加丰富的知识环境。

一些文本挖掘系统提供了用户操作、创建和关联等求精约束的能力，以辅助用户浏览，并得到更有用的结果集。在使用这些求精约束时，可以通过结合诸如下拉列表、单选按钮、文本框和选项列表之类的图形元素使界面变得更加友好。

5.3.5　文本挖掘与数据挖掘的联系与区别

目前，文本挖掘已经成为数据挖掘的一个重要研究方向，但它又区别于传统数据挖掘。传统数据挖掘面对的是结构化非文本数据，采用的大多是非常明确的定量方法，其过程包括数据取样、文本特征提取、模型选择、问题归纳和知识发现。而文本挖掘是以非结构化和模糊的文本数据为研究对象；利用定量计算和定性分析的办法，从中寻找信息的结构、模型、模式等隐含的具有潜在价值的新知识的过程。由于文本数据的快速增长，文本挖掘的重要性也日益增强，同时由于文本数据具有不同于一般数据的无结构或半结构化、高维数等特点，所以原来的数据挖掘的某些算法不再适用于文本挖掘。文本挖掘比传统数据挖掘要复杂得多，挖掘方法也不同于传统数据挖掘，可以把它看成传统数据挖掘或传统数据库中的知识发现的扩展，它经常使用的方法来源于自然语言处理、Web 技术、人工智能、统计学、信息抽取、聚类、分类、可视化、数据库技术、机器学习、数据挖掘以及软计算理论等。

文本挖掘从数据挖掘发展而来，它是数据挖掘的一个分支，二者在各方面都存在一些差异，如表 5–1 所示。

表 5–1　　　　　　　　　　数据挖掘与文本挖掘的比较

比较项	数据挖掘	文本挖掘
研究对象	用数字表示的结构化数据	无结构或半结构化的文本
对象结构	关系数据库	自由开放的文本
目标	获取知识，建立应用模型预测以后的状态	提取概念和知识
方法	归纳学习、决策树、神经网络、关联规则等	提取短语、形成概念、关联分析、聚类、分类等
成熟度	从 1994 年开始得到广泛应用	从 2000 年开始得到广泛应用

5.3.6　文本挖掘的过程

文本挖掘的过程一般从收集文档开始，然后依次为分词、文本特征提取和文本表示、文本特征选择、模式或知识挖掘、结果评价、模式或知识输出。文本挖掘的一般过程如图 5-1 所示。

图 5-1　文本挖掘的一般过程

（1）文档收集。这个阶段进行数据采集，主要收集和挖掘与任务有关的文本数据。

（2）分词。获得文本数据后不能直接对其应用，还需进行适当的处理，原因在于文本挖掘所处理的是非结构化文本，它经常使用的方法来自自然语言理解领域，计算机很难处理其语义，现有的数据挖掘技术无法直接应用。这就要求对文本进行处理，抽取代表其特征的元数据，这些文本特征可以用结构化的形式保存，作为文档的中间表示形式，形成文本特征库。而对于中文文档，由于中文词与词之间没有固定的间隔符，需要进行分词处理。目前主要存在两种分词技术：基于词库的分词技术和无词典分词技术。这两种技术已有多种成熟的分词算法。

（3）文本特征提取和文本表示。文本数据集经过分词后由大量文本特征组成，并不是每个文本特征对文本挖掘任务都有益，因此，必须选择那些能够对文本进行充分表示的文本特征。在具体应用中，选择何种文本特征由综合处理速度、精度要求、存储空间等方面的具体要求来决定。目前存在多种文本表示模型，其中最经典的就是向量空间模型（vector space model，VSM），该模型认为文本特征之间是相互独立的，因而忽略其依赖性，从而以易理解的方式对文本进行简化表示：$D = (w_1, w_2, \cdots, w_n)$，其中 $w_k(k = 1, 2, \cdots, n)$ 是文档 D 的第 k 个文本特征词，两个文档 D_i 和 D_j 之间内容的相似度 $Sim(D_i, D_j)$ 可以通过计算文档向量之间的相似性获得，一般用余弦距离作为相似性的度量方式。

（4）文本特征选择。文本特征提取后形成的文本特征库通常包含数量巨大且冗余度较高的词，如果在这样的文本特征库中进行文本挖掘，效率无疑是低下的，为此，需要在文本特征提取的基础上进行文本特征选择，以便选择出冗余度低且具代表性的文本特征集。常用的文本特征选择方法有文档频（document frequency，DF）、互信息（mutual information，MI）、信息增益（information gain，IG）等，其中应用较多、效果最好的是信息增益法。

（5）模式或知识挖掘。经过文本特征选择之后，就可根据具体的挖掘任务进行模式或知识的挖掘。常见的文本挖掘任务有文本结构分析、文本摘要、文本分类、文本聚类、文本关联分析、分布分析和趋势预测等。

（6）结果评价。为了客观地评价所获得的模式或知识，需要对它们进行评价。现在有很多评价方法，比较常用的有准确率（precision）和召回率（recall）。准确率是全部参与分类的文本中与人工分类结果吻合的文本所占的比率，准确率是在全部参与分类的文本中与人工分类结果吻合的文本所占的比率。对所获取的模式或知识评价，若结果满足一定的要求，则保存该模式或知识评价，否则，返回至以前的某个环节进行分析改进后再进行新一轮的挖掘工作。

（7）模式或知识输出。这个阶段主要输出与具体挖掘任务有关的最终结果。

5.3.7　文本挖掘的关键技术

在文本数据库中，数据的存储形式分为三类，第一类是高度非结构化文本，如网页；第二类是半结构化文本，如电子邮件消息和一些 XML 网页；第三类则是良结构化文本。良结构化文本数据也就是人们通常所说比较完整形式的文档，它以结构字段形式存储，字段一般包含标题、作者、分类、长度以及出版日期等信息，当然，也不排除包含摘要和内容等非结构化文本的成分，如图书馆数据库中的文档。对文本数据库的处理，如果其结构较好，则可以方便地利用关系数据库进行分析，而如果遇到非结构化的文本，则需要利用特殊的处理方法对其进行转化。

1. 中文分词

按照是否与词性标注过程相结合这一标准，可以将中文分词方法分为单纯分词方法和分词与标注相结合的一体化方法这两大类。按照分词算法来进行分类，又可以将中文分词方法分为以下三类：基于字符串匹配的分词方法（字符四配法）、基于理解的分词方法（理解法）和基于统计的分词方法（统计法）。

（1）字符匹配法。字符匹配法又称为机械分词方法。这种方法以一个"极其大的"机器词典为基准，将需要分析的汉字串与其进行匹配，若在词典中有某一字符串与之相对应，就可以说是成功匹配（识别出一个词）。这种匹配法也分为多种不同类别，以字符长度作为匹配方向，可以将字符匹配法分为最大（最长）匹配法、最小（最短）匹配法；以在字典当中扫描的不同方向，可以将字符匹配法分为正向匹配法和逆向匹配法两类。常用的字符匹配法如下：正向最大匹配法（由左到右的方向）；逆向最大匹配法（由右到左的方向）；最小切分法（使每一句中切出的词数最小）；双向最大匹配法（进行由左到右、由右到左两次扫描）。

（2）理解法。理解法，顾名思义，就是对某一类事物的认知。在文本分析中，也就是指通过对句子的认知与理解从而识别词语，但是这里指的是计算机对人的模拟。其基本思想就是在分词的同时进行句法、语义分析，利用句法信息和语义信息来处理歧义。基于这种方法开发的分词系统由三个部分构成，即总控部分、分词子系统以及句法语义子系统。计算机模拟了人类对句子的理解过程，总控部分主要起协调的作用，分词子系统和句法语义子系统则是通过对词和句子的句法或者语义进行分析，判断词的歧义。这种方法存在一定的局限性，因为它需要存储巨大的语言知识和信息，而汉语的语言知识具有笼统性与复杂性，在语言信息的组成上，很难达到机器可以直接读取的效果。因此，目前这一方法还处于试验阶段，并未得到广泛运用。

（3）统计法。从概率的角度出发，两个字出现在词组中的联合概率非常大，也就是说两个相邻的字同时出现的频率越高，成为词组的概率就越大。字与字相邻出现的频率或概率可以较好地反映成词的可信度。也就是说，通过统计语料库中相邻的字出现的频率，并计算其关联度，可以计算出两个不同字相邻出现的概率。例如，语料库中有 N 个字，字 A 出现的次数为 N_A，字 B 出现的次数为 N_B 次，那么字 A 独立出现的概率为 $P_A = N_A/N$，字 B 独立出现的概率为 $P_B = N_B/N$，如果实际出现的次数为 N_{AB} 次，那么定义一个相关度 Cab：

$$Cab = \frac{AB\ \text{实际出现的次数}}{AB\ \text{纯随机相邻出现的次数}} = \frac{N_{AB}}{N_A \cdot N_B/N} = \frac{N_{AB} \cdot N}{N_A \cdot N_B} \quad (5-1)$$

如果 *Cab* 超过一个规定的阈值，即字相邻出现的联合概率远大于字独立出现的概率之积，则相邻的字串"*AB*"有可能属于同一个词组。

2. 特征提取

（1）词频方法。在一个文档中某个词出现的次数，就是其词频。词频方法根据词频进行特征提取，先设定一个阈值，将该文档中词频低于这一阈值的词都删除，以降低特征空间的维数。这一方法基于词频低的词对过滤影响小这样一种假设，但是无法确保在信息检索的研究中词频低的词的信息量也低。因此，在特征选择过程中简单地根据词频大量删词是不可取的。

（2）文档数方法。文档频数（document frequency，DF）是最简单的一类特征提取算法，就是选定某个词，在训练文本集中统计出现该调整的文本数量。这种方法是比较常用的特征降维方法之一，这种方法的具体过程如下。

首先设定某相应的阈值，然后在训练文本集中对每个词计算其文档频数。若该词的文档频数值小于某个阈值则将其删除；若该词的文档频数值大于某个阈值也将其删除。删掉的两端分别对应的是"没有代表性"和"没有区分度"两种极端情况。通过文档频数方法，非常容易鉴定和区分不含有用信息，含有较少有用信息或者有噪声的词都是可以删除的。这种方法的优势在于计算量比较小，但实际运用效果又很好。它同样也存在缺点，因为通过这种方法删除的词可能在另一文本中包含重要信息，因而会对精确分类产生影响。

文档频数方法的最大优点在于速度快，它的复杂度和文本数量呈线性关系，这一方法适用于超大规模文本数据集的特征提取。

（3）TF – IDF 方法。TF – IDF（term frequency-inverse document frequency，词频 – 逆文档频率）方法是一种常见的用于信息搜索和信息挖掘的加权技术。

TF – IDF 方法的基础思路是，如果在某一篇文章中，一个词成短语出现的频率高，但在另外的文章中很少出现，就可以认为这个词或短语具备较好的类别区分能力，适合用来分类。某一特定的词语或短语在指定的文件中出现的次数称为词频（term frequency，TF），而如果包含某一特定词或短语的文档少，则逆文档频率（inverse document frequency，IDF）就越大、就可以认为该词或短语的类别区分能力较强。

在计算某一指定关键词在文章当中的重要性时可以使用 TF – IDF 来进行计算，根据计算结果来分析文章所表达的主要含义，计算机通过这一功能来读懂文章的含义。

$$逆文档频率(IDF) = \log \frac{语料库的文档总数}{包含该词的文档数 - 1} \tag{5-2}$$

$$TF - IDF = 词频(TF) \times 逆文档频率(IDF) \tag{5-3}$$

（4）期望交叉熵方法。交叉熵（cross entropy，CE）指的是一种距离，即文本类别的概率分布与在出现了某个词或短语的情况下文本类别的概率分布之间的距离。期望交叉熵（expected cross entropy，ECE）的计算公式如下。

$$CE(\omega) = \sum_i p(c_i \mid \omega) \log \frac{p(c_i \mid \omega)}{p(c_i)} \tag{5-4}$$

其中，ω 为特征词；c_i 为第 i 个类别；$p(c_i)$ 为类别 c_i 的文档频率；$p(c_i \mid \omega)$ 为在出现词 ω 的情况下类别 c_i 的文档频率。

词或短语的交叉熵越大，对文本类别分布的影响也越大，所以选交叉熵最大的 k 个词或短语作为最终的特征项。

（5）信息增益方法。信息增益表示文档中包含某一特征时，文档类的平均信息量，它的定义为某一特征在文档中出现前后的信息熵之差。假定 c 为文档类变量，C 为文档类的集合，d 为文档，J 为特征。对于特征 f，其信息增益记为 $IG(f)$，其计算公式如下：

$$\begin{aligned}
IG(f) &= H(C) - H(C \mid f) \\
&= -\sum_{i \in C} p(c) \log p(c) + p(f) \sum_{i \in C} p(c \mid f) \log p(c \mid f) \\
&\quad + p(\bar{f}) \sum_{r \in C} p(c \mid \bar{f}) \log p(c \mid \bar{f}) \\
&= \sum_{c \in C} \left(p(c,f) \log \frac{p(c,f)}{p(c)p(f)} + p(\bar{f}) \log \frac{p(c,\bar{f})}{p(c)p(\bar{f})} \right)
\end{aligned} \tag{5-5}$$

式（5-5）中，$H(C)$ 为 C 的熵，$H(C \mid f)$ 为 C 的条件熵。

（6）互信息方法。互信息用于表征两个变量间的相关性。对于文档类 c 和特征 f，其互信息记为 $MI(c,f)$，计算公式如下：

$$MI(c,f) = \log \frac{p(c,f)}{p(c)f(f)} \tag{5-6}$$

3. 文本分类

（1）朴素贝叶斯分类方法。朴素贝叶斯分类方法（以下简称 NB 分类法）是一种简单而又非常有效的分类方法。NB 分类法的一个前提假设是：在给定的文档类语境下，文档属性是相互独立的。假设 d_i 为一任意文档，它属于文档类 $C\{c_1, c_2, \cdots, c_k\}$ 中的某一类 c_j。根据 NB 分类法，有

$$p(c_j \mid d_i) = \frac{p(c_i)p(d_i \mid c_j)}{p(d_i)} \qquad (5-7)$$

对文档 d_i 进行分类，就是按公式（5-7）计算所有文档类在给定 d_i 的情况下的概率，概率值最大的那个类就是 d_i 所在的类，即

$$d_i \in c_j \text{if } p(c_j \mid d_i) = \max_{i=1}^{k}\{p(c_j \mid d_i)\} \qquad (5-8)$$

（2）支持向量机方法。支持向量机（SVM）根据结构风险最小化原则，尽量提高算法对新样本的适应能力，即由有限的训练样本得到小的误差，能够保证对独立的测试集仍保持小的误差。另外，由于支持向量机算法是一个凸优化问题，因此局部最优解一定是全局最优解，这可以防止过学习。

支持向量机方法最初是从线性可分情况下的最优分类超平面（optimal hyper plane）提出的。考虑图 5-2 所示的二维两类线性可分情况，图中圆点和方点分别表示两类训练样本，H 为把两类训练样本正确分开的分类线，H_1、H_2 分别为穿过两类训练样本中离分类线最近的样本且平行于分类线的直线，H_1 和 H_2 之间的距离称为两类的分类空隙或者分类间隔（margin）。所谓最优分类线，就是要求分类线不但能将两类正确地分开，

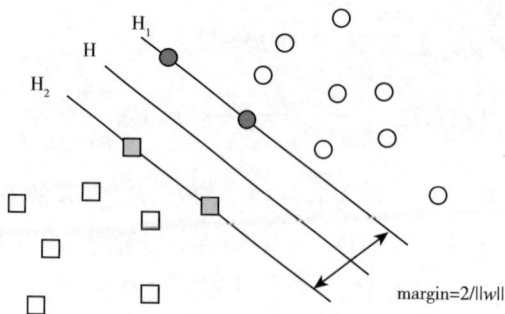

图 5-2   最优分类超平面

而且要使两类的分类空隙最大。前者可以保证经验风险最小为（0）；而使分类空隙最大，实际上就是使推广性的界中的置信范围最小，从而使真实风险最小。推广到高维空间，最优分类线就成为最优分类超平面。

设线性可分样本集为 (x_i, y_i)，$i = 1, \cdots, n$，$x \in R^d$，$y \in \{-1, +1\}$ 是类标号。实现支持向量机分类需要解以下二次优化问题：

$$W(\alpha) = \sum_{i=1}^{n} \alpha_i - \frac{1}{2} \sum_{i,j=1}^{n} \alpha_i \alpha_j y_i y_j (x_i \cdot x_j)$$

$$\text{s. t.} \begin{cases} \alpha_i \geqslant 0, i = 1, \cdots, n \\ \sum_{i=1}^{n} \alpha_i y_i = 0 \end{cases} \tag{5-9}$$

设 $\alpha_0 = (\alpha_1^0, \alpha_2^0, \cdots, \alpha_n^0)$ 是这个二次优化问题的解，则与最优分类超平面对应的向量 w_0 的模等于：

$$\| w_0 \|^2 = \sum_{\text{支持向量}} \alpha_i \alpha_j y_i y_j (x_i \cdot x_j) \tag{5-10}$$

从而分类判别函数为：

$$f(x) = \text{sgn} \left(\sum_{\text{支持向量}} y_i \alpha_i^0 (x_i \cdot x) - b_0 \right) \tag{5-11}$$

其中，x_i 是支持向量，b_0 是常数且

$$b_0 = \frac{1}{2} [w_0 \cdot x^* (+1) + w_0 \cdot x^* (-1)] \tag{5-12}$$

其中，$x^* (+1)$ 表示属于第一类的某个支持向量，$x^* (-1)$ 则表示属于另一类的一个支持向量。

（3）K - 最近邻方法。前面介绍过，K - 最近邻方法是一种简洁而有效的非参数分类方法，是最简单的机器学习算法，它可以用来解决文本分类问题。

该方法的基本思路是：如果一个样本在特征空间中的 k 个最相似的样本（即特征空间中最邻近）中的大多数都属于某一个类别，则该样本也属于这个类别。在 K - 最近邻方法中，所选择的邻居都是已经正确分类的对象。

设有 N 个样本分布到 C 个类 $\omega_1, \omega_2, \cdots, \omega_c$，每类有 N_i 个样本，$i = 1$，

$2, \cdots, C$。找出一个样本的 k 个最近邻，k 个最近邻分布于 C 个类中的数目用 K_i 表示。K - 最近邻的判断函数为

$$g_i(x) = k_i, i = 1, 2, \cdots, C \tag{5 - 13}$$

如果 $g_j(x) = \arg \max k_i$，那么决策为 $x \in \omega_j$。

在 K - 最近邻方法中，样本之间的距离有欧几里得距离、曼哈顿距离、闵可夫斯基距离、范数等多种定义方式。

（4）决策树方法。决策树方法顾名思义，是利用树的多枝特征，根据相关判断规则实现多级分类。一般来说，一个决策树由一个根节点、一组内部节点和一些叶节点组成，内部节点表示文本的特征，从内部节点引出的分支则表示特征到达不同状态所对应的权重，而叶节点表示文本的类别。建立一个决策树分类器一般包括以下 4 个步骤。

一是从特征集中选择信息量最大的特征作为当前节点。

二是根据所选特征的权重对训练集进行分类，得到相应的子类，生成分支。

三是对每个子类递归进行以上两步操作，直到子类中的样本都属于同一类别，从而得到决策树。

四是对得到的决策树进行修剪，生成更紧凑的决策树。

（5）人工神经网络方法。人工神经网络（artificial neural network, ANN）的高速并行处理和分布存储信息等特性符合人类思维系统的基本工作原则，具有很强的自学习性、自组织性、容错性鲁棒性、联想记忆功能和推理意识功能等，并且能够实现基于目前计算理论的模式识别理论所无法完成的模式信息处理工作。

目前，比较流行的人工神经网络学习算法是后向传播（BP）。后向传播网络就是采用后向传播进行训练的多层感知器网络，该网络包含一个输入层、一个输出层和至少一个隐含层。增加隐含层的数量不一定能提高网络的精度和表达能力，因此，一般情况下，选用一个隐含层就足够了。包含一个隐含层的后向传播网络也称为三层后向传播网络，其结构如图 5 - 3 所示。

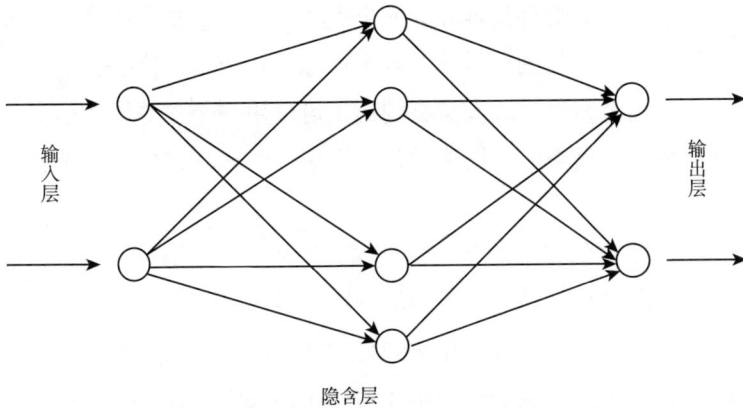

图 5 – 3　三层后向传播网络结构

对于一个给定的文本及其特征集合，设定三层后向传播网络的输入层神经元个数为特征集合中特征的数目，输出层神经元个数为文本类别集合中类别的数目。那么，这个神经网络的输入向量中第 $i(i=1,2,\cdots,n)$ 个分量 t_i 的取值 $V(t_i)$ 的计算公式如下：

$$V(t_i) = \begin{cases} 1, & \text{特征} t_i \text{在该文本中出现} \\ 0, & \text{特征} t_i \text{在该文本中不出现} \end{cases} \qquad (5-14)$$

这个神经网络的输出向量中第 $j(j=1,2,\cdots,m)$ 个分量 c_i 的取值 $W(c_j)$ 的计算公式如下：

$$W(c_j) = \begin{cases} 1, & \text{文本属于类别} c_j \\ 0, & \text{文本不属于类别} c_j \end{cases} \qquad (5-15)$$

4. 文本聚类

常用的聚类算法同样适用于文本聚类。

（1）基于划分的方法。它是将数据集划分为多个簇，而且每个簇中至少包含一个数据元素。每个数据元素可以属于多个簇（模糊划分）或仅属于一个簇（确定性划分）。具体来说，针对给定划分数 k，首先创建一个初始划分，然后采用一种迭代的重定位技术，通过对象在簇间的移动来改进划分。

（2）基于层次的方法。层次聚类算法是传统的处理聚类数目未知情况的聚类方法。前面介绍过，层次聚类算法包括分裂型的层次聚类算法和凝聚型的层次聚类算法。前者是将所有数据对象作为一个聚类，然后按照使目标函数值最优的原则将其拆分为两个聚类，之后选择聚类直径最大的类按照同样的原则再对其进行拆分，直至目标函数值不再降低；后者的处理过程则恰好与前者相反。层次聚类的结果可以用一个二分树表示，树中的每个节点都是一个聚类，下层聚类是上层聚类的嵌套，每一层节点构成一组划分。

（3）基于密度的方法。基于密度的方法将具有足够高密度的区域划分为簇。其主要思路是：只要邻域中的密度（数据元素的数目）超过某个阈值，就继续聚类。该方法可以用来过滤"噪声"，孤立点数据，发现任意形状的簇。有代表性的算法如 DBSCAN、OPTICS 等。DBSCAN 根据一个密度阈值来控制簇的增长。OPTICS 并不明确产生聚类，而是为自动的和交互的聚类分析计算一个聚类顺序。

（4）基于网格的方法。基于网格的方法把对象空间量化为有限数目的单元，形成一个网格结构，所有的聚类操作都在这个网格结构上进行。该方法的主要优点是处理速度很快，其通常与对象空间中的对象数目无关，而只与把对象空间化为多少个单元有关。该方法的缺点是由于对对象空间做了很大简化，因此聚类质量和精确性都较差。

（5）基于模型的方法。基于模型的方法为每个簇都假定了一个模型，寻找数据对给定模型的最佳拟合。这类方法主要有两种：统计方法和神经网络方法、传统的统计方法中的聚类分析是一种基于全局比较的聚类，它必须考察所有的个体才能决定聚类的划分；神经网络方法将每个簇描述为一个标本，标本作为聚类的"原型"，不一定对应于一个特定的数据实例或对象。根据某些距离度量。新的对象可以被分配给标本与其最相似的簇。被分配给一个簇的对象的属性可以根据标本的属性来预测。

5.4 情感分析

5.4.1 情感分析的定义

情感分析又称为意见挖掘，是指对带有情感色彩的主观性文本进行归纳、分析、处理和推理的过程。情感分析起源于人们对带有情感色彩词语的分析。例如，词语"漂亮"带有褒义色彩，相反，"丑"这一词语就带有贬义色彩。随着互联网的发展，涌现出大量带有情感色彩的主观性文本。因此，情感分析的研究方向逐渐从最单纯、最简单的情感词语分析转向比较复杂的情感句以及情感篇章。在这一基础之上，情感分析的划分层次逐渐增加，由词语级、短语级增加到句子级，甚至出现多篇章级的分析，处理文本的粒度也逐渐多样化。另外，按照处理文本的类别，又可以将文本情感分析分为基于新闻评论的情感分析和基于产品评论的情感分析。前者主要以新闻评论作为文本处理对象。例如，情感句"她深深地痛恨那些恃强凌弱的人"，表明观点持有者"她"对于"恃强凌弱者"的立场。后者主要是以网络中关于某一产品的消费者评论作为处理对象。例如，"华为 nova 的手感非常棒"，表明对评价对象"华为 nova 的手感"的评价是"棒"，这一情感是褒义的。基于产品评论的情感分析受到了消费者和商业网站的大力欢迎，这一方法可以让消费者通过大众的评价很好地了解该产品。而在舆情监控和信息预测过程中则多运用基于新闻评论的情感分析，这也是当前国内外评测中最常用的分析方法。

5.4.2　情感分析的应用

随着互联网上评论文本数量的爆炸式增长，迫切需要利用计算机加工和整理这些情感信息，这使得情感分析研究有着重要的意义。

1. 用户评论分析与决策

用户评论分析是目前情感分析技术得到最多应用的场景。消费者已经形成这样一种消费习惯：在准备购买某产品时，总是先通过互联网查询其口碑，再将其与其他类似产品进行对比，之后才会做出决策。但是，这个过程中存在一定的问题，一方面消费者往往没有充足的时间和精力对所有的评论信息进行浏览和归纳，另一方面，网络评论信息数量巨大，消费者不一定能够对其进行全面分析。情感分析技术则可以帮消费者解决这一困扰。在用户们锁定某一产品之后，这一技术可以自动搜集该产品的评论信息，进而对所搜集到的评论信息进行分析，最后再进行归纳和总结，形成可视化的文本评价意见，便于用户参考。

依据人们生活中的实际需求，开发各领域的情感分析系统，可以帮助用户对丰富的信息进行辨别、分析，并最终做出决策。例如，Opinion Observer 系统通过搜集网络用户对产品的评价创建可视化模型，以此对用户所需的产品的综合质量进行对比。

2. 舆情监控

网络具有虚拟性、开放性、随意性以及隐蔽性的特点，因此多数网民都愿意选择互联网这一渠道来发表意见，网络舆情信息逐渐对社会生活乃至国家信息安全产生影响。基于这一情况，社会管理者只有及时掌控舆情的发展方向，才能保障社会安定。但是，网络信息量巨大，而且每日都在不断更新，单纯依靠人工进行处理，烦琐而低效。因此，通过情感分析技术每日实时对网络信息进行监控的自动监控系统的设计就显得尤为重要了。目前针对这一方向的研究成果比较少，但并不是说这一方向缺少研究价值。

3. 信息预测

随着网络的发展，网上信息对人们所产生的影响与日俱增，在某一事件发生及网上大众对该事件的热议中，如果某一方形成推倒性言论，则多数人的思维及其行动都将被这一言论所影响。例如，国外总统大选之时，候选者都急切关注网络言论对自身的评价，也会通过搜集和汇总这些言论对形势进行预测。由此可见，信息预测的地位非常重要。情感分析技术有助于人们及时了解和掌握网络信息，并对自己想要了解的信息进行预测。

5.4.3　情感分析的语料库与情感词库

情感词库（sentiment lexicon）可以说是一种纽带，以此来把单个词语与文本当中所表现出来的情感定向结合起来。其中，每一类文本都是由多个词语组合起来的，而每个由词语组成的句子都是在表达某种观点。也就是说，词语与词语的集合汇成一种观点，而这种观点也就是人们通常所说的情感。词语的情感定向分类是很多研究者研究的方向，一方面，部分研究者将语料库（corpus）作为研究依托，依据词语之间所呈现的递进、并列或者转折等搭配关系来判断形容词的正负性；另一方面，部分研究者利用词典这类资源，根据词语的定义进行判断，或者设立某种子词，从词典与字典当中去寻找其同义和反义词。

当前比较有代表性的语料库有如下几个。

（1）NTCIR 多语言语料库（NTCIR multilingual corpus）。该语料库主要是一类新闻性质的语料库，语料库由中文、英文和日文三种语言的新闻构成，训练集标注了意见持有者、意见持有者的所有意见、情感极性、根据系列主题预设的相关信息。

（2）多视角问答（multiple-perspective question answering，MPQA）语料库。该语料库以新闻作为语料来源，来源非常广泛。语料库中对这些新闻做了语句级的人工注释。另外，对语句的低层次也进行了标注，不仅标明了情感文本的持有者、极性、对象以及强度等，同时也对词汇所展示的信念、推断以及情绪都进行了标注。

（3）康奈尔影评数据集（Cornell movie-review datasets）。该数据集的主要来源是 IMDB 影视评论，它搜集了篇章级和句子级两个层次的评论，其中篇章级的褒义评论和贬义评论各 1 000 篇，句子级的褒义句子以及贬义句子各 5 331 条。但该数据集存在的一个主要缺陷是，它只涉及了篇章和句子两个级别，对于更细粒度的级别未进行标注。也就是说，它不能满足细粒度的情感分析的要求。

（4）Blog06。它是来自于英国格拉斯哥大学的 TREC 测试集，其语料的主要来源是博客，而且它搜集的是博客中的一系列话题，数据量非常大，有 25GB。

（5）以美国伊利诺伊大学的 Hu 作为代表的电子产品评论数据集。其主要来源是亚马逊和 cNet 上的评论，它详细地对评价对象、强度和倾向性进行了标注。该数据集非常注重细粒度，在细粒度的情感分析中得到了广泛的应用。

（6）以中国科学院计算技术研究所谭松波提供的中文酒店评论语料，对将近 10 000 篇中文酒店评论中的褒贬意向进行了标注，可以作为中文篇章级的情感分类研究的依据。

（7）WordNet。该词库是目前最主流的英文情感词库，它不同于人们一般所看到的词库。一般词库都是以字母顺序作为词语排列的依据，WodNet 将心理语言学中人们对于词语的记忆规律作为依据。词库中只搜集了动词、名词、形容词以及副词这四类词语，同义词是其最基础的构建单位，词与词之间的语义关系形成词网。从句法功能这一角度来看，每一类词性都是不一样的，句子的组织方式自然也有所不同，动词依据词与词之间的搭配进行组织，名词则根据各个主题的不同等级进行组织，副词和形容词的组织根据为 N 维超空间。每一种词语组织结构都反映了一种分类组织方式，如果试图对所有文法分类使用一种组织原则，则词典知识中的心理学复杂性就很难被正确地表达出来。

　WordNet 根据不同的文法分类，使用不同的组织原则，使其语义组织之间的根本差异清晰可见。WordNet 词语之间的关系分为同义关系、反义关系、继承关系、部分整体关系、形态关系、导致关系、相似关系、同样关系、属性关系、扩展关系、领域关系、成员关系等。在 WordNet 语料库中，只将与情感相关的词语标记出来，如人们所说的情感词汇或者会对情感产生影响的词语，但其缺陷是，并没有对词语按照情感类别进行分类，因此在人机交互中，计算机只能判断人们所使用的词语是否表现出某种情感，但是无法判断具体想要表现的是什么情感。

（8）HowNet。这是一个常识知识库，由董振东和董强（1999）共同创建，其结构如表 5 - 2 所示。目前，国内大部分文本情感的科研工作者都以《HowNet 情感词典》（*HowNet Sentiment Dictionary*）作为构建新的情感词库的依托。该知识库中的词语分为英文的主观表达词语、正负面情感词语、正负评价词语以及程度级别词语四类，其描述对象主要为中英文所表达的概念，一方面为概念，另一方面是概念和概念的属性，这二者之间的关系共同构成一种网状的知识系统，这也是它和 WordNet 的本质区别。

表 5 - 2　　　　　　　　　　　　　　　　HowNet 结构

类型	中文		英文	
	例词	数量（个）	例词	数量（个）
正面情感词语	快乐、好奇、喝彩	836	happy，welcome，be jealous	772
负面情感词语	哀伤、鄙视、后悔	1 254	defy，disappointed，fear	1 012
正面评价词语	才高八斗、动听、对劲儿	3 730	good-look，high-quality，effective	3 596
负面评价词语	丑、超标、华而不实	3 116	inferior，expensive，false	3 562
主观表达词语	耳闻、发觉、感觉	38	be aware of，be conscious，be told	35
程度级别词语	倍加、不可开交、不亦乐乎	219	absolutely，amazingly，awfully	170

在 HowNet 中，可以根据褒义、贬义这两类属性，抽取倾向性词语，如"良"和"莠"，前者属于褒义词语，后者属于贬义词语，所抽取的这类词语有利于进行文本的倾向性分析。HowNet 集中将情感分为了正向、负向这两类，即正面情感、负面情感，或正面评价、负面评价。然而，人类的情感却并不只有正面和负面两类，人们拥有喜怒哀乐及更加丰富的多种情感。因此，在进行情感计算时，只保留正面和负面两类情感的结论是

不完整的，在具体的研究中需要更加仔细地分类情感词汇。

5.4.4　情感分析的主要内容

首先，从一个手机评论的例子出发，看看一篇评论的情感分析包括哪些内容。

我前几天买了一个苹果手机，这个手机真是太棒了，屏幕非常清晰，通话质量也很好，比我之前买的黑莓手机好用太多，黑莓手机按键特别小，操作费劲。不过，我妈妈有点生气了，因为我买手机之前没告诉她，她觉得太贵了。

从上面这个例子，可以挖掘出以下情感单元：

（1）这篇评论的观点持有者有两位，分别是"我"（作者）和"我妈妈"（作者的妈妈）；

（2）这篇评论中出现的评价对象有"屏幕""通话质量""按键""操作"；

（3）这篇评论中出现的情感词有"棒""清晰""好""好用""小""费劲""生气""贵"。

此外，从上面的例子还可以挖掘出更多的观点信息，比如：

（1）对于整篇评论而言，情感倾向性是正面的，作者对所购买的手机整体上是满意的；

（2）对于"苹果手机"这个评价主体，不同"属性"的情感倾向性如下；

"屏幕"（显式属性）：正面（"清晰"）

"通话质量"（显式属性）：正面（"好"）

"价格"（隐式属性）：负面（"贵"）

（3）在比较观点挖掘中，"苹果手机"优于"黑莓手机"。

下面主要介绍情感分析的主要任务，包括观点持有者（opinion holder）抽取、评价对象（target）抽取、情感词（sentiment word/opinion word）抽取和情感词极性（polarity）判定。

1. 观点持有者抽取

观点持有者是一个能够表达观点的语义实体，一篇评论文本可能没有观点持有者，也有可能含有多个观点持有者。从评论文本中自动抽取观点持有者，可以按照观点持有者进行观点信息的组织，从不同的观点持有者角度对评论目标进行分析。

在针对观点持有者的抽取工作中，主要研究的是显式观点持有者的抽取，暂时不考虑没有明显观点持有者的观点表达句式。观点持有者的抽取方法一般分为四步，分别如下。

（1）指代消解。观点持有者很多时候都以人称代词的形式呈现，而如果直接把人称代词抽取出来作为观点持有者会存在歧义等问题，尤其是第三人称代词"他/她"。因此，在进行观点持有者抽取之前，应该对文本中的人称代词进行指代消解（anaphora resolution）。指代消解是自然语言处理的重要内容，在信息抽取时，通常会用到指代消解技术。

指代消解，广义上讲，是指在文章中确定代词指向哪个名词短语的问题。当前一般意义上的指代消解则主要包括显性代词消解、共指（coreference）消解与零代词消解等。

所谓显性代词消解，就是指在文章中确定显性代词指向哪个名词短语的问题。代词称为指示语（anaphor），其所指向的名词短语一般被称为先行语（antecedent），根据两者之间的先后位置，可分为回指（anaphora）与预指（cataphora）。如果先行语出现在指示语之前，则称为回指，反之则称为预指。

所谓共指消解，是将文章中指向同一客观实体的词语划分到同一等价集的过程。在共指消解中，指称语包含普通名词、专有名词和代词。因此，可以将显性代词消解看作共指消解针对代词的子问题。共指消解与显性代词消解不同，它更关注在指称语集合上进行的等价划分。

所谓零代词消解，是针对零指代（zero anaphora）现象的一类特殊的消解。在文章中，用户能够根据上下文关系推断出的部分经常会省略，而省略的部分在句子中承担着相应的句法成分，并且回指前文中的某个语言学单位。零指代现象在中文中更加常见，近几年随着各大评测任务的兴起开始受到学者们的广泛关注。

指代消解的研究方法大致可以分为基于启发式规则的消解、基于统计的消解和基于深度学习的消解三大类。目前来看，基于有监督统计机器学习的消解算法占据主流。

（2）确定观点指示动词。观点指示动词是指用于表达观点的动词，比如"认为""觉得""赞扬""表示"等。观点指示动词通常通过统计的方法获得。一般一句话中只有一个观点指示动词。如果一个句子中含有多个观点指示动词集合中的动词，还需要进一步判断究竟是哪一个动词是真正的观点指示动词。判断方法一般采用一些启发式规则，比如观点指示动词通常和命名实体或者标点符号的距离比较近。

（3）观点持有者识别。在确定了观点指示动词之后，就可以进行观点持有者识别和抽取了。因为观点持有者一般是人、组织、机构、区域等，所以一般将命名实体识别中的人名、地名、机构名作为观点持有者的候选词。

（4）观点持有者词语合并。因为有时单个名词无法表达出观点持有者的完整概念，所以还需要进行观点持有者词语的合并，比如观点持有者是"中国科学院老师"，自动化抽取后可能会单独抽取出"中国科学院"和"老师"，但无论是"中国科学院"还是"老师"，其表达的概念都不够完整，所以需要将其合并形成一个完整的名词短语。

2. 评价对象抽取

评价对象是评论句中的意见主体，即主题词。在中文里，对于"评价对象"这个术语，学术界尚无统一定义，在其他文献中也表述为"意见目标""评价目标""特征"等。评价对象按照在评论文本中是否出现分为显式评价对象和隐式评价对象。显式评价对象是指在评论句中直接出现的词或者词组。隐式评价对象是指在评论文本中不直接出现而通过人类经验和表达习惯，可以间接猜到的隐含词。

评价对象的抽取工作，常见于细粒度的情感分析，比如在商品评论中，评价对象是商品的属性、组成部分、附属物等。不同的消费者，在做出购买决定时对商品的属性有不同的侧重，所以对产品评论进行细粒度的观点挖掘非常有意义。粗粒度的情感分析，通常不需要挖掘评价对象，而是对商品进行整体的意见挖掘，有利于反映大众对评价实体的综合情感和意见。

国外的观点挖掘研究起步比较早，从 2004 年开始就已经出现关于评价对象抽取问题的文章。近些年来，评价对象抽取技术发展迅速，主要分为有监督式和无监督式两类方法。

在有监督学习中，评价对象抽取可以看成一个序列标注的问题，观点句就是观测序列，而句中的每一个词如果属于评价对象则是一个状态，不属于评价对象则是另一个状态，进而可以结合每个词的位置和词性等信息进行状态预测。常用的序列标注模型有隐马尔可夫模型（hidden Markov model，HMM）、条件随机场（conditional random field，CRF）、结构化支持向量机（structured SVM）等。此外，还可以把评价对象的抽取看成一个有监督的分类问题。比如，利用句子的依存句法树来发现候选评价对象和情感词的二元组，然后使用分类器对其进行分类，判断候选二元组中的评价对象与情感词之间是否存在评价关系。常用的方法有 SVM、Boosting 等，其中，Boosting 是一种用来提高弱分类算法准确度的框架算法。

无监督的方法主要有三种，分别是频繁项挖掘方法、自扩展方法和基于话题模型的方法。评价对象通常是评论者经常提及的名词或名词短语，因此可以通过抽取高频名词或名词短语来抽取评价对象词表。为了保证评价对象抽取的准确率，可利用评价对象出现的位置和形式来进行确认。但这种基于频繁项挖掘的方法只考虑词频等因素，容易造成大量的误判情况。在后来的研究中，研究者们逐渐发现评论句子中的情感词是一种有效识别评价对象的特征，评价对象与情感词之间往往存在密切的关联关系，通过研究这种关联关系，可以制定规则模板在评论句中抽取评价对象和情感词，进而迭代地从评论文本中抽取评价对象和情感词。

自扩展方法可以看作一个滚雪球的过程，用已识别的情感词来挖掘未知的评价对象词，再用已识别的评价对象词来挖掘更多的情感词，如此迭代下去，最终达到稳定。Qiu 等人提出了一种双向传播（double propagation）的方法，通过定义评价对象和情感词之间的依存句法关系，依据已经识别的评价对象和情感词，双向迭代抽取新的评价对象和情感词。但是这种方法依赖于依存句法分析器，在微博等用语不规范的短文本和句法分析资源匮乏的语言上具有一定的局限性。

近年来，统计话题模型如 PLSA（probabilistic latent semantic analysis）、LDA 及其各种扩展模型在评价对象抽取中得到广泛应用。在这些工作中，评价对象被视为隐含的话题，表示为词空间上的概率分布。在话题模型中，每个话题由一组词组成，但是话题与评价对象略有不同，话题词可能同时包含评价对象和情感词，所以通常把话题词中的名词视为评价对象。

3. 情感词抽取

情感词（sentiment word），也叫观点词（opinion word），是指带有情感色彩的词或词组的集合，这些词可以是形容词，也可以是名词或者动词。情感词通常会带有某种情感极性，一般可分为正向情感词和负向情感词。正向情感词一般为带有积极、支持、赞扬等感情的词，也就是通常所说的褒义词，如"喜欢""高兴"和"满意"等。负向情感词一般为带有消极、反对、厌恶等感情的词，也就是通常所说的贬义词，如"失望""难过"和"差评"等。

情感词抽取和极性判定对情感分析任务至关重要，情感词抽取和情感词极性判定可以分开进行，也可以同时进行。在单独的情感词抽取工作中，通常采用基于启发式规则的方法。基于启发式规则的方法主要是通过观察大量语料的特性，找到共同的语法规则、语义特征和语言学特性。以下是几种常用的情感词抽取规则。

（1）规则一：利用连词。

利用连词的方法是指从文档集中抽取出由连词连接的形容词对，如连接词 and、but、either…or…和 neither…nor…等。更进一步，由 and 连接的形容词对往往具有相同的情感极性，如"Everyone wants to be healthy and happy"，而由 but 连接的形容词对往往具有相反的极性，如"Delicious food but bad service"。然而，这种利用语言学里的连词特性的方法无法抽取出语料中大量单独的形容词。

（2）规则二：利用程度副词。

利用程度副词的方法把特定程度副词（如中文中的"很"和"非常"，英文中的"very"）后面的邻接词抽取出来作为候选情感词。因为程度副词通常用来修饰形容词和副词，而这些形容词和副词大概率是情感词。以英文酒店评论为例，"Staff was very friendly and helpful. Breakfast was very good. Location is excellent. Underground stations are near and those are Piccadilly line stations. It was very easy to arrive from Heathrow. Neighbourhood is very interesting. "在这个例子中，"very"一共出现了 4 次，紧随其后的都是非常明确的情感词。这种方法虽然在情感词抽取方面准确率很高，但是召回率不高，需要与其他规则相结合。

（3）规则三：利用评价对象词。

情感词和评价对象往往结合紧密，具有很强的关联性。这种关联性为情感词的抽取提供了很重要的信息。例如，"Mac 笔记本电脑非常漂亮"，如果知道"Mac 笔记本电脑"是评价对象，那么修饰这个评价对象的形容词"漂亮"就会被认为是情感词。这一类方法往往需要借助依存句法、词性标注（part of speech，PoS）或预定义规则来迭代扩展情感词集合，具有很高的召回率，但是没有考虑评价对象与情感词的长距离搭配。

基于启发式规则的方法优点是比较简单，针对性强。缺点在于人工定义的规则具有局限性，可扩展性差。越来越多的研究者倾向于使用机器学习方法抽取情感词并判断极性。

在情感词抽取方法中，最常使用的统计模型是话题模型和图模型。比如，Liu 等人利用话题模型和词对齐方法来捕获评价对象之间、情感词之间以及评价对象与情感词之间的语义和情感关系，然后利用随机游走模型来估算候选词的置信度，通过这些方法的融合使用有效地抽取评价对象和情感词。Zhao 等人通过统计评价对象与情感词的共现和两者间的依存模式，构建了一个情感图模型来发现评价对象和情感词。基于图的方法优点在于可以将词与词之间的各种关系以特征的形式融入图中，通过图上的传播算法可以抽取大量情感词，算法扩展性强。但是，图模型的性能会受很多因素的影响，需要大量的优化工作，比如种子词的选择，词与词之间特征的构造，图上传播算法的优化等。

情感词具有领域相关性。因此，在情感词抽取工作中，还应该充分考虑领域特征。比如，在商品评论中，情感词多为形容词，现有的研究也多基于形容词进行情感分析。但在金融评论中，情感词的词性更为丰富，除了形容词，还有可能是动词，如"下降""飙升"等。目前，很难有一种通用的方法能完美地解决各个领域的情感词抽取任务。由于基于统计的方法抽取出的情感词召回率高，而基于规则的方法抽取出的情感词准确率高，因此在实际工程任务中，往往采用规则和统计相结合的方法。

在社交网络中，情感词的抽取依然面临着很大的挑战。用户往往喜欢使用口语化的或者隐晦的非规范用语发表看法，在这些非规范（表述简短，富含拼写错误和网络新词）的文本中抽取情感词是困难的。因此，社交场景下的情感词抽取还会用到新词发现、深度学习等技术，以解决未登录词和特征稀疏等问题。

4. 情感的极性分析

前面介绍过，在情感分析研究之初，对评价词语的识别以及对极性的判别就引起了研究者高度的关注，由此可见，评价词语在情感分析中具有极为重要的地位。可以从基于语料库以及基于词典这两方面对评价词语进行抽取和极性判别。

（1）基于语料库的方法。特尼（Turney）和利特曼（Littman）提出的点互信息（point mutual information）方法是这类方法的代表，这类方法有利于对评价词语当中的极性进行判别。但是，它同时也存在一个缺陷，就是需要以词的褒义和贬义集合作为基础。

两个单词之间的点互信息可以由如下公式定义：

$$PMI(word_1, word_2) = log_2\frac{p(word_1 \& word_2)}{p(word_1)p(word_2)} \qquad (5-16)$$

其中，p（$word_1 \& word_2$）是两个单词联合出现的概率，如果两个单词是独立的，则 p（$word_1 \& word_2$）$= p$（$word_1$）p（$word_2$），p（$word_1 \& word_2$）和 p（$word_1$）p（$word_2$）之间的比例衡量了两个单词的独立程度。在点互信息的基础上便可以分析目标单词的极性，有如下公式：

$$SO-PMI(word) = \sum_{pword \in Pwords} PMI(word, pword) - \sum_{nword \in Nwords} PMI(word, nword)$$

$$(5-17)$$

其中，$Pwords$ 是褒义词的集合，$Nwords$ 是贬义词的集合。$SO-PMI$（$word$）为正，则 $word$ 的极性为褒义，反之则为贬义。

（2）基于词典的方法。基于词典的方法的极性测量函数为

$$O(t) = \frac{d(t, good) - d(t, bad)}{d(good, bad)} \qquad (5-18)$$

其中，$d(\bullet)$ 是 WordNet 的相关性测度公式。显然 $O(t)$ 是一个值为［-1，1］的函数，当其取值为 -1 时，t 的极性为 bad；当其取值为 1 时，t 的极性为 good。通过上述公式计算文本的情感极性，通常也与其他一些规则结合使用。

该方法使用起来简单易行，是一种基础而常用的文本情感极性分类方法。但是中文的语言结构十分复杂，句子中经常出现比较复杂的语义，如讽刺、反问等语气，有些句子中即使没有包含情感词也是带有情绪的。处理诸如此类的句子时，该方法会判断错误，或直接把句子定为中性。因此，基于词典对文本情感进行极性判别的方法也存在弊端，一方面，这类判别方法建立在分析词语情感的基础之上，而句子中否定词的情感同样有很大影响，因此在很大程度上降低了句子级和文档级的分类精确度；另一方面，研究中挖掘出来的情感词一般都是情感特征较为明显的词语，这一类词语主要集中于形容词和副词。但是，一些词语在情感表现上往往具有

隐含性，如"事故""意外"等所隐含的一般是负面的情感，"逛街""聚会"一般隐含的是正面的情感。

5.5 Web 挖掘

5.5.1 Web 挖掘的概念

Web 挖掘是利用数据挖掘技术，从 Web 文档以及服务中发现信息、知识的过程。下面介绍 Web 挖掘的概念、分类和基本步骤。

1. Web 挖掘的概念

Web 挖掘是网络、数据挖掘、计算机语言学和信息学等多种技术的综合。不同研究者从不同的领域出发，对 Web 挖掘有多种不同的理解。例如，有些计算机语言学家认为，Web 文档为自然语言的理解提供了丰富的语料，可以从中学习词语的含义，以进行词义辨析或确定词语的概念。也有学者认为 Web 挖掘是从大量 Web 文档的集合 C 中发现隐含的、有用的模式 P 的过程：C→P。Web 挖掘的主要作用是通过收集、加工和处理涉及消费者消费行为的大量数据，确定特定用户群体或个体的兴趣、习惯、倾向和需求，进而推断相应用户群体或个体未来的使用行为，然后对所识别的用户群体进行特定内容的定向营销，从而为企业带来更多的利润，并提高企业的效率。Web 挖掘典型的作用包括优化 Web 网站的结构，根据用户的喜好设计个性化的网站，留住老顾客、吸引新顾客并降低运营成本以及提高电子商务安全等。

Web 挖掘与传统的数据挖掘是不同的。传统数据挖掘处理的对象多是大型结构化的数据库，而 Web 挖掘处理的对象是文本、图形和图像等半结构、非结构化的数据，这些数据分布在 Web 文档、Web 服务器的日志、用户 cookies 等数据源中。因此有些数据挖掘技术并不直接适用于 Web 挖掘，需要对 Web 文档进行一定的预处理。此外，Web 在逻辑上是一个由文档节点和超链接构成的网络，因此 Web 挖掘所得到的模式可能是关于 Web 内容的，也可能是关于 Web 结构的。

2. Web 挖掘的分类

目前对 Web 挖掘还没有统一的分类。通常把 Web 挖掘分为三类：Web 内容挖掘、Web 结构挖掘和 Web 日志挖掘，这也是一种广为接受的分类。也有的学者在传统的 Web 内容挖掘、Web 结构挖掘和 Web 日志挖掘之外，还提出了 Web 使用挖掘的概念。Web 使用挖掘的本质是根据 Web 用户的访问日志来提取用户的特征，所以在一些分类中也可以归入 Web 日志挖掘。综合上述研究，Web 挖掘的分类如图 5-4 所示。

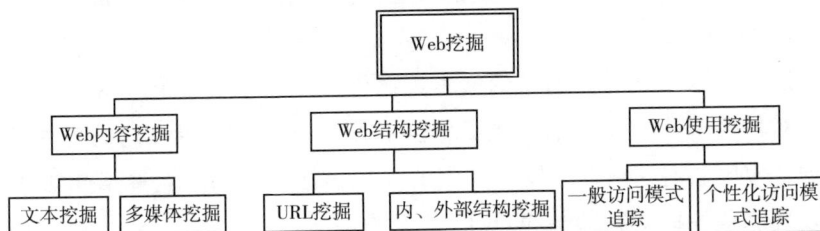

图 5-4　Web 挖掘的分类

3. Web 挖掘的基本步骤

虽然 Web 挖掘的具体过程要根据 Web 的具体内容确定，但通常可以把 Web 数据挖掘的过程分为以下主要步骤：数据预处理、模式识别、模式分析和可视化等，如图 5-5 所示。

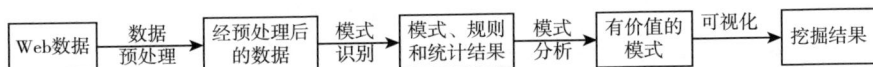

图 5-5　Web 挖掘的基本流程

在整个 Web 挖掘的过程中，第一步是数据预处理，包括数据清洗、用户识别、会话识别和事务识别等过程，对原始 Web 日志文件中的数据进行提取、分解和合并，转化为适合 Web 挖掘的数据格式；第二步是模式识别，模式识别对预处理之后的数据进行分析，从中挖掘出潜在的模式；第三步是模式分析，它的主要任务是从预处理的数据集中过滤掉用户不感兴趣的模式，发现有价值的知识；最后是采用可视化技术呈现 Web 挖掘的结果。

5.5.2　Web 内容挖掘

Web 内容挖掘主要包括文本挖掘和多媒体挖掘两类，其挖掘对象包括文本、图像、音频、视频和其他各种类型的数据。这里的内容既包括网页，也包括搜索结果。这些数据大多是非结构化的数据、半结构化的数据。对非结构化文本进行的 Web 挖掘称为文本挖掘，是 Web 挖掘中比较重要的领域，目前 Web 内容挖掘的研究以 Web 文本挖掘为主。Web 多媒体数据挖掘可以从多媒体数据中提取隐藏的知识、多媒体数据关联或其他没有直接存储在多媒体数据库中的模式，Web 多媒体挖掘首先进行多媒体文件的特征提取，然后再用传统的数据挖掘方法做进一步的分析。

1. Web 文本挖掘

以 Web 文本为分析对象的文本挖掘称为 Web 文本挖掘。Web 文本挖掘针对包括 Web 页面内容、页面结构和用户访问信息等在内的各种 Web 数据，应用数据挖掘方法发现有用的知识，帮助人们从大量 Web 文档集中发现隐藏的模式，即从 Web 信息资源中提取潜在的、有价值的知识。它的主要功能包括预测和描述。

2. Web 多媒体挖掘

Web 多媒体挖掘是指从大量多媒体数据中通过综合分析视听特性和语义，发现隐含的、有价值的和可理解的模式，得出事件的趋向和关联，为用户提供决策支持。对于多媒体挖掘而言，主要针对图像、音频、视频以及综合的多媒体数据进行分析，多媒体挖掘包括图像挖掘、视频挖掘和音频挖掘等类别。基本的多媒体挖掘方法包括多媒体索引和检索、多媒体数据多维分析、多媒体数据的分类与预测以及多媒体数据关联挖掘等。

5.5.3　Web 结构挖掘

Web 结构挖掘是指挖掘 Web 链接结构模式，即通过分析页面链接的数量和对象，建立 Web 的链接结构模式。与一般文本或者业务数据的分析不同，有用的知识不仅存在于 Web 页面间的链接结构和 Web 页面内部结构中，而且也存在于 URL 中的目录路径结构（页面之间的目录结构关系）中。因此可以把 Web 结构挖掘分为外部结构挖掘、内部结构挖掘以及 URL 挖掘。Web 结构挖掘的基本思想是把 Web 看作一个有向图或者无向图，把 Web 页面抽象为图的顶点，而页面间的超链接就是图的边，然后利用图论对 Web 的拓扑结构进行分析。

Web 结构挖掘的对象是网站的超链接，即对 Web 文档的结构进行挖掘。对于给定的 Web 文档集合，通过算法发现它们之间的链接，从 WWW 的组织结构、Web 文档的结构及其链接关系中推导知识。Web 结构挖掘不仅可以揭示 Web 文档所包含的信息，而且可以揭示文档间的关联关系，反映了文档之间的联系，甚至体现了某个页面的重要程度。Web 结构挖掘的目的是发现 Web 的结构和页面的结构及其蕴涵在这些结构中的有用模式，对页面及其链接进行分类和聚类，找出权威页面。

PageRank 算法是 Web 结构挖掘的典型算法。PageRank 算法的基本思想来自传统文献计量学中的文献引文分析，即一篇文献的质量和重要性可以通过其他文献对它引用的数量进行衡量。在此假设的基础上，一个网页的质量和重要性也可以通过其他网页对其链接的数量进行衡量。如果一个页面被多次链入，则该页面很可能是重要的。若一个页面未被多次引用但被一个重要页面引用，则该页面也可能是重要的。一般而言，比较重要的网页对其引用网页的影响比次重要的网页要大，引用网页少（即出度小）的网页要比引用网页比较多的网页对被引网页重要性的贡献大。而指向该页面的超链接数量越多，则说明该页面中的信息内容有一定的权威性。因此网页之间的超链接在一定程度上表明了 Web 文档的重要性。

5.5.4　Web 日志挖掘

Web 日志挖掘是指从用户访问日志中获取有价值的信息，即通过分析 Web 日志数据，发现访问者存取 Web 页面的模式，识别访问者的兴趣、频率、满意度，从而发现潜在用户，增强网站的竞争力。Web 内容挖掘、Web 结构挖掘的对象是网站的原始数据，而 Web 日志挖掘的对象则是用户和网站交互过程中的数据，这些数据包括网站服务器访问记录、代理服务器日志、注册信息、用户对话、交易数据、客户端 cookies 中的信息和用户查询等。

WWW 是一个复杂、异质、动态和庞大的信息源，Web 服务器保留了访问日志且有较规范的结构，记录了用户访问的数据。Web 日志挖掘是指从大量的 Web 访问日志中发现用户的访问模式，进而预测用户的浏览行为。通过对不同 Web 网站的访问日志进行分析可以获取用户的访问模式，帮助理解用户的意图和行为习惯，通过分析用户的存取模式，对搜索引擎的信息分类与索引方式进行重新组织，为用户提供个性化服务。也可以用于确定电子商务网站的潜在顾客群，合理制定网络广告策略等。此外，还可以分析网站的性能，改进网站的链接结构及其服务质量，改进 Web 系统设计等。根据应用的不同，Web 日志挖掘可分为两种：一种是一般的访问模式追踪，通过分析 Web 日志了解用户群体的共同行为和兴趣，了解用户的访问模式和倾向；另一种是个性化的使用记录追踪，用于分析单个用户的偏好、习惯和个人倾向等，为每个用户定制个性化的 Web 网站。

5.6 社交分析

在维基百科中，社交网络（social network）被定义为："由许多节点构成的一种社会结构。节点一般是指个人或组织，而社交网络代表着各种社会关系。在社交网络中，成员之间因为互动而形成相对稳定的关系体系，这种关系体系可以是朋友关系、同学关系，也可以是生意伙伴关系，抑或种族信仰关系。通过这些关系，社交网络把从偶然相识的泛泛之交到紧密结合的家庭关系，再到社会活动中的各种人类组织串联起来"。由于社交网络中存在着各种社会关系，社会组织或个人之间的社交图形结构往往是非常复杂的。复杂的关系结构影响着成员之间的互动和联系，进而影响着人们的社会行为。

近来，随着互联网的蓬勃发展和智能终端的日渐普及，在线社交网络（online social networks，OSN）已经成为人们获取信息、传播信息、娱乐和交友等的重要渠道，并成为管理科学、计算机科学、行为科学、心理科学和社会学等前沿学科的研究领域。在线社交网络正成为信息传播和社会关系维系的重要载体，真实社会和虚拟的社交网络的互动交融对社会的影响越来越大，关系着国家安全与社会稳定。

社交网络分析（social networks analysis）是基于信息学、数学、社会学、管理学、心理学等学科的融合理论和方法，它为理解人类各种社交关系的形成、行为特点以及信息传播的规律提供了一种可计算的分析方法。社交网络分析最早是由英国著名人类学家拉德克利夫－布朗（Radcliffe-Brown）在对社会结构的分析中提出的，他呼吁开展社会网络的系统研究和分析。Twitter、Facebook、LinkedIn、微博、微信等社交网络上每天都有数以亿计的信息，吸引着社会学家、人类学家、物理学家、数学家，特别是图论和统计学家对社会网络进行日益深入的分析，从而使社交网络分析研究得到了蓬勃的发展，并形成了一系列理论、方法和技术。而社交网络的发展在改变人们生活方式的同时，也给社会带来了一些负面影响，这使社交网络的分析显得越来越重要。

社交网络分析的主要目标是在海量的交互数据中提取有价值的信息。

社交网络交互数据来自网络中的不同资源，包括社交媒体中用户交互的电子邮件、网络聊天以及一些网络中的商业活动数据。社交网络分析的任务是在 Web 数据中分析社交网络的结构、用户在网络中发布的内容、用户在网站中的访问行为等，分析对互联网企业、用户有益的知识和模式。最适合于用来进行社交网络分析的技术是 Web 挖掘技术。

5.6.1　社交网络分析的特点

社交网络有三个核心要素：网络结构—关系结构、群体互动—网络群体、信息传播—网络信息。如图 5-6 所示，三要素之间相互关联和依存。"关系结构"为网络群体互动行为提供了底层平台，是社交网络的载体；"网络群体"直接推动网络信息传播，并反过来影响关系结构，是社交网络的主体；"网络信息"及其传播是社交网络的出发点，也是群体行为的诱因和效果，同样影响关系结构，是社交网络的客体。

在线社交网络具有以下特点。

（1）在线社交网络的结构具有节点海量性、结构复杂性和多维演化性等特点。

（2）在线社交网络的群体互动具有强互动演变、公众情绪漂移等特点，公众立场不断变化，兴趣点不断演化。

（3）在线社交网络的信息传播具有多源并发性，其相互影响形成了路径多变和内容演化等特点。

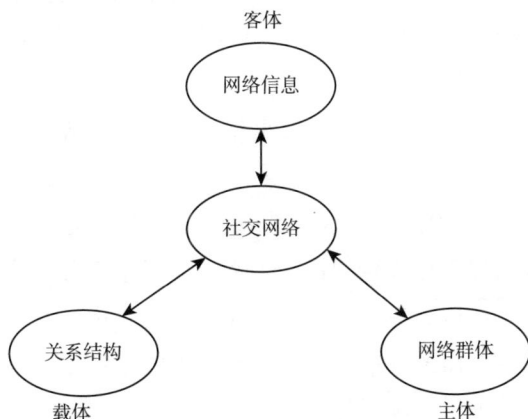

图 5-6　社交网络中的关系结构、网络群体和网络信息

5.6.2　社交网络分析的内容及方法

1. 社交网络结构特性分析

社交网络结构有两个比较重要的特性：小世界现象与无标度特性。小世界现象反映了社会网络中人与人之间咫尺之遥的特点，其现象的测定主要是通过计算网络中的平均路径长度来完成的。无标度特性对应着社交网络中度分布呈现幂律分布的规律。同时，社交网络还具有网络的同配性与互惠性两个特性。

地理位置相距遥远的两个人之间往往具有较短的社交关系间隔，有时人们会发现，某些感觉很"遥远"的人，其实与自己"很近"。1998 年，两名年轻的物理学家邓肯·沃茨（Duncan Watts）和斯蒂文·斯特罗加茨（Steven Strogatz）在 *Nature* 上发表了里程碑式的文章，提出了小世界网络的概念，并建立了小世界模型。有人做过分析，微博网络中明星间的平均距离小于 2，这就是小世界现象。在线社交网络作为社会网络的延伸，同样具有显著的小世界现象。网络的平均路径长度越短，小世界现象越明显。相对于传统的复杂网络，在线社交网络具有更短的平均路径长度和有效直径，其有效直径远小于 Web，其平均路径长度只有 Web 的 1/3。

在自然界与社会生活中，一些真实网络的数据系统中个体间的差异很大，大多数顶点有少量连边，少数顶点有大量连边，其网络因缺乏统一的衡量尺度而呈现异质性，这种顶点度分布不存在有限衡量分布范围的性质称为无标度，如图 5 - 7（a）所示。1999 年，美国物理学家巴拉巴斯（Albert-Laszlo Barabasi）和他的学生艾伯特（Reka Albert）发现这类异质网络的度分布服从幂律分布：$p(k) \propto k^{-\gamma}$（γ 为幂律指数），并将这种度分布形式的网络称为无标度网络，其网络顶点的度所表现出来的幂律分布特征（如图 5 - 7（b）所示）称为无标度特性。

对许多在线社交网络的实际测量表明，在线社交网络具有无标度特性，即绝大部分用户拥有较少的社会关系，而很小部分用户存在较多的社会关系，其度分布近似满足幂律分布。无标度网络中，度大的顶点一般具有较小的聚集系数，而度较小的顶点具有较大的聚集系数。许多真实网络的聚集系数与度的关系均满足幂律：$p(k) \propto k^{-\alpha}$，其中，$p(k)$ 为度为 k 的顶点的聚集系数平均值，α 为层次指数。网络存在层次结构，即网络可以明显地划分为一个个明显的层次。巴拉巴斯（Albert-Laszlo Barabasi）和

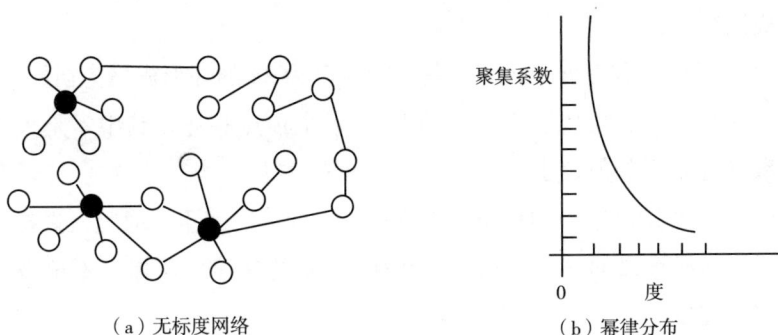

（a）无标度网络　　　　　　　　　　（b）幂律分布

图 5 - 7　无标度网络及幂律分布特征

雷卡·阿尔伯特（Reka Albert）认为无标度网络含有不同层次结构，集团内部连接紧密，但顶点的平均度较小；集团间连接稀疏，但负责连接的枢纽顶点度较大。同时，他们还指出，演员合作网和互联网等网络的平均聚集系数大致符合幂律下降的关系。

此外，同配性（assortativity）反映了网络中度相近顶点间相互关联的程度。其中，度相关性表示一个顶点的度与其邻居顶点度之间的相关性。在一个网络中，如果度大（小）的顶点倾向于连接度大（小）的顶点，则该网络是正相关的，即同配；反之，网络是负相关的，即异配。一般采用两种方法度量网络的同配性，一种为求出邻居平均度分布并计算斜率，另一种为计算网络的同配系数。

互惠性（reciprocity）一般被用在有向网络中，用来衡量网络中两个顶点形成相互双向链接的程度。网络互惠性的研究有很好的指导意义，一方面，互惠性可以体现网络中个体之间交互的密切程度；另一方面，在实际操作中为了简便起见，人们经常忽略有向边的方向，而互惠性则可以揭示出忽略有向边的方向所可能产生的误差。可以用互惠系数来量化互惠性，其数学表示为 $\varphi = m_d / m$。其中，m 为网络中的总边数，m_d 为存在的逆向边的边数。

2. 社交网络结构建模

针对以上社交网络特性，人们通常采用结构建模的方法来研究产生这些特性的网络演化机制，如 WS 模型、BA 模型等。

WS 模型是沃茨和斯特罗加茨（Duncan Watts and Steven Strogatz）在提出小世界网络的概念时建立的小世界模型。通过 WS 模型生成的小世界网络是从规则网络向随机网络过渡的中间网络形态。WS 模型按照以下过程生成网络。

（1）以一个含有 n 个顶点、每个顶点度为 $2k$ 的环形栅格为初始网络，网络中的每个顶点与其位置上最邻近的 $2k$ 个顶点相连，其中 k 是大于零的整数（通常 k 的值较小）。

（2）对初始网络中的每条边以概率 p 进行重连（重连时随机选择一个顶点对该边所连接的一个顶点进行替换），新的连接应该保证不出现自连接和重复连接。

在步骤（2）中，边的重连会产生两个顶点间的长程连接。根据上述过程，当 $p = 0$ 时，得到的图仍为原规则网络；当 $p = 1$ 时，对原图中的每条边都进行了随机重连，最后形成了一个近似的随机网络；当 $0 < p < 1$ 时，随着 p 的增加，原规则网络逐渐演变为一个小世界网络，最后接近于一个随机网络。

传统随机网络以及小世界网络中，顶点度分布都是呈钟形的泊松分布，而真实世界网络中，顶点度服从幂律分布，即在网络中任取一个顶点，该顶点的度数为 k 的概率 $p(k)$ 服从 $p(k) \sim k^{-\gamma}$。这表明大规模网络会自组织形成一种无标度的状态。巴拉巴斯和雷卡·阿尔伯特（Albert-Laszlo Barabasi and Reka Albert）提出了 BA 模型，考虑网络普遍具有规模扩增和"富者更富"的现象，即度数较高的顶点更容易被其他顶点连接而占据更多的网络资源（顶点度较高），提出无标度网络自组织的两个因素：网络增长和择优依附。该模型的算法如下。

第一步：网络增长。网络的规模是不断扩大的。初始时，网络为规模 m_0 的完全连通网络，每一时刻网络中增加一个新的顶点，并将该顶点连接到 $m(m \leqslant m_0)$ 个已存在的顶点上。

第二步：择优依附。新的顶点连接到已存在的顶点 i 的概率取决于顶点的深度 k_i，即 $\prod_i = k_i \Big/ \sum_j k_j$。

第三步：重复第一步和第二步直至网络规模达到 N。

t 时刻后，网络中将会有 $N = t + m_0$ 个顶点和 m_t 条边。当 t 的值足够大时，可以忽略 m_0，进而可以推导出 BA 模型的度分布服从 $p(k) \approx 2\, m^2 k^{-3}$，即幂律分布。经过数学推导，可以得到无标度模型的平均路径长度 L 和平均聚集系数 C：

$$L = \frac{\ln N}{\ln \text{Ln} N} \qquad (5-19)$$

$$C = \frac{m^2 (m+1)^2}{4(m-1)} \left[\ln \left(\frac{m+1}{m} \right) - \frac{1}{m+1} \right] \frac{(\ln t)^2}{t} \qquad (5-20)$$

3. 用户行为分析

用户行为是在线社交网络研究的重要内容。由于在线社交网络结构的复杂性、群体的大规模性以及信息产生的海量性、快速性、难以追溯性等特点，在线社交网络的用户采纳与使用、群体互动与信息传播、内容创建等行为所产生的效用，对国家政治、经济、信息安全和社会稳定、组织的管理模式以及人们的日常工作和生活产生着深刻的影响。例如，约翰·博伦（Johan Bollen）等通过分析社交媒体内容中的用户行为，发现在线社交网络中内容的创建、传播与证券市场波动、期货商品价格以及社会重大事件之间有着密不可分的联系。用户行为可以分为用户个体使用行为、用户群体互动行为，如图 5 - 8 所示。

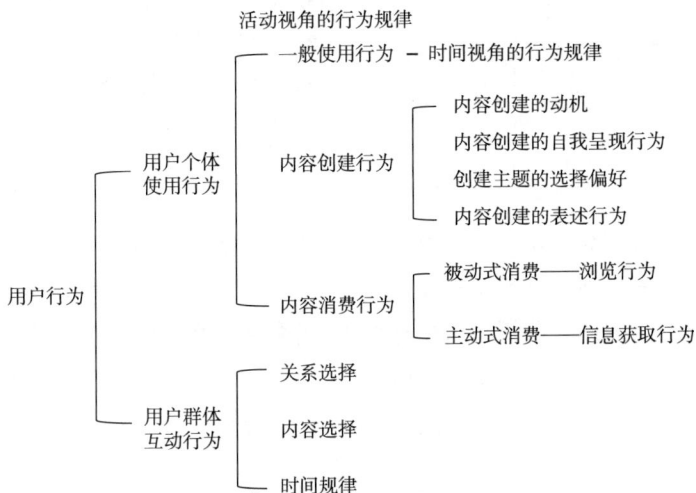

图 5 - 8　用户行为

Web 日志记录了大量用户与服务器交互的信息，能反映用户访问 Web 站点的所有操作。这里需要解决的关键问题是如何挖掘这些记录、发现用户的访问模式与兴趣爱好，从而理解用户的访问行为，形成对网站设计者和组织决策者有用的信息。解决这个问题最有效的工具是 Web 使用挖掘。

应用 Web 使用挖掘对互联网用户的访问行为进行分析挖掘，以获得描述其内在规律的模式，最终可以将其表示成有着共同兴趣或需求的一群用户频繁访问的页面或资源的集合。通过分析挖掘出的信息，可以更新站点的设计，为企业提供决策支持，为访问者提供个性化的内容和服务。

下面示例如何应用 Web 使用挖掘，利用关联规则技术分析处理后的 Web 日志文件记录，得到用户行为的信息。该过程的主要数据源是 Web 服务器日志文件，主要有两种格式：通用日志格式（common log format，CLF）和扩展的通用日志格式（extended common log format，ECLF）。

表 5 - 3 记录了 ECLF 日志中的一些典型内容。

表 5 - 3   ECLF 日志典型内容描述

域	描述
IP Address	客户端主机的 IP 地址
Time	用户请求页面的时间
Userid	用户标识
Method	用户的请求方法（GET 或 POST）
URL	用户请求访问的页面地址
Status	返回给 HTTP 的状态标识
Bytes	服务器发送和接收到的字节数
Referrer	链接到当前网页的前一个网页
Agent	用户使用的操作系统和浏览器

首先，必须获得用户会话级的行为数据。用户会话是同一个人在一次访问期间请求一系列网页工作的过程，即一个用户在一次访问中浏览的所有页面的集合。为了便于分析，这里选取 10 组会话，数据经过预处理，只保留感兴趣的域值进行数据挖掘。如表 5 - 4 所示，将 10 个会话的 IP 地址分别编号为 1 至 10，页面访问的集合 Referrer 分别编号为 {A,B,C,D,E,F}。

表 5 - 4   数据预处理结果示例

IP 地址	Reference	IP 地址	Reference
1	A, B, D, E, F	6	B, C
2	B, C, E	7	A, C, F
3	C, D	8	A, B, C
4	A, B, D	9	A, B, D
5	A, C, D	10	C, F

　　根据表 5 - 4 中数据预处理的结果，生成事务数据库，如表 5 - 5 所示。

表 5 - 5　　　　　　　　　　　　事务数据库

事务项	页面项集	事务项	页面项集
T_1	A，B，D，E，F	T_6	B，C
T_2	B，C，E	T_7	A，C，F
T_3	C，D	T_8	A，B，C
T_4	A，B，D	T_9	A，B，D
T_5	A，C，D	T_{10}	C，F

　　表 5 - 5 中，每个事务项（TID）包含一个页面项集，首先设定用户的最小支持度（min_sup_p）为 20% 。

　　其次，利用数据挖掘技术挖掘频繁项集。根据表 5 - 5 得到的数据，利用经过散列技术改进的 Apriori 算法进行频繁项集挖掘，得到频繁项集 $\{A,B,D\}$ 。

　　最后，根据挖掘出的所有频繁项集，发现关联规则，步骤如下：

　　（1）对每个频繁项集，产生其所有的非空子集。

　　（2）对任意子集 X 和 Y ，$X \cap Y = \varnothing$ 且 $X \cup Y$ 是频繁项集，若 $sup\_p(X \cup Y)/sup\_p(X) \geqslant min\_conf$ ，则产生关联规则 $X \rightarrow Y$ 。

　　设用户最小置信度 $min\_conf = 70\%$ ，则关联规则为：

　　$D \rightarrow A$ ；

　　$(B,D) \rightarrow A$ ；

　　$(A,D) \rightarrow B$ ；

　　$(A,B) \rightarrow D$ 。

　　以上关联规则反映了所访问的页面间的关联程度，可以由此对用户的访问行为进行分析。例如，规则 $(B,D) \rightarrow A$ ，其置信度为 72% （即 $conf = 72\%$ ），表示用户在一次会话中访问了页面 B 和 D 后，有 72% 的可能会去访问页面 A 。以此类推，可以分析其他几条规则，获取能描述用户访问行为的信息。根据这些信息，可以针对该用户有效地优化网站链接，进行个性化推送服务，使用户最快地访问到其最感兴趣的页面，这样既能节省成本，又能提高网站的服务效率以及用户的满意度。

4. 个体影响力分析

社交网络中个体影响力分析主要包括用户之间的影响强度，以及有影响力个体的发现等。下面主要介绍用户之间的影响强度。

影响强度（influence strength），即社交影响力的定量大小，表示社交网络个体之间相互影响的程度，也称为社交网络中关系的强度或者关系强度。

社交网络个体之间的影响强度，通常由个体之间的网络距离、时序行为模式等属性决定，表示为社会网络中边的定量大小，如图 5 - 9 所示，个体v_1与v_2之间的影响强度被定量描述为 0.33，个体v_2和v_4之间的影响强度被定量描述为 0.5。

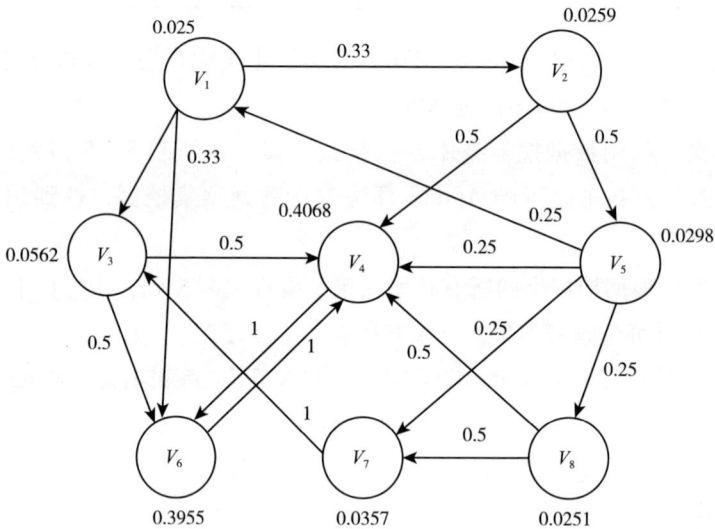

图 5 - 9 社交网络个体之间影响强度分析

给定网络 $G = (N, E)$ 中任意两个用户 u 和 v，以 $I_u(v) \in R$ 表示用户 v 对用户 u 的影响强度，如果边 $e_{uv} = 1$，则 $I_u(v)$ 表示用户 v 对用户 u 的直接影响强度，如果 $e_{uv} = 0$，则 $I_u(v)$ 表示用户 v 对用户 u 的间接影响强度。社交媒体网络的影响强度满足有向性，即 $I_u(v) \neq I_v(u)$。

（1）基于网络结构的影响强度计算。基于网络结构的影响强度计算有以下几种方法。

一是基于共同邻居数目的影响强度计算。1973 年，社会学家格兰洛维特（Mark Granovetter）利用社会网络中两顶点间的共同邻居数目来计算顶点间的影响强度，社会网络中两个顶点 A 与 B 的共同邻居数目越多，影响强度越高；反之，则影响强度越低。利用 Jaccard 相似度计算 A、B 的影响强度。

$$S(A,B) = \frac{\left| n_A \cap n_B \right|}{\left| n_A \cup n_B \right|} \qquad (5-21)$$

其中，n_A 和 n_B 分别表示顶点 A、B 的邻居。若顶点 A、B 之间拥有少量的共同邻居，则 A 与 B 为弱关系，否则为强关系。与 Jaccard 相似度类似，还可以用余弦相似度等计算用户之间的影响强度。

二是基于边介数的影响强度计算。1977 年社会学家弗里曼（Linton Freeman）首先在社会学中提出了边介数的概念，边介数即社会网络中经过某条边的流的总数，通常以经过某条边的最短路径总数来度量流的总数。因此，社交网络中经过某条边的最短路径数目越多，说明该边的两个体之间影响强度越高。

$$E^{BET}(e_{ij}) = \sum_{s<t} \left| g_{st}^{ij} \right| \qquad (5-22)$$

其中，$\left| g_{st}^{ij} \right|$ 表示顶点 s 和 t 之间经过边 e_{ij} 的最短路径（也称为测地线）的数目。

三是基于转载频度的影响强度计算。阿卡什（Akshay）等在 2006 年分析博客空间的影响力传播问题时，用有向多重图表示顶点间的影响力。在该图中，弧的重数代表顶点间的权重大小，弧的方向表示影响力的作用方向。然后，根据影响力图刻画博客空间中用户行为的相互关系。弧的方向表示影响力来源，弧的权重代表影响力强度，用 $C_{u,v}$ 表示顶点 u 与顶点 v 之间的平行边条数，用 $deg^{in}(v)$ 表示顶点的入度，其计算公式为

$$w_{u,v} = \frac{c_{u,v}}{deg^{in}(v)} \qquad (5-23)$$

图 5-10 阐述了如何利用公式（5-23）来计算博客的转载网络中个体之间的影响强度。

（2）基于用户行为的影响强度计算。一般情况下，在线社交网络都会记录人们通过交互活动产生的大量信息，其中就包括各种用户行为数据。分析这些数据，可以得出用户之间的影响力大小及其传播途径和范围，还可以据此建立用户之间的社交关系网络。阿密特·戈伊尔（Goya Amit，1982）等利用日志信息分别计算了用户和行为自身的影响力。

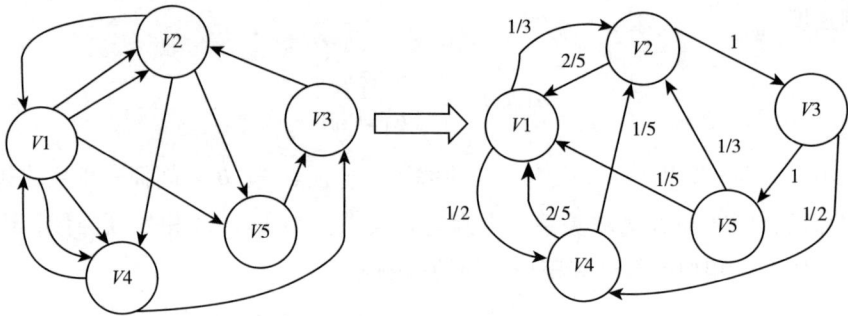

图 5-10   基于转载频度的影响强度计算

$$infl(u) = \frac{|\{a \mid \exists v, \Delta t : prop(a,v,u,\Delta t) \wedge 0 \leqslant \Delta t \leqslant \tau_{v,u}\}|}{A_u} \quad (5-24)$$

$$infl(a) = \frac{|\{u \mid \exists v, \Delta t : prop(a,v,u,\Delta t) \wedge 0 \leqslant \Delta t \leqslant \tau_{v,u}\}|}{U_a} \quad (5-25)$$

其中，u 和 v 表示不同用户，a 表示动作，Δt 表示动作之间的时间间隔，$\tau_{v,u}$ 是时间常量，$prop(a,v,u,\Delta t)$ 表示动作在用户之间的传播，A_u 表示用户 u 产生的动作数量，U_a 表示执行动作 a 的用户数量。与基于网络结构的影响强度计算方法不同，上述模型以动作的传播频率作为影响强度的评估指标，并用动作的执行范围度量动作本身的影响力指标。

图 5-11 给出了基于用户行为的影响强度计算方法。

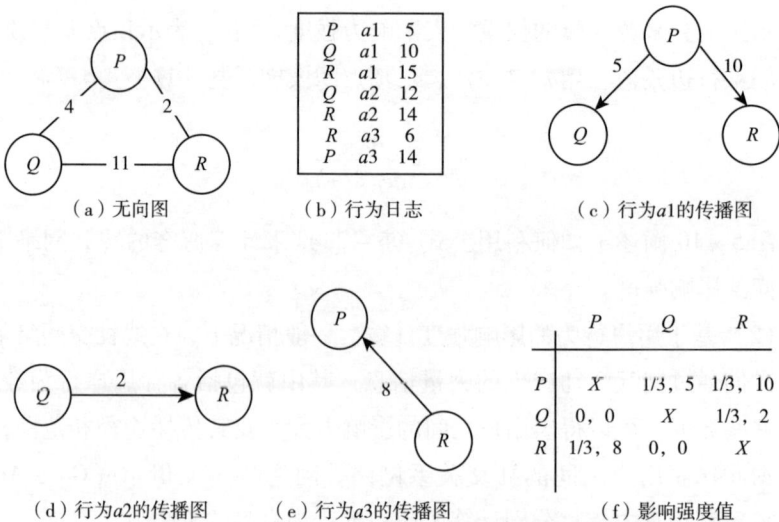

图 5-11   基于用户行为的影响强度计算方法

5.7　实例分析

本节将完成一个简单文本分类的实验。原始数据是文本，首先需要转换成适合学习的形式，具体方法是根据训练语料中的所有文档创建一个词典，使用 Weka 的无监督属性过滤器 StringToWordVector 为每个词创建一个数值型属性。转换后，同样存在类别属性，也就是文档的类别标签。

StringToWordVector 过滤器假定待分类文本的属性类型是字符串类型，该类型的属性是一种没有预先设定值的标称型属性。过滤后的数据会将该文本替代为一组固定的数值型属性，类别属性的位置由默认的最末变成最前，成为第一个属性。

因此，完成文档分类的第一步是创建 ARFF 格式的训练集和测试集文件，其中必须有一个字符串型属性，以容纳文档的文本。具体方法就是在 ARFF 文件的头部使用@ atribute document string 进行声明，这里的 document 为属性名称；另外，还需要一个标称型属性作为文本的类别属性，这里的类别属性名称为 class，是一个二元（只有 yes 和 no）的标称型属性。这样，就完成了训练文档和测试文档的建立，分别如数据集 5.1 和数据集 5.2 所示。

数据集 5.1　TrainingDocuments. arff

@ relation '文档分类训练集'

@ attribute document string

@ attribute class { yes, no }

@ data

'奥运会 篮球 比赛 和 世界 篮球 锦标赛 的 比赛 场地 长度 是 28 米 宽 15 米', yes

'罚球区 是 限制区 加上 以 罚球线 中点 为 圆心 以 1. 80 米 为 半径 向 限制区 外 所画 的 半圆 区域', yes

'地球 是 太阳系 从 内 到 外 的 第三颗 行星', no

'从 卫星 上 鸟瞰 地球 感受 前所未有 的 视觉 冲击', no

'篮球 运动 于 1891 年 起源 于 美国', yes

'游览 遥远 的 地方 漫步 3D 森林 穿梭 时空 回到 过去', no

数据集 5.2　TestDocuments. arff

@ relation '文档分类测试集'

@ attribute document string

@ attribute class {yes,no}

@ data

'篮球 运动 是 以 投篮 上篮 和 扣篮 为 中心 的 对抗性 室内 体育 运动 之一',?

'浏览 这些 令人惊叹 的 图片 或 在 太空 中 飞往 图片 所 对应 的 位置',?

'篮球 运动 是 1896 年 前后 由 天津 中华 基督教 青年会 传入 中国 的',?

'您 可以 探索 由 Google 地球 和 支持 合作 伙伴 创建 的 包含 大量 景点 视频 和 图像 的 资源库',?

训练集和测试集文本的 document 属性描述篮球和 Google 地球的内容，类别标签为 yes 的是篮球运动的说明，类别标签为 no 的是 Google 地球的说明。由于不打算立即涉及中文分词，以免将情况复杂化，这里先用空格符号对文档进行了手工分词。测试集文件的类别属性标签使用"?"符号表示其值缺失。

现在使用 StringToWordVector 过滤器对训练集文件进行预处理，然后构建 J48 决策树。启动 Weka 探索者界面，加载 Training Documents. arff 文件，可以看到数据集仅有两个属性。然后单击 Filter 选项组中的 Choose 按钮，选中 StringToWordVector 过滤器，保持默认选项不变，单击 Apply 按钮实施过滤，再将类别属性设为第一个属性（class）。过滤结果如图 5 - 12 所示，可见，预处理将原来的数据集由 2 个属性转换为 61 个属性，每个属性的名称为文档文本里的单词。

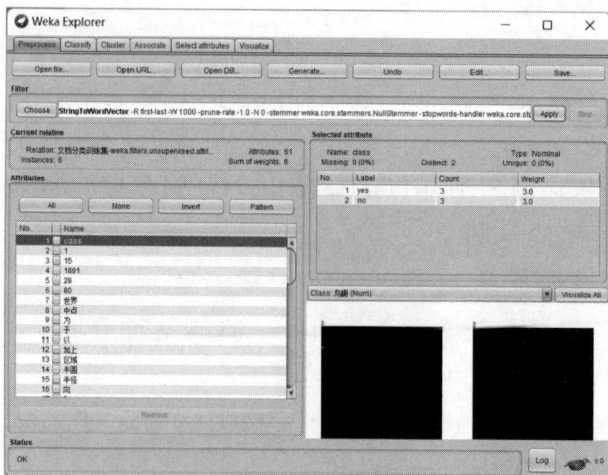

图 5 - 12　预处理结果

单击 Preprocess 标签页中的 Edit 按钮，可以看到当前的数据集，如图 5 – 13 所示。可见，StringToWordVector 过滤器创建一个词向量，每个文档中如果含有某个单词，对应的属性值就为 0，否则为 1。

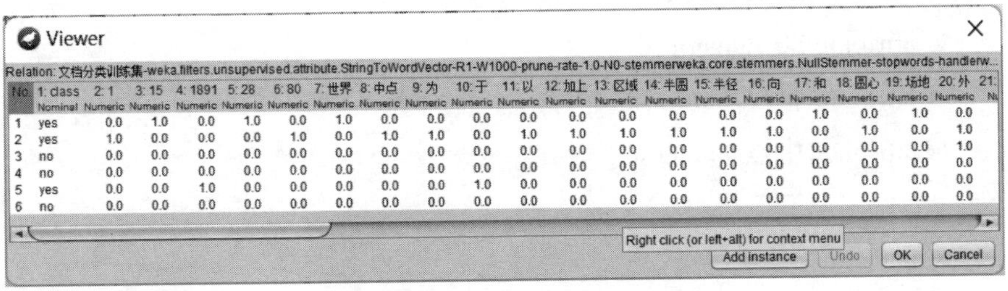

No	1:class	2:1	3:15	4:1891	5:28	6:80	7:世界	8:中点	9:为	10:于	11:加	12:加1	13:区域	14:半径	15:半径	16:向	17:和	18:图	19:场地	20:外	21:
	Nominal	Numeric	Numeric	Numeric	Numeric	Numeric	Numeric	Numeric	Numeric	Numeric	Numeric	Numeric	Numeric	Numeric	Numeric	Numeric	Numeric	Numeric	Numeric	Numeric	N
1	yes	0.0	1.0	0.0	1.0	0.0	1.0	0.0	0.0	0.0	0.0	0.0	0.0	0.0	0.0	0.0	1.0	0.0	1.0	0.0	
2	yes	1.0	0.0	0.0	1.0	0.0	0.0	1.0	0.0	1.0	1.0	0.0	1.0	1.0	1.0	0.0	1.0	0.0	0.0		
3	no	0.0	0.0	0.0	0.0	0.0	0.0	0.0	0.0	0.0	0.0	0.0	0.0	0.0	0.0	0.0	0.0	0.0	1.0	0.0	
4	no	0.0	0.0	0.0	0.0	0.0	0.0	0.0	0.0	0.0	0.0	0.0	0.0	0.0	0.0	0.0	0.0	0.0	0.0	0.0	
5	yes	0.0	0.0	1.0	0.0	0.0	1.0	0.0	0.0	0.0	0.0	0.0	0.0	0.0	0.0	0.0	0.0	0.0	0.0	0.0	
6	no	0.0	0.0	0.0	0.0	0.0	0.0	0.0	0.0	0.0	0.0	0.0	0.0	0.0	0.0	0.0	0.0	0.0	0.0	1.0	

Relation: 文档分类训练集-weka.filters.unsupervised.attribute.StringToWordVector-R1-W1000-prune-rate-1.0-N0-stemmerweka.core.stemmers.NullStemmer-stopwords-handlerw...

Right click (or left+alt) for context menu — Add instance — Undo — OK — Cancel

图 5 – 13 预处理后的数据集

单击 Preprocess 标签页中的 Save 按钮，将当前数据集保存为 Training Documents-preprocessed. arff 文件，使用任意文本编辑器打开该文件进行研究，其内容如数据集 5.3 所示。研究时要注意三个关键：第一，关系名称为预处理前的关系名加上预处理的过滤器名称及其选项：第二，字符串型属性转换为数值型的矩阵，类别属性只是将位置变为第一个属性，其他不变；第三，产生的文件是压缩格式的 ARFF，也就是只显示不为 0 的属性值。这里以第一个实例为例进行解释，{2 1,4 1,6 1,16 1,18 1,20 1,21 1,24 1,25 1,26 1,27 1,28 1,34 1,35 1} 表示第 2 个属性值为 1、第 4 个属性值为 1，以此类推。注意这里所说的第 n 个，是指以 0 为基（即从 0 开始计数）的属性索引，不同于图 5 – 13 所示的以 1 为基的属性索引。比如，类别属性在图 5 – 13 中显示为第 1 个属性，但在数据集 5.3 中却表示为第 0 个属性。而且因为是压缩表示，如果类别属性标签为 yes，这时第 0 个类别的离散值就是 0，所以不显示。

数据集 5.3 Training Documents-preprocessed. arff

@ relation' 文档分类训练集 – weka. filters. unsupervised. attribute. StringTo WordVector-R1 – W1000 – prune-rate – 1. 0 – N0 – stemmerweka. core. stemmers. NullStemmer-stopwords-handlerweka. core. stopwords. Null-M1 – tokenizer-weka. core. tokenizers. WordTokenizer-delimiters \"\\r\\n\\t. ,;:\\\'\\\" ()?! \"'

@ attribute class {yes,no}

@ attribute 1 numeric

@ attribute 15 numeric

@ attribute 1891 numeric

@ attribute 28 numeric

@ attribute 80 numeric

@ attribute 世界 numeric

@ attribute 中点 numeric

…

@ data

{2 1,4 1,6 1,16 1,18 1,20 1,21 1,24 1,25 1,26 1,27 1,28 1,34 1,35 1}

{1 1,5 1,7 1,8 1,10 1,11 1,12 1,13 1,14 1,15 1,17 1,19 1,23 1,24 1,
26 1,28 1,29 1,30 1,36 1}

{0 no,19 1,24 1,26 1,39 1,40 1,42 1,47 1,48 1,55 1,56 1}

{0 no,26 1,38 1,39 1,41 1,43 1,44 1,47 1,49 1,57 1,60 1}

{3 1,9 1,22 1,27 1,31 1,32 1,33 1}

{0 no,26 1,37 1,45 1,46 1,50 1,51 1,52 1,53 1,54 1,58 1,59 1}

上述预处理仅判断单词是否出现，并不关心该单词出现的次数（即词频）。如果想得到单词的出现次数，可将 StringToWordVector 过滤器的 outputWordCounts 选项设置为 True，再次过滤，结果如图 5 - 14 所示。由于单词"篮球"出现过两次，因此对应的属性值为 2.0。

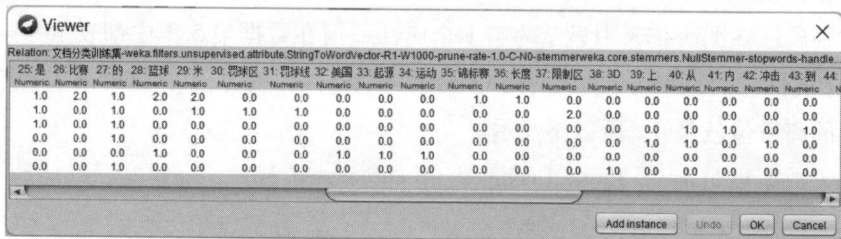

图 5 - 14 显示单词的出现次数

如果再将过滤器的 minTermFreq 选项由默认的 1 更改为 2，可以看到，结果筛选掉出现频率低的单词，即出现次数低于两次的单词，如图 5 - 15 所示。这样，属性数量就由原来的 61 个减少到 12 个。这 12 个属性中，还有几个和文本分类关系不大的单词，如"为""于""以""是""的"

等，可以通过选取停用词将这些单词剔出。String toWordVector 过滤器可以通过更改 stopwordsHandler 选项来设置停用词。

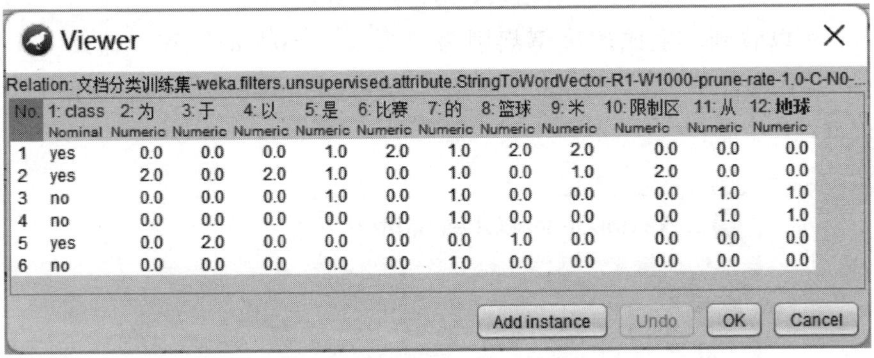

No.	1: class	2: 为	3: 于	4: 以	5: 是	6: 比赛	7: 的	8: 篮球	9: 米	10: 限制区	11: 从	12: 地球
	Nominal	Numeric	Numeric	Numeric	Numeric	Numeric	Numeric	Numeric	Numeric	Numeric	Numeric	Numeric
1	yes	0.0	0.0	0.0	1.0	2.0	1.0	2.0	2.0	0.0	0.0	0.0
2	yes	2.0	0.0	2.0	1.0	0.0	1.0	0.0	1.0	2.0	0.0	0.0
3	no	0.0	0.0	0.0	1.0	0.0	1.0	0.0	0.0	0.0	1.0	1.0
4	no	0.0	0.0	0.0	0.0	0.0	1.0	0.0	0.0	0.0	1.0	1.0
5	yes	0.0	2.0	0.0	0.0	0.0	0.0	1.0	0.0	0.0	0.0	0.0
6	no	0.0	0.0	0.0	0.0	0.0	1.0	0.0	0.0	0.0	0.0	0.0

图 5 - 15　筛选掉出现频率低的单词

新版本的 Weka 变更了对停用词的处理，将原来的 stopwords 选项更改为 stopwordsHandler 选项。下面用实例说明如何使用停用词文件。

新建一个名称为 stopwords. txt 的文本文件，用任意文本编辑工具打开进行编辑，一个停用词一行，编辑完成后保存为 UTF - 8 编码格式。然后，将 String to Word Vector 过滤器的 stopwords Handler 选项更改为 Words from File，单击 Words FromFile 选项，将 stopwords 选项设置为前面建立的 stopwords. txt 文件，如图 5 - 16 所示。请读者自行验证，再次过滤后是否筛选掉自定义的停用词。

经过上面的预处理，文本分类就和一般的分类问题没有什么太多的区别了。但是，要注意的是，训练集和测试集不能单独进行预处理，否则会由于形成的词典不兼容而导致训练好的模型不能对测试集进行预测。解决这个问题可以使用 Filtered Classifer 元分类器。具体方法是：切换至 Classify 标签页，单击 Classifier 选项组中的 Choose 按钮选择 Filtered Classifier 元分类器，单击 Choose 按钮右边的文本框，在通用对象编辑器中选择默认的 J48 决策树作为基分类器，选择 StringToWordVector 作为元分类器的过滤器，如图 5 - 17 所示。由于已经在元分类器中使用了过滤器，因此一定要在 Preprocess 标签页中取消前面使用 StringtoWordVector 的过滤操作，单击一次 Undo 按钮即可取消过滤操作。

然后，在 Test options 选项组中，选中 Supplied test set 单选按钮，单击 Set 按钮，选择前面创建的 Test Documents. arff 文件作为测试集。最后，单击 More options 按钮，在弹出的 Classifier evaluation options 对话框中，单击 Output predictions 选项后的 Choose 按钮，选择 Plaintext 模式输出预测。单击 Start 按钮启动元分类器，结果如图 5 – 18 所示。

可以看到，生成的决策规则为"篮球 < = 0：no"和"篮球 > 0：yes"，比较合理。且对测试集的 4 条实例进行了预测，结果符合预期，读者可自行验证。

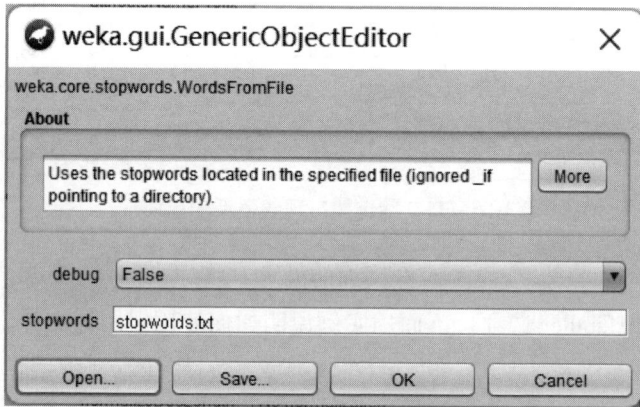

图 5 – 16　选择停用词文件

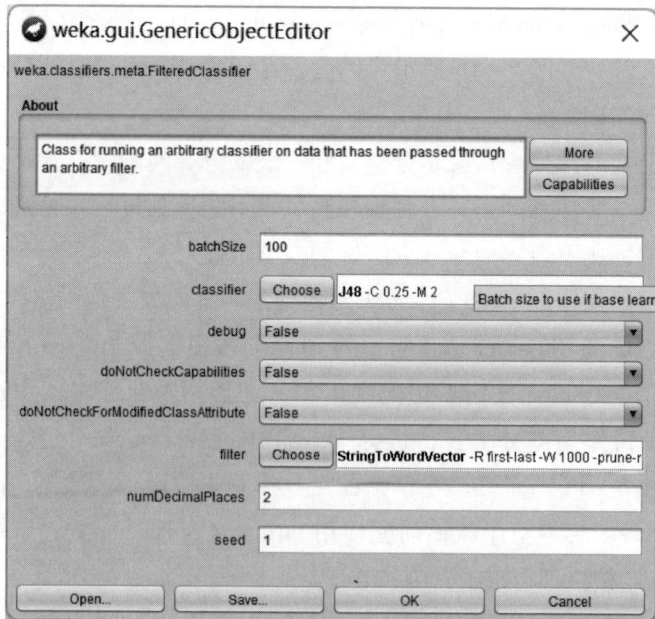

图 5 – 17　设置元过滤器选项

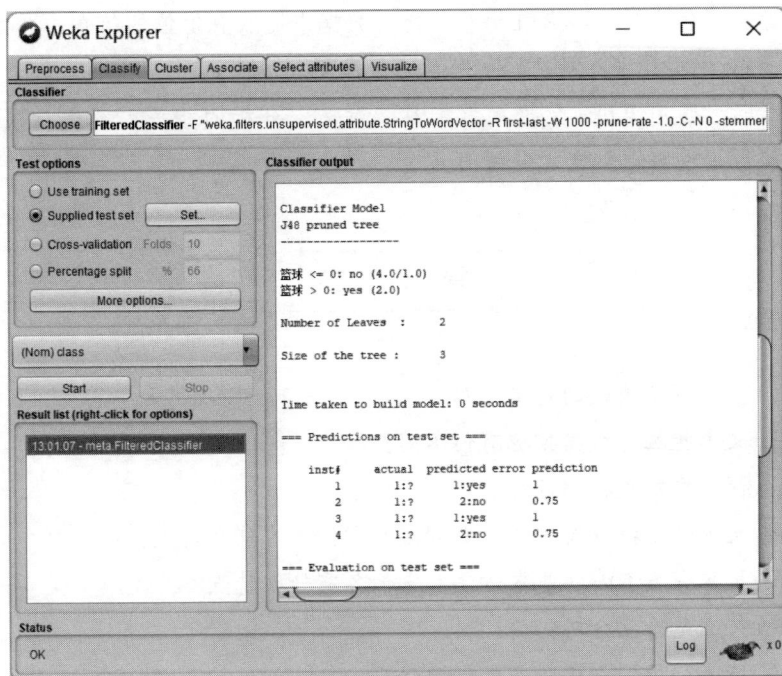

图 5 - 18　文本分类运行结果

本章小结

　　本章阐述了文本与 Web 分析的产生背景，介绍了自然语言处理发展的两个阶段，强调了其基础研究、共性技术、应用研究以及相关的处理工具。自然语言处理技术借助语言学的分析方法，研究自然语言的语法组成、结构特点和语义逻辑。

　　本章介绍了文本挖掘的意义、研究现状、相关概念，并在此基础上阐述文本挖掘的任务、过程和关键技术，比较文本挖掘与传统数据挖掘的联系与区别。作为文本挖掘的重要内容，本章介绍了文本情感分析的定义、应用，进而介绍情感分析的语料库、情感词库，以及情感分析的主要内容。

　　本章还介绍了 Web 挖掘的概念和分类，从 Web 内容挖掘、结构挖掘和日志挖掘三方面谈论 Web 挖掘的主要内容。此外，本章还介绍了社交网络分析的特点、内容和方法等，突出了社交网络分析的重要性，提出社交网络分析的主要目标是在海量的交互数据中提取有价值的信息，并且介绍了 Web 挖掘技术在社交网络分析中的应用。

最后，运用 Weka 数据挖掘工具，对文本分析的相关内容进行演示，进一步帮助读者理解文本分析的方法。

复 习 题

1. 简述词义消歧的基本思路。
2. 文本挖掘与数据挖掘有何不同？
3. 简述文本挖掘的过程。
4. 文本特征提取有哪些基本方法？它们各有什么特点？
5. 文本分类有哪些基本方法？它们各有什么特点？
6. 什么是情感分析？
7. 情感分析的主要任务包括哪些？
8. 简述 Web 挖掘的基本流程。
9. 什么是个体影响力分析？试举例说明。
10. 什么是影响强度？

第6章
CHAPTER 6

规范性分析：运筹与管理

本章学习目标

1. 了解运筹学在商务数据分析中的应用。
2. 理解一般线性规划问题的建模过程。
3. 掌握线性规划的图解方法。
4. 了解智能优化方法的概念，熟悉常用的智能优化方法。

☞ 引例

东升车厂主要经营特种车的改装服务，其下个月计划改装两款特种车——警车和运钞车。每改装一辆警车和运钞车分别会为公司带来3 600元和6 000元盈利。工厂生产经理正在制订下个月的生产计划，即要改装多少辆警车和运钞车才能为工厂带来最大的利润。该工厂每月有48 000个工时的改装能力，改装一辆警车需要6个工时，改装一辆运钞车需要9个工时。改装这两种车的零件均需要供应商提供。受供应商设备改造的影响，下个月东升车厂仅能获得20 000道门（10 000道左侧门和10 000道右侧门）的供应。警车与运钞车都使用相同的门部件。此外，需求预测表明，运钞车的产量应限制在3 500辆，而警车在工厂的改装能力范围内没有限制。

　　问题讨论：

　　1. 确定警车和运钞车的改装数量以使工厂的利润最大。

　　2. 市场部门提议通过促销使下个月运钞车的需求量提高20%，但需要50万元的促销费，市场部的提议是否可行？

　　3. 如果通过加班的方式将车厂的汽车改装能力提高25%，基于新的改装能力，确定警车和运钞车的改装数量。

6.1　决策与管理

　　决策是人们在政治、经济、技术和日常生活中普遍存在的一种选择方案的行为，是管理中经常发生的一种活动。决策活动在问题解决的过程中占据着极其重要的地位，这可以从问题解决的过程及决策活动的过程中看出，问题解决的过程由以下7个步骤完成：

　　（1）认清问题；

　　（2）找出一些可供选择的方案；

　　（3）确定目标或评估方案的标准；

　　（4）评估各个方案；

　　（5）选出一个最优的方案；

　　（6）执行此方案；

　　（7）进行后评估：问题是否得到圆满解决。

　　决策过程由问题解决过程的前五个步骤所组成决策的重要性正如诺贝尔奖获得者西蒙所说的"管理就是决策"，也就是说，管理的核心是决策。

　　对于决策的五个步骤，我们可以把前三个步骤，即认清问题、找出一些可供选择的方案以及确定目标或评估方案的标准，归结为形成问题的阶段；把后两个步骤，即评估各个方案和选出一个最优方案，归结为分析问题的阶段。在分析阶段，我们可以进行定性与定量的分析，定性分析要基于管理者的判断和经验。当管理者对所决策的问题具有丰富经验或者所决策的问题相对比较简单时，问题的决策就倚重于定性分析；反之，当管理者缺乏这方面的经验或者要解决的问题相当复杂时，定量分析在决策中将担任非常重要的角色。

　　所谓定量分析，就是基于能刻画问题本质的数据和数量关系，建立能描述问题的目标、约束及其关系的数学模型，通过一种或多种数量方法，找到最好的解决方案。

　　定性分析能力可以通过管理者的实践和经验的积累不断提高；而定量分析能力的提高则需要学习管理运筹学的思想与方法。管理者掌握管理运筹学，并了解管理运筹学在决策过程中的重要地位，将对提高其决策能力有极大的帮助。

6.1.1　运筹学的分支

　　运筹学按要解决的问题的差别，归纳出一些不同类型的数学模型。这些数学模型构成了运筹学的各个分支。

　　（1）线性规划。线性规划是一种解决在线性约束条件下追求最大或最小的线性目标函数的方法。例如，当管理者在现有的条件下追求最大利润或在完成任务的前提下追求最小成本的时候，如果现有的条件（或完成任务的前提）的约束可以用数学上变量的线性等式或不等式来表示，最大利润（或最小成本）目标也可以用变量的线性函数来表示，那么这样的问题就可以用线性规划的方法来解决。

　　（2）整数线性规划。整数线性规划是一种解决特殊线性规划问题的方法，它要求某些决策变量的解为整数。

　　（3）目标规划。是解决存在多个目标的最优化问题的方法，它把多目标决策问题转化为线性规划问题来解决。

　　（4）图与网络模型。在这种模型中把研究对象用点表示，对象之间的关系用边（或弧）来表示，点边的集合构成了图这种特殊的模型有利于解决很多诸如系统设计、项目进度安排管理等方面的问题。

　　（5）存储论。存储论研究在各种供应与需求的条件下，应当在什么时候、提出多大的订货批量来补充存储，使得订购费、库存费以及缺货所带来的损失的费用的总和最小等问题。

　　（6）排队论。排队论是解决排队服务系统工作过程优化的模型，它可以帮助管理者对一些包括排队问题的运作系统做出更好的决策。

　　（7）对策论。对策论是用于解决具有对抗性局势的模型，在这类模型中，参与对抗的各方都有一些策略可供选择，该模型为对抗各方提供获得最优对策的方法。

（8）排序与统筹方法。该方法研究在含有某些先后顺序工序的工程中如何排序以及如何制定和控制工作计划和进度表，使得完成全部工程所需的总时间最少或最经济等问题。

（9）决策分析。该方法是在决策环境不确定和存在风险的情况下对几种备选方案进行决策的准则和方法。

（10）动态规划。这是一种解决多阶段决策过程最优化的方法。它把困难的多阶段决策问题分解成一系列相互联系的较容易解决的单阶段决策问题，通过解决这一系列单阶段决策问题来解决多阶段决策问题。

（11）预测。预测是可以用于预见公司未来的方法，分为定性和定量两种方法。本书只介绍定量预测方法。

6.1.2　运筹学在商务数据分析中的应用

在商务数据分析中运筹学的应用涉及以下方面。

（1）生产计划。运筹法从总体上确定适应需求的生产储存和劳动力安排等计划，以谋求最大的利润或最小的成本，主要用线性规划、整数规划以及模方法来解决此类问题，如巴基斯坦一家重型制造厂用线性规划安排生产计划，节省了 10% 的生产费用。此外，运筹学还有在生产作业计划、日程表的编排、合理下料、配料问题、物料管理等方面的应用。

（2）库存管理。存储论应用于多种物资库存量的管理，确定某些设备合理的能力或容量以及适当的库存方式和库存量。例如，美国某机器制造公司应用存储论之后节省了 18% 的费用。

（3）运输问题。用运筹学中有关运输问题的方法，可以确定最小成本的运输线路、物资调拨运输工具调度以及建厂地址选择等。例如，印度巴罗达市对公共汽车行车路线和时刻表进行研究并改进后，该市公共汽车载运系数提高了 11%，减少了 10% 使用车辆，既节省了成本又改善了交通拥挤的状况。

（4）人事管理。可以用运筹学方法对人员的需求和获得情况进行预测，确定适合需求的人员编制，用指派问题对人员合理分配，用层次分析法等方法确定人才评价体系等。

（5）市场营销。可把运筹学方法用于广告预算和媒介的选择、竞争性的定价、新产品的开发销售计划的制订等方面。例如，美国杜邦公司从 20 世纪 50 年代起就非常重视运筹学在市场营销上的应用。

（6）财务和会计。这里涉及预测、贷款、成本分析、定价、证券管理、现金管理等，使用较多的运筹学方法为统计分析、数学规划、决策分析等。

另外，运筹学还成功地应用于设备维修、更新和可靠性分析，项目的选择与评价，工程优化设计，信息系统的设计与管理，以及各种城市紧急服务系统的设计与管理上。

我国从 1957 年开始把运筹学应用于交通运输、工业、农业等行业，并取得了很大的成功。例如，为了解决粮食的合理调运问题，粮食部门提出了"图上作业法"；为了解决邮递员合理投递问题，管梅谷提出了"中国邮路问题"的解法；在工业生产中推广合理下料、机床负荷分配等方法；在纺织业中用排队论方法解决了细纱车间劳动组织以及最优折布长度等问题；在农业中也研究了作业布局、劳动力分配和打麦场设置等问题；在钢铁行业，投入产出法首先得到了应用；排队论、图论在研究矿山、港口、电信以及线路设计方面都有应用；统筹法的应用在建筑业、大型设备维修计划等方面也取得了长足的进展；优选法也在我国得到了大力推广。讲到统筹法和优选法的推广、应用和普及，不得不提我国著名的数学家华罗庚先生，他从 20 世纪 60 年代开始，长期致力于优选法和统筹法的推广、应用和普及，使我国的社会主义建设取得了可观的经济效益。

国际运筹与管理科学协会（INFORMS）及其下属的管理科学实践学会（College for the Practice of the Management Sciences）主持评定的弗兰茨·厄德曼奖（Franz Edelman Award）久负盛名、该奖是为奖励运筹学在管理中应用的卓越成就而设立的，该奖每年评选一次，在对大量富有竞争力的入围者进行艰苦的评审后，一般将有六位优胜者进入决赛。表 6－1 列出了部分优胜者项目。1972～2017 年 Franz Edelman 奖项项目获利累计超过 2 570 亿美元。

表 6－1　　　　　　　　　　运筹学的应用

组织	应用	效果
美国联邦通信委员会（FCC）	分布式优化无线频谱的拍卖流程	无线频谱供应商产生了近 200 亿美元营收，电视广播公司获得超过 100 亿美元的营收，减少了 73 亿美元美国联邦财政赤字

续表

组织	应用	效果
假日退休（Holiday Retirement）	改善美国 300 多个高级生活社区的定价模式	使年收入达到约 10 亿美金，实现同时为每个社区的每个单元提供最优定价
联合包裹服务公司（UPS）	精简化和现代化的提货与交付运营的系统货物流技术（package flow technologies，PFT）以及称为 ORION（on road integrated optimization and navigation）的高级优化系统	每年节省 3 亿~4 亿美元，并通过建立有效的航线，减少行驶里程和燃油消耗，每年减少 100 000 吨二氧化碳排放量
先正达（Syngenta）	结合先进的随机优化分析，创建最佳的大豆育种策略，并结合植物育种知识战略性地调整其优化植物育种过程	2012~2016 年节省超过 2.87 亿美元
美国疾病防控中心（CDC）	为根除脊髓灰质炎使用集成分析模型做更好的决策	有效提高疫苗的利用率，节省数百万美元，推动全球根除小儿麻痹症行动
配对捐赠联盟	利用优化匹配克服肾脏配对的不相容性	2006~2014 年拯救了 220 个生命
美国能源局	水电发电量和水路优化	提高大坝安全性、供电可靠性，可以根据风电和太阳能电源的资源量及时调整水力发电量
格雷迪卫生系统	改进医院急诊部门的工作效率和护理流程	在亚特兰大市医院减少病人 33% 住院天数，减少急诊科的非急诊护理 32%，急诊效率提高 16.2%，实现医院年营业收入 1.9 亿美元（增长 72%）
澳大利亚国家宽带网络	优化光纤网络设计	节约 3.75 亿美元建设成本，使光纤服务模块的设计时间从原先的 145 天变为 16 天

6.2　线性规划

　　线性规划是运筹学的一个重要分支，它是现代科学管理的重要手段之一，是帮助管理者做出决策的一个有效方法。一些典型的线性规划在管理上的应用举例如下。

（1）合理利用线材问题。现有一批长度一定的钢管，由于生产的需要，要求截出不同规格的钢管若干。试问应如何下料，既可以满足生产的需要，又使得使用的钢管的数量最少？

（2）配料问题。将若干种不同价格不同成分含量的原料，用不同的配比混合调配出一些不同价格不同规格的产品，在原料供应量的限制和保证产品成分含量的前提下，如何获取最大的利润？

（3）投资问题。如何从不同的投资项目中选出一个投资方案，使得投资的回报最大？

（4）产品生产计划。如何合理充分地利用现有的人力、物力、财力，制订最优的产品生产计划，使得工厂获利最大？

（5）劳动力安排，尤其是服务性行业的劳动力安排。某单位由于工作需要，在不同时间段需要不同数量的劳动力，在每个劳动力每个工作日只能连续工作八小时的规则下，如何安排劳动力，才能用最少的劳动力来满足工作的需要？

（6）运输问题。一个公司有若干个生产单位与销售单位，根据各生产单位的产量及销售单位的销量，如何制订调运方案，使产品运到各销售单位而总的运费最小。

以上这些问题，利用线性规划方法都能成功解决。当然线性规划在管理上的应用远不止这些，但通过这些例子我们可以看到线性规划问题的一些共同的特点。首先，在以上例子中都有要求达到某些数量上的最大化或最小化的目标。例如，合理利用线材问题是要求使用原材料最少；配料问题是要求利润最大；投资问题是要求投资回报最大等。在线性规划的问题中某些数量上的最大化或最小化就是线性规划问题的目标。其次，所有线性规划问题都是在一定的约束条件下追求其目标的。例如，合理利用线材问题是在满足生产需要的一定数量不同规格钢管的约束条件下来追求钢管的最小使用量，而在配料问题中是在原料供应量的限制和保证产品成分含量的约束下来追求最大利润。

6.2.1　问题的提出

【例 6-1】某工厂在计划期内要安排 Ⅰ、Ⅱ 种产品的生产。生产单位产品所需的设备台时及 A、B 两种原材料的消耗和资源的限制如表 6-2 所示。

表 6 - 2 　　　　　　　　　　　资源的限制条件

资源	产品 I	产品 II	资源限制
设备	1	1	300 台时
原料 A	2	1	400 千克
原料 B	0	1	250 千克

工厂每生产 1 单位产品 I 可获利 50 元，每生产 I 单位产品 II 可获利 100 元，问工厂应分别生产多少单位产品 I 和产品 II 才能获利最多？

解：这个问题可以用下面的数学模型来加以描述。工厂目前要决策的问题是生产多少单位产品 I 和生产多少单位产品 II，把这个要决策的问题用变量 x_1、x_2 来表示，则称 x_1 和 x_2 为决策变量，决策变量 x_1 为生产产品 I 的数量，决策变量 x_2 为生产产品 II 的数量。可以用 x_1 和 x_2 的线性函数形式来表示工厂所要求的最大利润的目标：

$$\max z = 50x_1 + 100x_2,$$

其中，max 为最大化的符号（最小化符号为 min）；50 和 100 分别为单位产品 I 和单位产品 II 的利润，z 称为目标函数。也可以用 x_1 和 x_2 的线性不等式来表示问题的一些约束条件。台时数方面的限制可以表示为

$$x_1 + x_2 \leqslant 300.$$

同样，原材料的限量可以表示为

$$2x_1 + x_2 \leqslant 400,$$
$$x_2 \leqslant 250.$$

除了上述约束条件外，显然还应该有 $x_1 \geqslant 0$，$x_2 \geqslant 0$，因为产品 I 和产品 II 的产量是不能取负值的。

综上所述，就得到了例 6 - 1 的数学模型：

$$\max z = 50x_1 + 100x_2;$$

满足约束条件：

$$x_1 + x_2 \leqslant 300,$$
$$2x_1 + x_2 \leqslant 400.$$
$$x_1 \geqslant 0, x_2 \geqslant 0.$$

由于上述数学模型的目标函数为变量的线性函数，约束条件也为变量的线性等式或线性不等式，故此模型称之为线性规划。如果目标函数是变

量的非线性函数，或约束条件中含有变量的非线性等式或不等式，这样的
数学模型则称为非线性规划。

把满足所有约束条件的解称为该线性规划的可行解。把使得目标函数
值最大（即利润最大）的可行解称为该线性规划的最优解，此目标函数值
称为最优目标函数值，简称最优值。

从例 6 - 1 中可以归纳出一般线性规划问题的建模过程如下。

（1）理解要解决的问题，明确在什么条件下要追求什么目标。

（2）定义决策定量。每一个问题都用一组决策变量 $(x_1, x_2, \cdots, x_n)$
表示某一方案，当这组决策变量取具体值时就代表一个具体方案，一般这
些变量取值是非负的。

（3）用决策变量的线性函数形式写出所要追求的目标，即目标函数，
按问题的不同，要求目标函数实现最大化或最小化。

（4）用一组决策变量的等式或不等式来表示在解决问题过程中所必须
遵循的约束条件。

满足（2）（3）（4）三个条件的数学模型称为线性规划的数学模型，
其一般形式为：

$$\max(\min)z = c_1 x_1 + c_2 x_2 + \cdots + c_n x_n$$

满足约束条件：

$$
\begin{aligned}
a_{11}x_1 + a_{12}x_2 + \cdots + a_{1n}x_n &\leqslant (=, \geqslant) b_1 \\
a_{21}x_1 + a_{22}x_2 + \cdots + a_{2n}x_n &\leqslant (=, \geqslant) b_2 \\
&\cdots\cdots \\
a_{m1}x_1 + a_{m2}x_2 + \cdots + a_{mn}x_n &\leqslant (=, \geqslant) b_m \\
x_1, x_2, \cdots, x_n &\geqslant 0
\end{aligned}
$$

6.2.2 图解法

对于只包含两个决策变量的线性规划问题，可以用图解法来求解。图
解法简单直观，有助于了解线性规划问题求解的基本原理。在以 x_1、x_2 为
坐标轴的直角坐标系里，图上任意一点的坐标就代表了决策变量 x_1、x_2 的
一组值，也就代表了一个具体的决策方案。

下面继续使用例 6 - 1 介绍图解法的解题过程。例 6 - 1 的每个约束条
件都代表一个半平面，如约束条件 $x_1 + x_2 \leqslant 300$ 代表以直线 $x_1 + x_2 = 300$

为边界的左下方的半平面，即这个半平面上的任一点都满足约束条件 $x_1 + x_2 \leq 300$，而其余的点都不满足这个约束条件。同时满足约束条件 $x_1 \geq 0$、$x_2 \geq 0$、$x_1 + x_2 \leq 300$、$2x_1 + x_2 \leq 400$、$x_2 \leq 250$ 的点，必然落在这五个半平面的公共部分（包括五条边界线），这五个半平面及其公共部分如图 6-1 所示。公共部分的每一点（包括边界线上的点）都是这个线性规划的可行解，而此公共部分是例 6-1 的线性规划问题的可行解的集合，称为可行域。

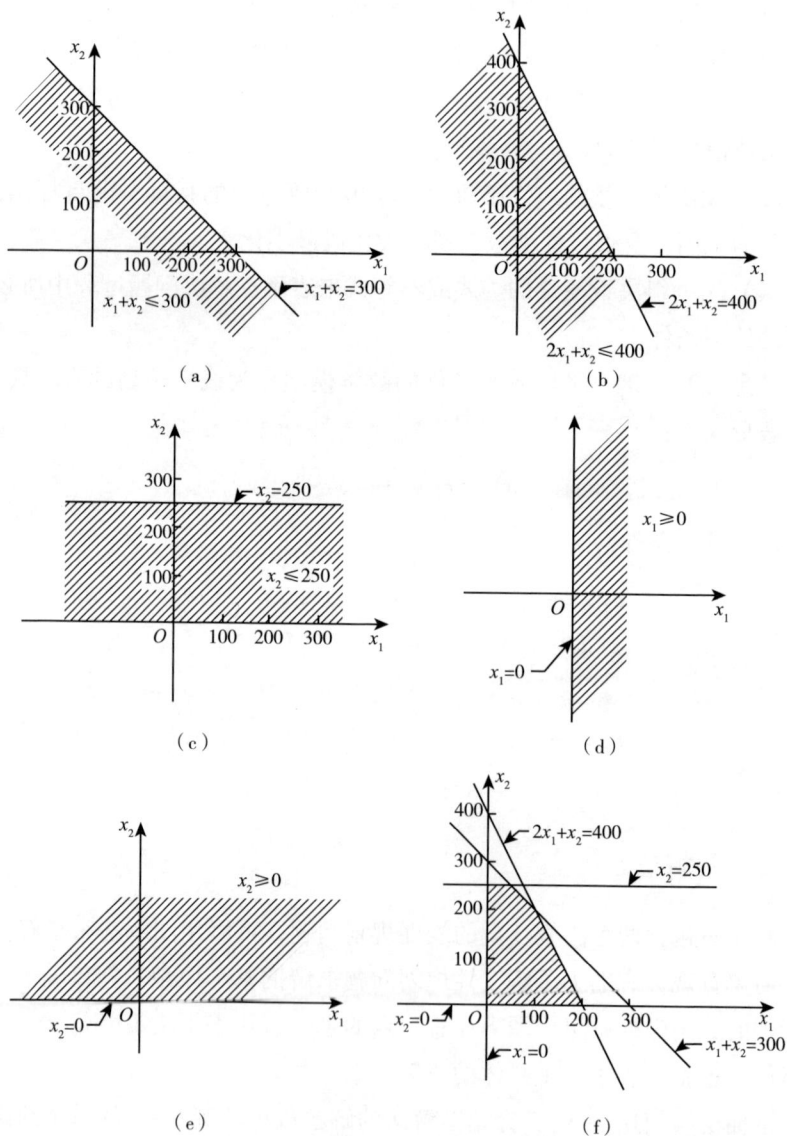

图 6-1 图解法的平面及公共部分

可行域的几何形状由于问题不同可以千变万化，但是可行域的几何结构都是凸集。所谓凸集，要求集合中的任何两点的连线段落在这个集合中。例如，平面上的矩形与圆、空间中的平行六面体与椭球体以及例 6 – 1 中的公共部分都是凸集。

目标函数 $z = 50x_1 + 100x_2$，当 z 取某一数值时，也可以用直线在图上表示。z 取不同的值就可以得到不同的直线，但不管 z 怎样取值，所得直线的斜率是不变的，故对应于不同 z 值所得的不同直线是互相平行的。由于 z 的某一取值所得的直线上的每一点都具有相同的目标函数值，故称它为等值线。如图 6 – 2 所示，当 z 的取值逐渐增大时，直线 $z = 50x_1 + 100x_2$ 沿其法线方向向右上方移动，同时由于要满足全部约束条件，因此决策变量一定位于其公共部分。当直线 $z = 50x_1 + 100x_2$ 移动到 B 点时，z 值在可行域的边界上实现了最大化。这样就得到了例 6 – 1 的最优解为 B 点，B 点的坐标为（50，250），因此最佳决策为 $x_1 = 50$，$x_2 = 250$，此时 $z = 27\ 500$。这说明该厂的最优生产计划方案是生产产品 Ⅰ 50 单位、生产产品 Ⅱ 250 单位，可得最大利润 27 500 元。

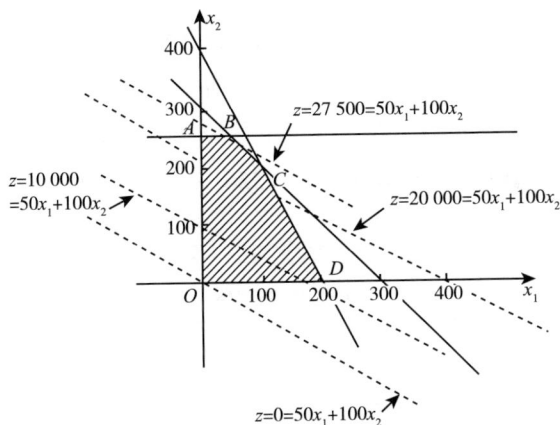

图 6 – 2 等值线示意图

下面来看一下在最优生产方案下资源消耗的情况，把 $x_1 = 50$、$x_2 = 250$ 代入约束条件，得：

设备台时：$1 \times 50 + 1 \times 250 = 300$；

原料 A：$2 \times 50 + 1 \times 250 = 350$（千克）；

原料 B：$0 \times 50 + 1 \times 250 = 250$（千克）.

这表明，生产 50 单位产品I和 250 单位产品II将消耗完所有可使用的设备台时数和原料 B，但对原料 A 来说只消耗了 350 千克，还有（400 - 350）千克 = 50 千克没有使用。在线性规划中，一个"≤"约束条件中没使用的资源或能力称之为松弛量。例如，在生产 50 单位产品 I 和 250 单位产品 II 的最优方案中，对设备台时资源来说其松弛量为 0，对原料 B 来说其松弛量也为 0，而对原料 A 来说其松弛量为 50 千克。

为了把一个线性规划标准化，需要有代表没使用的资源或能力的变量，这个变量称为松弛变量，记为 s_i；显然松弛变量对目标函数不会产生影响，可以在目标函数中把这些松弛变量的系数看成零，加了松弛变量后我们得到如下数学模型。

$$\max z = 50x_1 + 100x_2 + 0s_1 + 0s_2 + 0s_3;$$

约束条件：

$$x_1 + x_2 + s_1 = 300,$$

$$2x_1 + x_2 + s_2 = 400,$$

$$x_2 + s_3 = 250,$$

$$x_1, x_2, s_1, s_2, s_3 \geq 0.$$

像这样把所有的约束条件都写成等式，称为线性规划模型的标准化，所得结果称为线性规划的标准形式。在标准形式中，b_j（右边常量）都要大于等于零，若某个 b_j 小于零，只要在方程两边都乘以（-1）即可。

对例 6 - 1 的最优解 $x_1 = 50$、$x_2 = 250$ 来说，松弛变量的值如表 6 - 3 所示。

表 6 - 3　　　　　　　　　　　　　　　　**松弛变量取值**

约束条件	松弛变量的值
设备台时	$s_1 = 0$
原料 A	$s_2 = 50$
原料 B	$s_3 = 0$

关于松弛变量值的一些信息我们也可以从图解法中获得。从图 6 - 2 中我们知道例 6 - 1 的最优解位于直线 $x_2 = 250$ 与直线 $x_1 + x_2 = 300$ 的交点 B，故可知原料 B 和设备台时数的松弛变量即 s_3 和 s_1 都为零，而 B 点不在直线 $2x_1 + x_2 = 400$ 上，故可知 $s_2 > 0$。

在图 6 - 2 中，A、B、C、D、O 是可行域的顶点，对有限个约束条件而言，其可行域的顶点也是有限的。

从例 6 - 1 的求解过程中我们还观察到如下 4 个事实。

（1）如果某一个线性规划问题有最优解，则一定有一个可行域的顶点对应最优解；

（2）线性规划存在有无穷多个最优解的情况。若将例 6 - 1 中的目标函数变为 $z = 50x_1 + 50x_2$，则可见代表目标函数的直线平移到最优位置后将和直线 $x_1 + x_2 = 300$ 重合。此时不仅顶点 B、C 都是最优解，而且线段 BC 上的所有点都是最优解，这样，最优解就有无穷多个。当然这些最优解都对应着相同的最优值 $50x_1 + 50x_2 = 15\ 000$。

（3）线性规划存在无界解，即无最优解的情况。对下述线性规划问题：

目标函数：$\max z = x_1 + x_2$

约束条件：$x_1 - x_2 \leqslant 1$

$\qquad\qquad -3x_1 + 2x_2 \leqslant 6$

$\qquad\qquad x_1 \geqslant 0,\ x_2 \geqslant 0$

用图解法求解的结果如图 6 - 3 所示。从图中可以看到，该问题可行域无界，目标函数值可以增大到无穷大，成为无界解，即无最优解。出现这种情况，一般说明线性规划模型有错误，该模型中忽略了一些实际存在的必要约束条件。

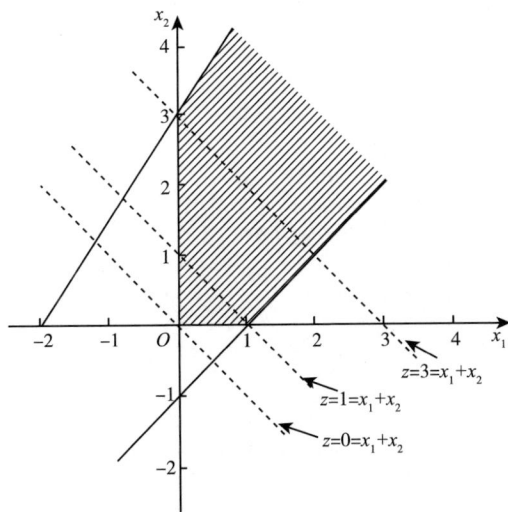

图 6 - 3　无界解示意图

（4）线性规划存在无可行解的情况。若在例 6 - 1 的数学模型中增加一个约束条件：

$$4x_1 + 3x_2 \geqslant 1\ 200$$

下面给出一个求目标函数最小化的线性规划问题。

【例 6 - 2】 某公司由于生产需要，共需要 A、B 两种原料至少 350 吨（A、B 两种原料有一定替代性），其中原料 A 至少购进 125 吨。但由于 A、B 两种原料的规格不同，各自所需的加工时间也是不同的，加工每吨原料 A 需要 2 小时，加工每吨原料 B 需要 1 小时，而公司总共有 600 个加工时数。又知道每吨原料 A 的价格为 2 万元，每吨原料 B 的价格为 3 万元。试问在满足生产需要的前提下，在公司加工能力的范围内，如何购买 A、B 两种原料，使得购进成本最低？

解：设 x_1 为购进原料 A 的数量，x_2 为购进原料 B 的数量。此线性规划的数学模型如下：

目标函数：$\min f = 2x_1 + 3x_2$

约束条件：$x_1 + x_2 \geqslant 350$

$$x_1 \geqslant 125$$

$$2x_1 + x_2 \leqslant 600$$

$$x_1,\ x_2 \geqslant 0$$

用图解法来解此题，首先得到此线性问题的可行域为图 6 - 4 中的阴影部分。

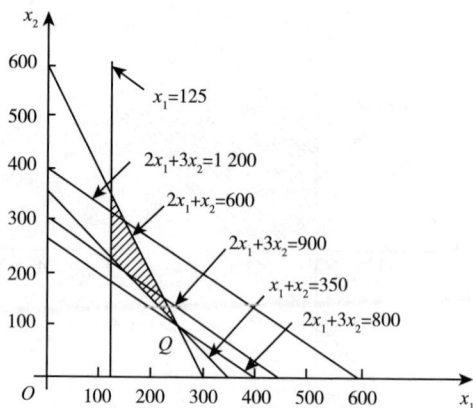

图 6 - 4   图解法求解过程

再来看目标函数 $f = 2x_1 + 3x_2$，它在坐标平面上可表示为以 f 为参数、以 $-\dfrac{2}{3}$ 为斜率的一族平行线，如图 6 - 4 所示。这族平行线随着 f 值的减少向左下方平移。当移动到 Q 点（即直线 $x_1 + x_2 = 350$ 与 $2x_1 + x_2 = 600$ 的交点）时，目标函数在可行域内取最小值。Q 点的坐标可以从线性方程组

$$\begin{cases} x_1 + x_2 = 350 \\ 2x_1 + x_2 = 600 \end{cases}$$

中求出，得 Q 点坐标为 $x_1 = 250$、$x_2 = 100$，即此线性规划问题的最优解为购买原料 A 250 吨，购买原料 B 100 吨，可使成本最小，即 $2x_1 + 3x_2 = 2 \times 250 + 3 \times 100 = 800$（万元）。

对此线性规划问题的最优解进行分析，可知购买的原料 A 与原料 B 的总量为 $1 \times 250 + 1 \times 100 = 350$（吨），正好达到约束条件的最低限，所需的加工时间为 $2 \times 250 + 1 \times 100 = 600$（小时），正好达到加工时间的最高限。而原料 A 的购进量则比原料 A 购进量的最低限多购进了 $250 - 125 = 125$（吨），这个超过量在线性规划中称为剩余量。

对于"$\geqslant$"约束条件，可以增加一些代表最低限约束的超过量，称为剩余变量，从而把"$\geqslant$"约束条件变为等式约束条件。加了松弛变量与剩余变量后，例 6 - 2 的数学模型为：

$$\min f = 2x_1 + 3x_2 + 0s_1 + 0s_2 + 0s_3 ;$$

约束条件：

$$x_1 + x_2 - s_1 = 350 ,$$
$$x_1 - s_2 = 125 ,$$
$$2x_1 + x_2 + s_3 = 600 ,$$
$$x_1, x_2, s_1, s_2, s_3 \geqslant 0.$$

从约束条件中可以知道 s_1、s_2 为剩余变量，s_3 为松弛变量。上式中所有的约束条件也都为等式，故这也是线性规划问题的标准形式，此问题的最优解为 $x_1 = 250$、$x_2 = 100$，其松弛变量及剩余变量的值如表 6 - 4 所示。

表 6 - 4　　　　　　　　　　　松弛变量及剩余变量的取值

约束条件	松弛变量及剩余变量的值
原料 A 与原料 B 的总量	$s_1 = 0$
原料 A 的数量	$s_2 = 125$
加工时间	$s_3 = 0$

6.2.3　图解法的灵敏度分析

由 6.2.2 节可知，线性规划的标准形式可写为

目标函数：$\max（\min）z = c_1 x_1 + c_2 x_2 + \cdots + c_n x_n$

约束条件：$a_{11} x_1 + a_{12} x_2 + \cdots + a_{1n} x_n \leqslant（=,\geqslant）b_1$

$\qquad\qquad a_{21} x_1 + a_{22} x_2 + \cdots + a_{2n} x_n \leqslant（=,\geqslant）b_2$

$\qquad\qquad\cdots\cdots$

$\qquad\qquad a_{m1} x_1 + a_{m2} x_2 + \cdots + a_{mn} x_n \leqslant（=,\geqslant）b_m$

$\qquad\qquad x_1,\ x_2,\ \cdots,\ x_n \geqslant 0$

其中 c_i 为第 i 个决策变量 x_i 在目标函数中的系数；a_{ij} 为第 i 个约束条件中第 j 个决策变量 x_j 的系数；b_j 为第 j 个约束条件中的常数项，要求 $b_j \geqslant 0$，当 $b_j < 0$ 时，可在方程两边都乘以（-1）而使 $b_j \geqslant 0$。6.2.2 节所提到的松弛变量和剩余变量都可以看成决策变量，也可以用 x_i 来表示而不用 s_i 来表示。

所谓灵敏度分析就是在建立数学模型和求得最优解之后，研究线性规划的一些系数如 c_i、a_{ij}、b_j 的变化对最优解产生什么影响。灵敏度分析是非常重要的，首先是因为 c_i、a_{ij}、b_j 这些系数都是估计值和预测值，不一定精确；再者即使这些系数值在某一时刻是精确值，它们也会随着市场条件的变化而变化，不会一成不变，例如，原材料的价格、商品的售价、加工能力、劳动力的价格等的变化都会影响这些系数。有了灵敏度分析就不必为了应对这些变化而不停地建立新的模型和求新的最优解，也不会由于系数估计和预测的精确性而对所求得的最优解存有不必要的怀疑。下面用图解法的灵敏度分析对目标函数中的系数 c_i 以及约束条件中的常数项 b_j 进行灵敏度分析。

1. 目标函数中的系数 c_i 的灵敏度分析

让我们以例 6 - 1 为例来看 c_i 的变化是如何影响其最优解的。从例 6 - 1

中知道生产一个单位的产品Ⅰ可以获利 50 元（$c_1 = 50$），生产一个单位的产品Ⅱ可以获利 100 元（$c_2 = 100$）。在目前的生产条件下求得生产产品Ⅰ 50 单位、生产产品Ⅱ 250 单位可以获得最大利润。当产品Ⅰ、Ⅱ中的某一产品的单位利润增加或减少时，生产者往往都能意识到要获取最大利润就应该增加或减少这一产品的产量，也就是改变最优解，但是往往不能精确地计算出这一产品利润变化的上限与下限，使得利润在这个范围内变化时其最优解不变，即仍然生产 50 单位的产品Ⅰ和 250 单位的产品Ⅱ而使获利最大。下面就用图解法定出其上限与下限。

从图 6 - 5 中可以看出，只要目标函数的斜率在直线 e（设备约束条件）的斜率与直线 f（原料 B 的约束条件）的斜率之间变化，坐标为 $x_1 = 50$、$x_2 = 250$ 的顶点 B 就仍然是最优解。如果目标函数的直线按逆时针方向旋转，当目标函数的斜率等于直线 f 的斜率时，可知直线 AB 上的任一点都是其最优解。如果继续按逆时针方向旋转，可知 A 点为其最优解。如果目标函数直线按顺时针方向旋转，当目标函数的斜率等于直线 e 的斜率时，可知直线 BC 上的任一点都是其最优解。如果继续按顺时针方向旋转，当目标函数的斜率在直线 e 的斜率与直线 g 的斜率之间时，顶点 C 为其最优解。当目标函数的斜率等于直线 g 的斜率时，直线 CD 上的任一点都是其最优解。如果再继续按顺时针方向旋转，可知顶点 D 为其最优解。

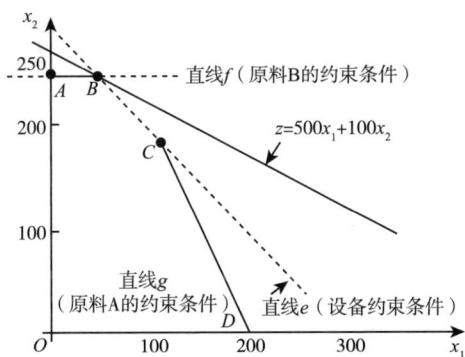

图 6 - 5　系数的灵敏度分析

直线 e 的方程为：$x_1 + x_2 = 300$，用斜截式可以表示为：$x_2 = -x_1 + 300$。

可知直线 e 的斜率为 -1，同样，直线 f、直线 g 也可以用斜截式分别表示为：

$x_2 = 0x_1 + 250$，

$x_2 = -2x_1 + 400$

可知直线 f 的斜率为 0，直线 g 的斜率为 -2，而且目标函数 $z = c_1x_1 +$

c_2x_2 用斜截式也可以表示为：$x_2 = -\dfrac{c_1}{c_2}x_1 + \dfrac{z}{c_2}$。

可知目标函数的斜率为 $-\dfrac{c_1}{c_2}$。这样，当

$$-1 \leqslant -\frac{c_1}{c_2} \leqslant 0 \qquad\qquad (6-1)$$

时，顶点 B 仍然是其最优解。为了计算出 c 在什么范围内变化时顶点 B 仍然是其最优解，我们假设单位产品 II 的利润为 100 元不变，即 $c_2 = 100$，则有：

$$-1 \leqslant -\frac{c_1}{100} \leqslant 0$$

解得：

$$0 \leqslant c_1 \leqslant 100$$

即只要当单位产品 II 的利润为 100 元，单位产品 I 的利润在 0 到 100 元之间变化时，坐标 $x_1 = 50$、$x_2 = 250$ 的顶点 B 仍然是其最优解。

为了计算出 c_2 在什么范围内变化时顶点 B 仍然是其最优解，假设单位产品 I 的利润为 50 元不变，即 $c_1 = 50$，代入式（6-1）得：

$$-1 \leqslant -\frac{50}{c_2} \leqslant 0 \qquad\qquad (6-2)$$

从左边不等式可得：

$$-c_2 \leqslant -50$$
$$c_2 \geqslant 50 \qquad\qquad (6-3)$$

从右边的不等式可得：

$$0 \leqslant c_2 \leqslant +\infty \qquad\qquad (6-4)$$

综合式（6-3）和式（6-4），得到式（6-2）的等价不等式，即：

$$50 \leqslant c_2 \leqslant +\infty$$

即当单位产品 I 的利润为 50 元，而单位产品 II 的利润只要大于等于 50 元时，顶点 B 仍为其最优解。

同样，在 c_1 和 c_2 中一个值确定不变时，可求出另一个值的变化范围，使其最优解在 C 点（或在 D 点，或在 A 点）。

如果当 c_1 和 c_2 都变化时，则可以通过式（6-1）判断 B 点是否仍为其最优解。例如，当 $c_1 = 60$、$c_2 = 55$ 时，因为 $-\dfrac{c_1}{c_2} = -\dfrac{60}{55}$，不满足式（6-1），可知 B 点已不是其最优解了，但 -2(直线 g 的斜率) $\leqslant \dfrac{-60}{55} \leqslant -1$（直线 e 的斜率），所以此时 C 点（坐标为 $x_1 = 100$，$x_2 = 200$）为其最优解。

2. 约束条件中常数项 b_j 的灵敏度分析

当约束条件中常数项 b_j 变化时，其线性规划的可行域也将发生变化，这样可能引起最优解的变化。为了进行这方面的灵敏度分析，不妨假设例 6-1 中的设备台时数增加了 10 台时，共有 310 台时，这样例 6-1 中的设备台时数的约束条件就变为

$$x_1 + x_2 \leqslant 310$$

由于增加了 10 台时，它的可行域就扩大了，如图 6-6 所示。

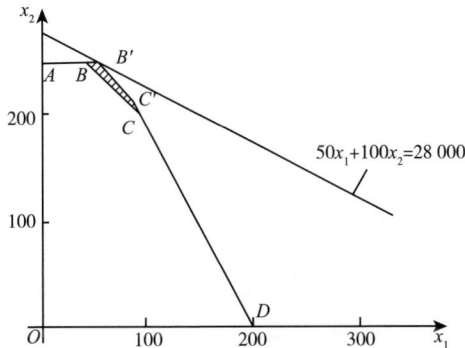

图 6-6　常数项的灵敏度分析

新的可行域为 $OAB'C'D$。由于目标函数及各约束条件的直线的斜率都不变，所以可知最优解由 B 点（直线 $x_2 = 250$ 与直线 $x_1 + x_2 = 300$ 的交点）变为 B' 点（直线 $x_2 = 250$ 与直线 $x_1 + x_2 = 310$ 的交点）。B' 点的坐标即为方程组

$$\begin{cases} x_2 = 250 \\ x_1 + x_2 = 310 \end{cases}$$

的解，解得 B' 点的坐标为 $x_1 = 60$，$x_2 = 250$，这样获得的最大利润为 $50 \times 60 + 100 \times 250 = 28\ 000$（元），比原来获得的最大利润 27 500 元增加了 $28\ 000 - 27\ 500 = 500$（元），这是由于增加了 10 台时的设备而获得的。这样每增加 1 台时的设备就可以多获得 50 元的利润。

像这样在约束条件常数项中增加一个单位而使最优目标函数值得到改进的数量称为这个约束条件的对偶价格。从上面的讨论可知，设备对偶价格为 50 元/台时。也就是说如果增加或减少若干台时，那么总利润将增加或减少若干个 50 元。

下面来看如果例 6 – 1 中的原料 A 增加 10 千克，将会对最优解和最优值产生什么影响。

从图 6 – 7 可以看到由于原料 A 增加了 10 千克，使例 6 – 1 中的原料 A 的约束条件变为

$2x_1 + x_2 \leqslant 410,$

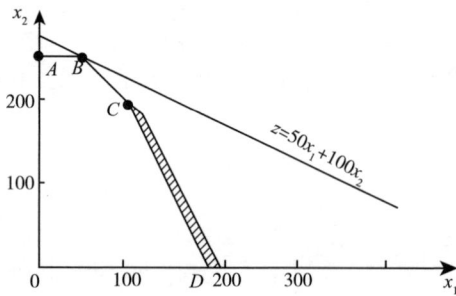

图 6 – 7 常数项的灵敏度分析

也使得此线性规划的可行域扩大了，增加了图 6 – 7 中的阴影部分，但是并不影响它的最优解和最优值。它的最优解仍是 B 点，它的最优值仍然是 27 500，没有任何的改进。这样原料 A 的对偶价格就为零。其实这个问题不需要通过计算就很容易理解。由于生产 50 单位产品 Ⅰ、250 单位产品 Ⅱ 时（即 $x_1 = 50$，$x_2 = 250$），原料 A 还有 50 千克没有使用（即松弛变量 $s_2 = 50$），如果我们再增加 10 千克原料 A，也只不过增加库存而已，不会再增加利润，故原料 A 的对偶价格为零。所以当某约束条件中的松弛变

量（或剩余变量）不为零时，这个约束条件的对偶价格为零。

　　某一约束条件的对偶价格仅仅在某一范围内是有效的。当这种约束条件的资源不断地获得，使得 b_i 的值不断增大时，其他约束条件的限制使得这种约束条件的资源用不完，即其松弛变量不为零，导致其对偶价格为零。

　　在求目标函数最大值时，除了对偶价格大于零、等于零的情况外，还存在着对偶价格小于零的情况。当某约束条件对偶价格小于零时，约束条件常数项增加一个单位，就使得其最优目标函数值减少一个对偶价格。在求目标函数值最小值的情况下，当对偶价格大于零时，约束条件常数项增加一个单位，就使其最优目标函数值减少一个对偶价格；当对偶价格等于零时，约束条件常数项增加一个单位，并不影响其最优目标函数值；当对偶价格小于零时，约束条件常数项增加一个单位，就使得其最优目标函数值增加一个对偶价格。综上所述，当约束条件常数项增加一个单位时，有如下结论。

　　（1）如果对偶价格大于零，则其最优目标函数值得到改进，即求最大值时，最优目标函数值变得更大；求最小值时，最优目标函数值变得更小。

　　（2）如果对偶价格小于零，则其最优目标函数值变坏，即求最大值时，最优目标函数值变小了；求最小值时，最优目标函数值变大。

　　（3）如果对偶价格等于零，则其最优目标函数值不变。

6.3　实例分析

　　我们以 6.2 节中的例 6 - 1 为对象，利用"管理运筹学"3.5 软件，演示线性规划问题的计算机求解。该软件具有良好的人机交互界面，使用方便，能够有效解决包含大规模决策变量的线性规划问题。

　　首先在主菜单中选择线性规划模型，在屏幕上就会出现线性规划页面，如图 6 - 8 所示。

　　在点击"新建"按钮以后，按软件的要求输入目标函数个数和约束条件个数，输入目标函数及约束条件的各变量的系数和 b 值，并选择" ≥"" ≤"或" ="号，如图 6 - 9 所示。

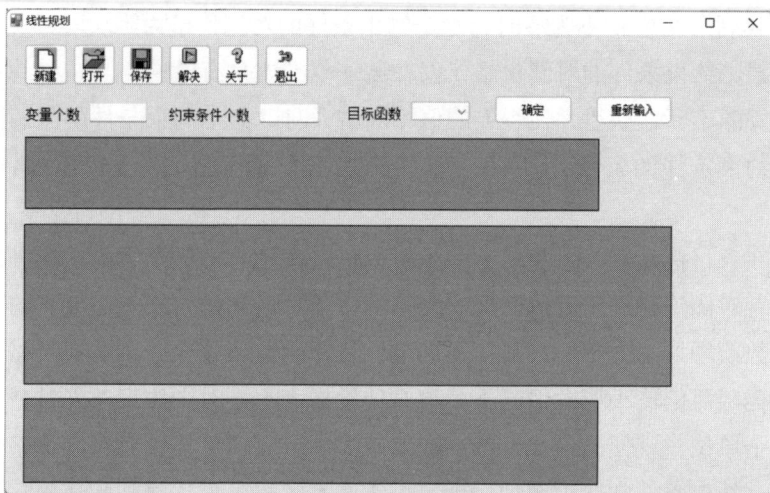

图 6 - 8 线性规划的开始界面

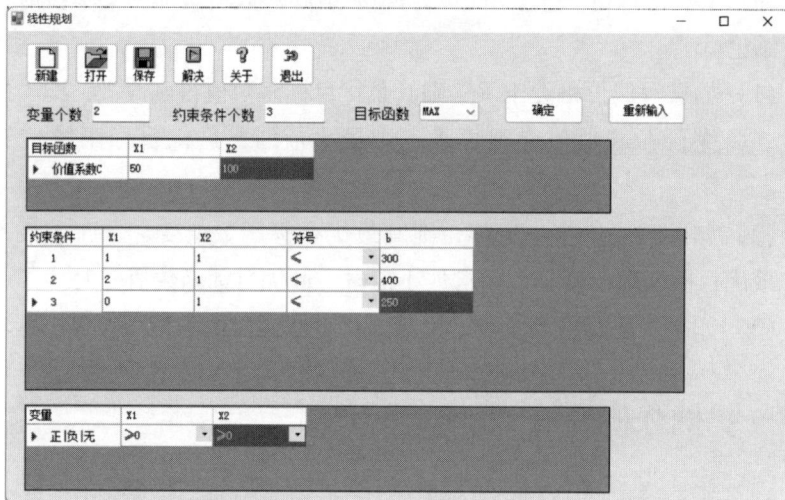

图 6 - 9 目标函数和约束条件

在输入中要注意以下两点。

（1）输入的系数可以是整数、小数，但不能是分数，要把分数先化为小数再输入。

（2）输入前先要合并同类项。

约束条件输入完毕后，请点击"解决"按钮，屏幕上将显现线性规划问题标准形式及计算步骤界面，如图 6 - 10 所示，把这个界面关闭，就得到结果，如图 6 – 11 所示。

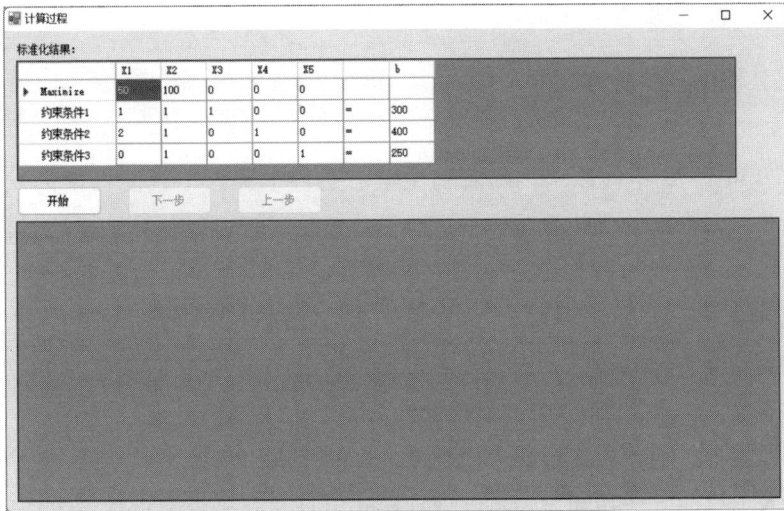

图 6 – 10　线性规划问题的标准化与求解过程

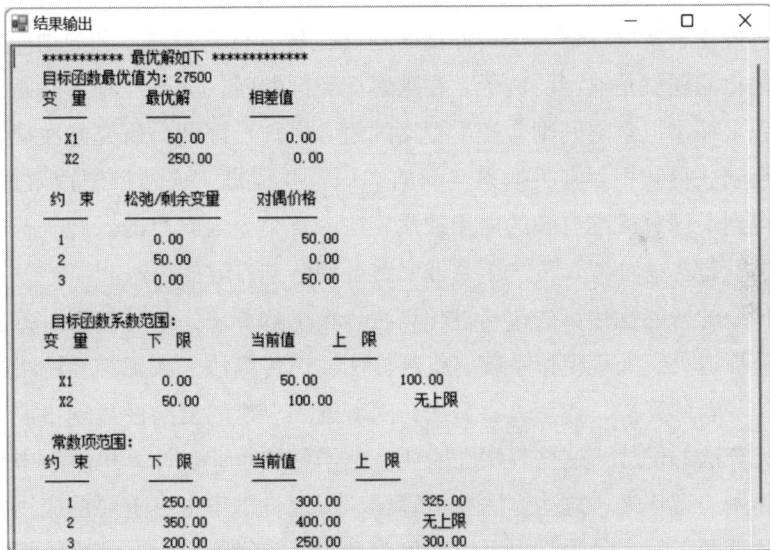

图 6 – 11　线性规划问题的求解结果

　　如果不关闭图 6 – 10 所显示的界面，点击"开始"按钮，并持续按动界面中的"下一步"按钮，界面将呈现求解的每个步骤，直至得到结果。为使读者更易掌握线性规划计算的全过程，方便软件计算，本线性规划使用了大 M 法以及数值分析方法，在线性规划问题逐步运算过程会有所体现。

6.4 智能优化方法

20 世纪 70 年代以来，随着仿生学、遗传学和人工智能科学的发展，形成了一系列新的优化算法——智能优化算法。智能优化算法是通过模拟某一自然现象或过程而建立起来的算法，它们具有适于高度并行、自组织、自学习与自适应等特征，为解决复杂问题提供了一种新的途径。它们不需要构造精确的数学方法，不需要进行繁杂的搜索，通过简单的信息传播和演变方法来得到问题的最优解。

近年来，随着人工智能应用领域的不断拓展，传统的基于符号处理机制的人工智能方法在知识表示、处理模式信息及解决组合爆炸等方面的局限越来越突出，这些困难甚至使某些学者对强人工智能提出了强烈批判。众所周知，在人工智能领域中，有不少问题需要在复杂而庞大的搜索空间中寻找最优解或准优解，像货郎担问题（也称旅行商问题）和规划问题等组合优化问题就是典型的例子。在求解此类问题时，若不能利用问题的固有知识来缩小搜索空间则会产生搜索的组合爆炸。因此，研究能在搜索过程中自动获得和积累有关搜索空间的知识，并能自适应地控制搜索过程，从而得到最优解或准有解的通用搜索算法一直是令人瞩目的课题。智能优化算法就是在这种背景下产生并经实践证明特别有效的算法。

传统的智能优化算法包括进化算法、粒子群算法、禁忌搜索、分散搜索、模拟退火、人工模拟系统、蚁群算法、遗传算法、人工神经网络技术等。一些新的算法，如萤火虫算法，随着遇到事物的复杂性显现出混合智能优化算法的优势。这些算法在农业、电子科技行业、计算机应用中有很大的作用。近年来，这些算法在运筹学、管理科学中也有重要的应用。另外，从近几年发表的论文也可以看出典型的智能优化算法在解决传统难题方面的优势及广泛应用，如在交通、物流、人工神经网络优化、生产调度、电力系统优化及电子科技行业的重要作用及应用。

6.4.1 智能优化方法的概念

智能优化算法又称为现代启发式算法，是一种具有全局优化性能，通用性强，且适合于并行处理的算法。这种算法一般具有严密的理论依据，而不是单纯凭借专家经验，理论上可以在一定的时间内找到最优解或近似最优解。

6.4.2　遗传算法

1. 遗传算法的基本原理

本节介绍一种经典的智能优化方法——遗传算法。

遗传算法（genetic algorithms，GA）是一种基于自然选择和基因遗传学原理，借鉴了生物进化优胜劣汰的自然选择机理和生物界繁衍进化的基因重组、突变的遗传机制的全局自适应概率搜索算法。

遗传算法是从一组随机产生的初始解（种群）开始，这个种群由经过基因编码的一定数量的个体组成，每个个体实际上是染色体带有特征的实体。染色体作为遗传物质的主要载体，其内部表现（即基因型）是某种基因组合，它决定了个体的外部表现。因此，从一开始就需要实现从表现型到基因型的映射，即编码工作。初始种群产生后，按照优胜劣汰的原理，逐代演化产生出越来越好的近似解。在每一代，根据问题域中个体的适应度大小选择个体，并借助自然遗传学的遗传算子进行组合交叉和变异，产生出代表新的解集的种群。这个过程将导致种群像自然进化一样，后代种群比前代更加适应环境，末代种群中的最优个体经过解码，可以作为问题近似最优解。

计算开始时，将实际问题的变量进行编码形成染色体，随机产生一定数目的个体，即种群，并计算每个个体的适应值，然后通过终止条件判断该初始解是否是最优解，若是则停止计算输出结果，若不是则通过遗传算子操作产生新的一代种群，回到计算群体中每个个体的适应值的部分，然后转到终止条件判断。这一过程循环执行，直到满足优化准则，最终产生问题的最优解。

2. 遗传算法的基本框架

（1）编码。由于遗传算法不能直接处理问题空间的参数，因此必须通过编码将要求解的问题表示成遗传空间的染色体或者个体。这一转换操作就叫作编码，也可以称作（问题的）表示（representation）。评估编码策略常采用以下 3 个规范。

完备性（completeness）：问题空间中的所有点（候选解）都能作为

GA 空间中的点（染色体）表现；

健全性（soundness）：GA 空间中的染色体能对应所有问题空间中的候选解；

非冗余性（nonredundancy）：染色体和候选解一一对应。

（2）适应度函数。进化论中的适应度，是表示某一个体对环境的适应能力，也表示该个体繁殖后代的能力。遗传算法的适应度函数也叫评价函数，是用来判断群体中的个体的优劣程度的指标，它是根据所求问题的目标函数来进行评估的。

遗传算法在搜索进化过程中一般不需要其他外部信息，仅用评估函数来评估个体或解的优劣，并作为以后遗传操作的依据。由于在遗传算法中，适应度函数要比较排序并在此基础上计算选择概率，所以适应度函数的值要取正值。由此可见，在不少场合，将目标函数映射成求最大值形式且函数值非负的适应度函数是必要的。

适应度函数的设计主要满足以下条件：

单值、连续、非负、最大化；

合理、一致性；

计算量小；

通用性强。

在具体应用中，适应度函数的设计要结合求解问题本身的要求而定。适应度函数设计直接影响到遗传算法的性能。

（3）初始群体选取。遗传算法中初始群体中的个体是随机产生的。一般来讲，初始群体的设定可采取如下策略：

根据问题固有知识，设法把握最优解所占空间在整个问题空间中的分布范围，然后，在此分布范围内设定初始群体。

先随机生成一定数目的个体，然后从中挑出最好的个体加到初始群体中。这种过程不断迭代，直到初始群体中个体数达到了预先确定的规模。

3. 遗传算法的运算过程

遗传算法的基本运算过程如下。

（1）初始化：设置进化代数计数器 $t=0$，设置最大进化代数 T，随机生成 M 个个体作为初始群体 $P(0)$。

（2）个体评价：计算群体 $P(t)$ 中各个个体的适应度。

（3）选择运算：将选择算子作用于群体。选择的目的是把优化的个体直接遗传到下一代或通过配对交叉产生新的个体再遗传到下一代。选择操作是建立在群体中个体的适应度评估基础上的。

（4）交叉运算：将交叉算子作用于群体。遗传算法中起核心作用的就是交叉算子。

（5）变异运算：将变异算子作用于群体。即是对群体中的个体串的某些基因座上的基因值作变动。群体 $P(t)$ 经过选择、交叉、变异运算之后得到下一代群体 $P(t+1)$。

（6）终止条件判断：若 $t=T$，则以进化过程中所得到的具有最大适应度个体作为最优解输出，终止计算。

4. 遗传算子

遗传操作包括以下三个基本遗传算子（genetic operator）：选择（selection）；交叉（crossover）；变异（mutation）。

（1）选择。从群体中选择优胜的个体，淘汰劣质个体的操作叫选择。选择算子有时又称为再生算子（reproduction operator）。选择的目的是把优化的个体（或解）直接遗传到下一代或通过配对交叉产生新的个体再遗传到下一代。选择操作是建立在群体中个体的适应度评估基础上的，常用的选择算子有以下几种：适应度比例方法、随机遍历抽样法、局部选择法。

（2）交叉。在自然界生物进化过程中起核心作用的是生物遗传基因的重组（加上变异）。同样，遗传算法中起核心作用的是遗传操作的交叉算子。所谓交叉是指把两个父代个体的部分结构加以替换重组而生成新个体的操作。通过交叉，遗传算法的搜索能力得以飞跃提高。

（3）变异。变异操作是指将个体染色体编码串中的某些基因座的基因值用该基因座的其他等位基因来替代，从而形成一个新的个体。变异运算是产生新个体的辅助方法，它和选择、交叉算子结合在一起，保证了遗传算法的有效性，使遗传算法具有局部的随机搜索能力，提高了遗传算法的搜索效率；同时使遗传算法保持种群的多样性，以防止出现早熟收敛。在变异操作中，为了保证个体变异后不会与其父体产生太大的差异，保证种群发展的稳定性，变异率不能取太大，如果变异率大于 0.5，遗传算法就变为随机搜索，遗传算法的一些重要的数学特性和搜索能力也就不存在了。

（4）终止条件。当最优个体的适应度达到给定的阈值，或者最优个体的适应度和群体适应度不再上升时，或者迭代次数达到预设的代数时，算法终止。预设的代数一般设置为 100 ~ 500 代。

5. 遗传算法的特点

（1）鲁棒性。遗传算法具有十分强的鲁棒性，比起传统优化方法，遗传算法有如下优点。

遗传算法以控制变量的编码作为运算对象。传统的优化算法往往直接利用控制变量的实际值的本身来进行优化运算，但遗传算法不是直接以控制变量的值，而是以控制变量的特定形式的编码为运算对象。这种对控制变量的编码处理方式，可以模仿自然界中生物的遗传和进化等机理，也使得我们可以方便地处理各种变量和应用遗传操作算子。

（2）遗传算法具有内在的本质并行性，它的并行性表现在两个方面。一是遗传算法的外在并行性，最简单的方式是让多台计算机各自进行独立种群的演化计算，最后选择最优个体。可以说，遗传算法适合在目前所有的并行机或分布式系统上进行并行计算处理。二是遗传算法的内在并行性，由于遗传算法采用种群的方式组织搜索，因而可同时搜索解空间内的多个区域，并相互交流信息。这样就使得搜索效率更高，也避免了使搜索过程陷入局部最优解。

（3）遗传算法直接以目标函数值作为搜索信息。在简单遗传算法中，基本上不用搜索空间的知识和其他辅助信息，而仅用目标函数即适应度函数来评估个体解的优劣，且适应度函数不受连续可微的约束，对该函数和控制变量的约束极少。对适应度函数唯一的要求就是对于输入能够计算出可比较的输出。

（4）遗传算法是采用概率的变迁规则来指导它的搜索方向，其搜索过程朝着搜索空间的更优化的解区域移动，它的方向性使得它的效率远远高于一般的随机算法。遗传算法在解空间内进行充分的搜索，但不是盲目的穷举或试探，由于选择操作以适应度为依据，因此它的搜索性能往往优于其他优化算法。

（5）原理简单，操作方便，占用内存少，适用于计算机进行大规模计算，尤其适合处理传统搜索方法难以解决的大规模、非线性组合复杂优化问题。

（6）由于遗传基因串码的不连续性，所以遗传算法处理非连续混合整数规划时有其独特的优越性，而且使得遗传算法对某些病态结构问题具有很好的处理能力。

（7）遗传算法同其他算法有较好的兼容性。如可以用其他的算法求初始解；在每一代种群，可以用其他的方法求解下一代新种群。

（8）遗传算法也存在一些缺点。

遗传算法是一类随机搜索型算法，而非确定性迭代过程描述，这种方式必然会导致较低的计算效率。

对简单遗传算法的数值试验表明，算法经常出现过早收敛现象。

遗传和变异的完全随机性虽然保证了进化的搜索功能，但是这种随机变化也使得好的优良个体的性态被过早破坏，降低了各代的平均适应值。

6. 遗传算法实例

求解一个决策变量为 x_1 和 x_2 的优化问题：

$$\min f(x) = 100 \times (x_1^2 - x_2)^2 + (1 - x_1)^2$$

x 满足以下两个非线性约束条件和限制条件：

$$x_1 \times x_2 + x_1 - x_2 + 1.5 \leq 0,$$

$$10 - x_1 \times x_2 \leq 0,$$

$$0 \leq x_1 \leq 1$$

$$0 \leq x_2 \leq 13$$

现在我们就尝试用遗传算法来求解这个优化问题。

首先，用 MATLAB 编写一个命名为 simple_fitness. m 的函数，代码如下：

```
function y = simple_fitness(x)
y = 100 * [x(1)^2 - x(2)]^2 + [1 - x(1)]^2;
```

MATLAB 中可用 ga 这个函数来求解遗传算法问题，ga 函数中假设目标函数中的输入变量的个数与决策变量的个数一致，其返回值为对某组输入按照目标函数的形式进行计算而得到的数值。

对于约束条件，同样可以创建一个命名为 simple_constraint. m 的函数来表示，其代码如下：

```
function[c,ceq] = simple_constraint(x)
C = [1.5 + x(1) * x(2) + x(1) - x(2);
 -x(1) * x(2) + 10];
ceq = [];
```

这些约束条件也是假设输入的变量个数等于所有决策变量的个数，然后计算所有约束函数中不等式两边的值，并返回给向量 c 和 ceq。

为了尽量减小遗传算法的搜索空间，尽量给每个决策变量指定它们各自的定义域，在 ga 函数中是通过设置它们的上下限，也就是 LB 和 UB 来实现。

通过前面的设置，现在就可以直接调用 ga 函数来实现用遗传算法对以上优化问题的求解，代码如下：

```
objective Function = @ simple_fitness;
nvars = 2;% Number of variables
LB = [0 0];% Lower bound
UB = [1 13];% Upper bound
ConstraintFunction = @ simple_constraint;
[x,fval] = ga(ObjectiveFunction,nvars,[ ],[ ],[ ],[ ],LB,UB,ConstraintFunction)
```

执行以上函数可以得到以下结果：

```
x =
    0.8122   12.3122
fval =
    1.3578e+04
```

6.4.3　其他常用的智能优化方法

目前，在工业界和科研领域，其他常用的智能优化算法主要有以下 4 个。

1. 模拟退火算法

模拟退火算法（simulated annealing，SA）最早由柯克帕特里克（Kirkpatrick）等应用于组合优化领域，它是基于 Mente-Carlo 迭代求解策略的一种随机寻优算法，其出发点是物理中固体物质的退火过程与一般组合优化问题之间的相似性。模拟退火算法从某一较高初温出发，伴随温度参数的不断下降，结合概率突跳特性在解空间中随机寻找目标函数的全局最优解，即在局部最优解能概率性地跳出并最终趋于全局最优。模拟退火算法是一种通用的优化算法，理论上该算法具有概率的全局优化性能，目前已在诸如 VLSI、生产调度、控制工程、机器学习、神经网络、信号处理等领域中得到了广泛应用。

2. 粒子群算法

粒子群优化算法（particle swarm optimization，PSO）又翻译为粒子群算法、微粒群算法或微粒群优化算法，是通过模拟鸟群觅食行为而发展起来的一种基于群体协作的随机搜索算法。通常认为它是群集智能（swarm intelligence，SI）的一种。它可以被纳入多主体优化系统（multiagent optimization system，MAOS），是由埃伯哈特（Eberhart）博士和肯尼迪（Kennedy）博士发明的。一群鸟在随机搜索食物，在这个区域里只有一块食物，所有的鸟都不知道食物在哪里，但是它们知道当前的位置离食物还有多远。那么找到食物的最优策略是什么呢？最简单有效的方法就是搜寻目前离食物最近的鸟的周围区域。PSO 从这种模型中得到启示并用于解决优化问题。PSO 中，每个优化问题的解都相当于搜索空间中的一只鸟。我们称之为“粒子”。所有的粒子都有一个由被优化的函数决定的适应值（fitness value），每个粒子还有一个速度决定它们飞翔的方向和距离。然后粒子们就追随当前的最优粒子在解空间中搜索。PSO 初始化为一群随机粒子（随机解），然后通过迭代找到最优解，在每一次迭代中，粒子通过跟踪两个极值来更新自己。一个就是粒子本身所找到的最优解，这个解叫作个体极值 pBest，另一个极值是整个种群目前找到的最优解，这个极值是全局极值 gBest。另外也可以不用整个种群而只是用其中一部分最优粒子的邻居，那么在所有邻居中的极值就是局部极值。

3. 蚁群算法

蚁群算法的基本原理来源于自然界蚂蚁觅食的最短路径原理，昆虫学家观察发现自然界的蚂蚁虽然视觉不发达，但它可以在没有任何提示的情况下找到从食物源到巢穴的最短路径，并且能在环境发生变化（如原有路径上有了障碍物）后，自适应地搜索新的最佳路径。蚂蚁是如何做到这一点的呢？原来，蚂蚁在寻找食物源时，能在其走过的路径上释放一种蚂蚁特有的分泌物——信息激素，也可称为信息素，使得一定范围内的其他蚂蚁能够察觉到并由此影响它们以后的行为。当一些路径上通过的蚂蚁越来越多时，其留下的信息素也越来越多，以致信息素强度增大（当然，随时间的推移会逐渐减弱），所以蚂蚁选择该路径的概率也越高，从而更增加了该路径的信息素强度，这种选择过程被称为蚂蚁的自催化行为。由于其原理是一种正反馈机制，因此，也可将蚂蚁王国理解为所谓的增强型学习系统。

4. 禁忌搜索算法

禁忌搜索算法（tabu search 或 taboo search，简称 TS 算法）是一种全局性邻域搜索算法，模拟人类具有记忆功能的寻优特征。它通过局部邻域搜索机制和相应的禁忌准则来避免迂回搜索，并通过破禁水平来释放一些被禁忌的优良状态，进而保证多样化的有效探索，以最终实现全局优化。禁忌搜索（tabu search 或 taboo search，简称 TS）的思想最早由弗雷德·格洛福（Fred Glover，美国工程院院士，科罗拉多大学教授）提出，它是对局部领域搜索的一种扩展，是一种全局逐步寻优算法，是对人类智力应用过程的一种模拟。TS 算法通过引入一个灵活的存储结构和相应的禁忌准则来避免迂回搜索，并通过藐视准则来赦免一些被禁忌的优良状态，进而保证多样化的有效探索以最终实现全局优化。相对于模拟退火和遗传算法，TS 是又一种搜索特点不同的 meta-heuristic 算法。迄今为止，TS 算法在组合优化、生产调度、机器学习、电路设计和神经网络等领域取得了很大的成功，近年来又在函数全局优化方面得到较多的研究。

本章小结

本章首先阐述了商务决策与管理中问题解决的过程，按照要解决的问题的差别，归纳了运筹学的各个分支和数学模型，并说明运筹学在商务数据分析中的应用，包括生产计划、库存管理、运输问题、人事管理、市场营销、财务和会计等方面。

其次，介绍了线性规划问题和图解法。线性规划是运筹学的一个重要分支，它是现代科学管理的重要手段之一，是帮助管理者做出决策的一个有效的方法。通过"管理运筹学 3.5"软件，演示了线性规划问题的求解过程。

最后，介绍了智能优化方法。详细阐述了遗传算法的基本原理、框架、计算过程和特点，并通过 MATLAB 演示通过遗传算法解决优化问题的实例。此外，还介绍了其他常用的智能优化方法。智能优化方法是通过模拟某一自然现象或过程而建立起来的，它们具有适于高度并行、自组织、自学习与自适应等特征，为解决复杂问题提供了一种新的途径。

复 习 题

1. 什么是线性规划？

2. 什么是可行域？

3. 某人承揽一项业务，需做文字标牌 2 个、绘画标牌 4 个，现有两种规格的原料，甲种规格每张 300 元，可做文字标牌 1 个、绘画标牌 2 个，乙种规格每张 200 元，可做文字标牌 2 个、绘画标牌 1 个。求两种规格的原料各用多少张，才能既完成业务又使总的费用最小？

4. 某蔬菜收购点租用车辆将 100 吨新鲜黄瓜运往某市销售，可供租用的大卡车和农用车分别为 10 辆和 20 辆。若每辆卡车载重 8 吨，运费 960 元，每辆农用车载重 2.5 吨，运费 360 元，问大卡车和农用车这两种车各租多少辆时，可全部运完黄瓜且运费最低？最低费用为多少？

5. 什么是遗传算法？

6. 商务数据分析中常用的智能优化方法有哪些？

第 7 章

商务数据分析的未来与管理思考

📑 **本章学习目标**

1. 了解商务数据分析中的新兴信息技术。
2. 理解商务数据分析对组织的影响。
3. 了解商务数据分析中涉及的法律、隐私和道德问题。

☞ **引例**

为三明治定位目标客户

连锁快餐店奎兹诺斯（Quiznos）在俄勒冈州波特兰市针对科技达人和忙碌的消费者进行了一次基于位置的移动营销活动。Quiznos 利用 Sense Network 平台，分析移动用户在具体时间段的位置特征，并根据他们消费习惯的行为属性获取用户特征。

通过对用户资料进行预测性分析，Quiznos 采用了基于位置的行为定位，从而缩小了最可能光顾快餐店的用户特征。Quiznos 的广告活动持续了两个月，而且只针对在过去 30 天中去过快餐店、距离 Quiznos 3 英里内、年龄在 18～34 岁的潜在顾客。根据客户的位置，利用相关的本地优惠券广告。该活动给 Quiznos 带来了 370 多万新顾客，而且在波特兰地区的优惠券兑换率提高了 20%。

问题思考：

1. 基于位置的分析如何帮助零售业定位目标客户？
2. 研究零售领域基于位置分析的相似案例。

7.1　新兴信息技术与商务数据分析

7.1.1　大数据

随着移动互联网、云计算、物联网等技术在人们日常生活和工作中的应用越来越普及各类数据呈现爆炸式的增长。据国际数据公司（International Data Corporation，IDC）预测，到 2024 年，全球的数据总量将以 26% 的年均复合增长率增长到 142.6ZB，地球上每个人将产生 5 200GB 的数据。如何利用和分析这些数据，成为大数据时代数据挖掘的主要任务。

1. 大数据时代数据挖掘的特点

大数据时代的数据挖掘（大数据挖掘）以数据仓库为基础，采用机器学习算法，自动发掘知识，因此大数据挖掘是传统数据挖掘的演化，是传统手工作业形式数据分析的现代化大工业形式。大数据挖掘通过对传统数据分析的知识、算法和思路重新进行组织，更有效地挖掘数据的价值。

大数据挖掘作为数据处理的核心，主要处理以下三类数据。

一是为满足应用需求而产生的数据。这些数据主要包括交易系统的实时流式数据和结算系统的批量块数据。此类数据以文件数据和关系数据为主，占到总数据量的 10%。

二是应用系统衍生的行为所产生的数据、互联网产生的关联数据等。此类数据格式以 XML、HTML、Log 和 Tag 为主，多为半结构化和非结构化数据，这些数据占总数据量的 30%。

三是运行机器产生的大量日志数据，如网络爬虫爬取的大量非结构化文本数据等。此类数据在传统架构的解决方案中由于数据量巨大而被忽略，但这些数据已占到总数据量的 60% 以上。

面对来自不同数据源的大量复杂数据，大数据挖掘的核心是挖掘数据的价值。企业在实施大数据时并不清楚数据可能带来的直观效益，因此只有在数据挖掘过程中对数据进行灵活的导入、整合和预处理，才能将企业的业务需求和数据挖掘有效地联系起来。由此可见，开发与建立计算平台和工具，帮助数据分析人员快速有效地执行分析任务，是大数据挖掘应用中最需要解决的问题。

2. 大数据挖掘与传统数据挖掘的区别

传统数据挖掘与大数据挖掘的区别体现在以下几个方面。

（1）传统数据挖掘是在有限的数据中寻找有价值的规律，而大数据挖掘更多地体现了数据"高维、海量和实时"的特点。传统数据挖掘很难解决这些数据量大、数据源复杂、数据维度高且更新迅速的数据，因此大数据挖掘更多的是从算法（提升算法对大数据的处理能力）、方案的框架（分解任务，对大数据进行分解，通过提取若干小单元的规律，将重复的数据加以整合等）等方面对传统数据挖掘进行改进。

（2）传统数据挖掘以数学处理为基础，通过一定的假设去挖掘信息、发现知识，因此传统数据挖掘是一个以假设检验为基础，通过人们手工作业进行数据分析的过程。同时，传统数据挖掘主要是对数值进行处理，通常无法处理词语、图片和观察结果等非结构化数据，而大数据挖掘更多的是处理非结构化和半结构化数据。

（3）由于数据有限，传统数据挖掘主要利用数据抽样的方法，从假设到验证来分析数据之间的关系。大数据挖掘则将全部数据作为样本，采用机器学习的算法来分析数据之间可能存在的直接和间接关系，自动发现知识。因此，大数据挖掘不能利用普通的数据库，它必须建立在数据仓库和分布式存储的基础上。同时，大数据挖掘对数据实时性处理的要求较高。

7.1.2　人工智能

人工智能的发展对商务数据分析产生了深远的影响。以下是几个方面的具体影响。

更准确的数据分析。人工智能技术，尤其是深度学习算法，可以更准确地分析大量数据，发现其中的规律和趋势。这可以提高商务数据分析的准确性和可信度，帮助企业制定更明智的商业决策。

更高效的数据处理。人工智能可以自动处理和分析大量数据，大大提高了商务数据处理的效率和准确性。这可以减少人工干预和错误，提高数据分析的准确性和可靠性。

更智能的推荐系统。通过人工智能技术，电商平台可以根据用户的购买记录、浏览偏好等数据，提供更智能的推荐服务。这可以提高用户体验和购买率，促进商务销售的增长。

更完善的客户服务。人工智能技术可以用于客服领域，自动回答用户的问题和解决纠纷，提高客户满意度和服务效率。这可以帮助企业建立更好的客户关系，提高客户忠诚度和业务稳定性。

更精细的数据管理。人工智能可以帮助企业更好地管理数据，包括数据的收集、存储、分析和保护。这可以提高数据的安全性和可靠性，为企业制定更明智的商业决策提供更好的数据支持。

综上所述，人工智能的发展对商务数据分析产生了深远的影响，可以提供更准确、高效、智能的数据处理和分析，帮助企业制定更明智的商业决策，建立更好的客户关系，提高运营效率和盈利能力。

7.1.3　物联网

"物联网概念"是在"互联网概念"的基础上，将其用户端延伸和扩展到任何物品与物品之间进行信息交换和通信的一种网络概念。具体而言，物联网（internet of things）是一个基于互联网、传统电信网等信息承载体，让所有能够被独立寻址的普通物理对象实现互联互通的网络。它具有普通对象设备化、自治终端互联化和普适服务智能化三个重要特征。

工业企业中生产线处于高速运转，由工业设备所产生、采集和处理的数据量远大于企业中计算机和人工产生的数据，从数据类型看也多是非结构化数据，生产线的高速运转则对数据的实时性要求也更高，物联网环境下商务数据分析有以下七大应用。

1. 加速产品创新

客户与工业企业之间的交互和交易行为将产生大量数据，挖掘和分析这些客户动态数据，能够帮助客户参与到产品的需求分析和产品设计等创新活动中，为产品创新做贡献。例如福特公司将大数据技术应用到了福特福克斯电动车的产品创新和优化中，使这款车成为一款名副其实的"大数据电动车"。第一代福特福克斯电动车在驾驶和停车时产生大量数据。在行驶中，司机持续地更新车辆的加速度、刹车、电池充电和位置信息，这对于司机很有用，但数据也传回福特工程师那里，以了解客户的驾驶习惯，包括如何、何时以及何处充电。即使车辆处于静止状态，它也会持续将车辆胎压和电池系统的数据传送给绑定的智能手机。

这种以客户为中心的大数据应用场景具有多方面的好处，因为大数据实现了新型产品创新和协作方式。司机获得有用的最新信息，而福特公司的工程师汇总关于驾驶行为的信息，以了解客户、制订产品改进计划，并实施新产品创新。而且，电力公司和其他第三方供应商也可以分析驾驶数据，以决定在何处建立新的充电站，以及如何防止脆弱的电网超负荷运转。

2. 快速产品故障诊断与精确预测

这可以被用于产品售后服务与产品改进。无处不在的传感器、互联网技术的引入使得产品故障实时诊断变为现实，大数据应用、建模与仿真技术则使得预测动态性成为可能。在马航 MH370 失联客机搜寻过程中，波音公司获取的发动机运转数据对于确定飞机的失联路径起到了关键作用。我们就拿波音公司飞机系统作为案例，看看大数据应用在产品故障诊断中如何发挥作用。在波音的飞机上，发动机、燃油系统、液压和电力系统等数以百计的变量组成了在航状态，这些数据不到几微秒就被测量和发送一次。以波音 737 飞机为例，发动机在飞行中每 30 分钟就会产生 10TB 数据。这些数据不仅仅是未来某个时间点能够分析的工程遥测数据，而且还促进了实时自适应控制、燃油使用、零件故障预测和飞行员通报，能有效实现故障诊断和预测。

再看一个通用电气（GE）的例子，位于美国亚特兰大的 GE 能源监测和诊断（M&D）中心，收集全球 50 多个国家上千台 GE 燃气轮机的数据，每天就能收集 10G 的数据，通过分析来自系统内的传感器振动和温度信号的恒定大数据流，这些大数据分析将为 GE 公司对燃气轮机故障诊断和预警提供支撑。风力涡轮机制造商 Vestas 也通过对天气数据及涡轮仪表数据进行交叉分析，从而对风力涡轮机布局进行改善，由此增加了风力涡轮机的电力输出水平并延长了服务寿命。

3. 工业物联网生产线的大数据应用

现代化工业制造生产线安装有数以千计的小型传感器，来探测温度、压力、热能、振动和噪声。每隔几秒就收集一次数据，利用这些数据可以实现很多形式的分析，包括设备诊断、用电量分析、能耗分析、质量事故分析（包括违反生产规定、零部件故障）等。首先，在生产工艺改进方面，在生产过程中使用这些大数据，能分析整个生产流程，了解每个环节是如何执行的。一旦有某个流程偏离了标准工艺，就会产生一个报警信号，能更快速地发现错误或者瓶颈所在，也就能更容易解决问题。利用大数据技术，还可以对工业产品的生产过程建立虚拟模型，仿真并优化生产流程，当所有流程和绩效数据都能在系统中重建时，这将有助于制造商改进其生产流程。在能耗分析方面，在设备生产过程中利用传感器集中监控所有的生产流程，能够发现能耗的异常或峰值情形，由此便可在生产过程中优化能源的消耗。

4. 工业供应链的分析与优化

大数据分析已经成为很多电子商务企业提升供应链竞争力的重要手段。例如，电子商务企业京东商城通过大数据提前分析和预测各地商品需求量，从而提高配送和仓储的效能，保证了次日货到的客户体验。RFID等产品电子标识技术、物联网技术以及移动互联网技术能帮助工业企业获得完整的产品供应链的大数据，利用这些数据进行分析，将带来仓储、配送、销售效率的大幅提升和成本的大幅下降。

以海尔公司为例，海尔公司供应链体系很完善，它以市场链为纽带，以订单信息流为中心，带动物流和资金流的运动，整合全球供应链资源和全球用户资源。在海尔供应链的各个环节，客户数据、企业内部数据、供应商数据被汇总到供应链体系中，通过供应链上的大数据采集和分析，海尔公司能够持续进行供应链改进和优化，保证了海尔对客户的敏捷响应。美国较大的 OEM 供应商超过千家，为制造企业提供超过 1 万种不同的产品，每家厂商都依靠市场预测和其他不同的变量，如销售数据、市场信息、展会、新闻、竞争对手的数据，甚至天气预报等来销售自己的产品。

利用销售数据、产品的传感器数据和出自供应商数据库的数据，工业制造企业便可准确地预测全球不同区域的需求。由于可以跟踪库存和销售价格，可以在价格下跌时买进，制造企业便可节约大量的成本。如果再利用产品中传感器所产生的数据，知道产品出了什么故障、哪里需要配件，还可以预测何处以及何时需要零件。这将会极大地减少库存，优化供应链。

5. 产品销售预测与需求管理

大数据是一个很好的销售分析工具，通过历史数据的多维度组合，可以看出区域性需求占比和变化、产品品类在市场的受欢迎程度以及最常见的组合形式、消费者的层次等，据以调整产品策略和铺货策略。在某些分析中可以发现，在开学季高校较多的城市对文具的需求会高很多，这样厂家可以加大对这些城市经销商的促销，吸引他们在开学季多订货，同时在开学季之前一两个月开始产能规划，以满足促销需求。在产品开发方面，通过消费人群的关注点进行产品功能、性能的调整，如几年前大家喜欢用音乐手机，而现在大家更倾向于用手机上网、拍照、分享等，手机的拍照功能提升就是一个趋势，手机的智能化越来越重要。通过大数据对一些市场细节进行分析，可以找到更多的潜在销售机会。

6. 产品计划与排程

面对制造业多品种小批量的生产模式，数据的精细化自动及时方便地采集（MES/DCS）及多变性导致数据剧烈增大，再加上历史数据，对于需要快速响应的厂商来说，是一个巨大的挑战。大数据可以给予厂商更详细的数据信息，发现历史预测与实际的偏差概率，考虑产能约束、人员技能约束、物料可用约束、工装模具约束，通过智能的优化算法，制定预计划排产，并监控计划与现场实际的偏差，动态地调整计划排产。帮厂商规避"画像"的缺陷，直接将群体特征直接强加给个体（工作中心数据直接改变为具体一个设备、人员、模具等数据），通过数据的关联分析，大数据变成强大的武器。

7. 产品质量管理与分析

传统的制造业正面临着大数据的冲击，在产品研发、工艺设计、质量管理、生产运营等各方面都迫切期待有创新来应对工业背景下的挑战。例如在半导体行业，芯片在生产过程中会经历许多次掺杂、增层、光刻和热处理等复杂的工艺制程，每一步都必须达到极其苛刻的物理特性要求，高度自动化的设备在加工产品的同时，也同步生成了庞大的检测结果。从海量数据中准确地发现产品良率波动的关键原因，是一个困扰半导体工程师们多年的技术难题。

某半导体科技公司生产的晶圆在经过测试环节后，每天都会产生包含一百多个测试项目、长度达几百万行测试记录的数据集。按照质量管理的基本要求，一个必不可少的工作就是针对这些技术规格要求各异的一百多个测试项目分别进行一次过程能力分析。如果按照传统的工作模式，需要按部就班地分别计算一百多个过程能力指数，对各项质量特性一一进行考核。这里暂且不论工作量的庞大与烦琐，哪怕有人能够解决计算量的问题，也很难从这一百多个过程能力指数中看出它们之间的关联性，更难对产品的总体质量性能有一个全面的认识与总结。然而，如果利用大数据质量管理分析平台，除了可以快速地得到一个长长的传统单一指标的过程能力分析报表之外，还可以从该大数据集中得到很多崭新的分析结果。

7.2　商务数据分析对组织的影响

商务数据分析在当今的商业环境中扮演着越来越重要的角色。通过对大量的商务数据进行分析，企业可以更好地了解市场趋势、客户需求、竞争对手状况等，从而制定出更加精准和有效的商业策略。商务数据分析对组织的影响主要体现在以下几个方面。

（1）提高决策效率。商务数据分析可以帮助企业更快地获取关键信息，从而减少决策者在收集和分析数据上所花费的时间，这使得企业能够迅速做出明智的决策，提高决策效率。

（2）优化资源配置。通过对商务数据的分析，企业可以更好地了解资源的使用情况，从而有针对性地调整资源分配，这有助于企业实现资源的最大化利用，降低成本，提高盈利能力。

（3）提高竞争力。商务数据分析可以帮助企业发现市场机会和潜在威胁，从而制定出更具竞争力的战略。此外，通过对竞争对手的分析，企业可以更好地了解其优势和劣势，从而制定出有针对性的竞争策略。

（4）提升客户满意度。通过对客户数据的分析，企业可以更好地了解客户需求和喜好，从而提供更加个性化的产品和服务，这将有助于提升客户满意度，增强客户忠诚度。

（5）促进创新。商务数据分析可以帮助企业发现新的商业模式和产品创意，从而推动企业的创新发展。通过对市场趋势、技术发展等方面的分析，企业可以及时调整自身战略，抢占市场先机。

（6）提高组织协同效应。商务数据分析可以帮助企业更好地了解各个部门之间的协作状况，从而提高组织协同效应。通过对数据的分析，企业可以发现潜在的协同点，促进部门之间的沟通与合作。

（7）培养数据驱动文化。商务数据分析的广泛应用将有助于培养企业内部的数据驱动文化。员工将更加重视数据的价值，学会运用数据进行决策，从而提高整个组织的数据分析能力。

总之，商务数据分析对组织具有重要的影响，企业应当重视商务数据分析的应用，将其作为提升组织竞争力的重要手段。

7.3　商务数据分析在组织结构调整中的作用

商务数据分析在组织结构调整中具有重要作用。

（1）诊断分析。商务数据分析可以对企业整个组织架构进行分析，从而发现企业的经营风险和其他因素，及时识别并处理企业中存在的问题，使企业能在更有效的管理中取得更好的业绩。

（2）运营决策。商务数据分析能帮助企业更全面、深入地分析市场，发现市场变化的趋势，分析企业的竞争力，并从客观、全面的角度研究其他企业或行业的商业策略，从而提高决策效率，准确、正确地制定商业策略，从而实现企业的增益最大化，减少无效投资。

（3）战略安排。商务数据分析可以帮助企业实现可视化，以更全面、深入的角度分析客户、供应商和市场，对实际情况进行评估，从客户流失率、客户满意度、市场份额等多种营销要素，及时掌握市场投资风险和商业战略，提高企业竞争力，改善企业的营销和客户服务表现。

（4）关系管理。商务数据分析可以帮助企业更好地管理客户关系，对客户的行为和需求进行全面统计分析，根据客户的偏好、行为等特征，更有针对性地解决客户需求，从而提高客户的忠诚度，促进企业营销活动的效率和有效性，实现激活客户价值，进而为企业持续创造客户价值，提升企业的经济效益。

（5）营销分析。商业数据分析能够评估企业营销活动的效果，以及不同产品、季节性等营销的消费者购买行为，重新定位企业的营销活动，从而更有效地节省营销成本，更有效地利用营销资源，从而达到提高企业效率和收益最大化的目的。

综上所述，商务数据分析在组织结构调整中具有决策支持、优化运营、战略规划、客户关系管理和营销策略分析等重要作用。

7.4　法律、隐私和道德问题

数据分析涉及一些重要的法律、隐私和道德问题，以下提供一些有代表性的例子。

7.4.1　法律问题

随着《数据安全法》和《个人信息保护法》的出台，我国数据活动的监管和个人信息的保护迎来了新时代，数据和信息安全也将会得到愈发全面的保护，个人用户的数据和信息安全问题将更加受到监管部门的重点关注，也是涉数据企业紧跟时代步伐做好数据合规的基础。

《数据安全法》明确了企业开展数据处理活动的安全保护义务，具体包括建立健全全流程数据安全管理制度；采取保障数据安全的必要技术措施；进行数据安全风险监测及处置措施；定期开展风险评估；采取合法、正当方式收集数据，并在法律、行政法规规定的目的和范围内收集、使用数据，不得超过必要限度等。

《个人信息保护法》则要求电商平台在提供系统服务时，建立健全个人信息保护合规制度体系，将个人信息保护合规要求嵌入产品全生命周期管理，按要求更新合规义务清单，排查合规风险盲点。同时内部应任命专门人员负责个人信息保护合规事宜，并下设数据合规部门，完善配套合规指引，依法守护企业数据合规红线。我国《个人信息保护法》彰显了国际个人信息保护的域外效力趋势，从事"以向境内自然人提供产品或者服务为目的"的跨境电商主体即使营业场所在境外，也应遵守《个人信息保护法》的规定保护在我国境内获取的一切个人信息。

7.4.2　隐私保护

商务数据分析是一个涉及大量敏感信息的过程，包括客户数据、销售数据、市场数据等。在这个过程中，隐私保护是一个重要的问题，需要采取有效的措施来保护数据的隐私。本章将对商务数据分析过程中的隐私保护问题进行分析，并提出相应的对策。

1. 商务数据分析过程中的隐私保护问题

（1）数据收集过程中的隐私泄露。在商务数据分析过程中，数据主要通过问卷调查、用户行为记录、交易记录等方式收集，这些方式在收集数据的过程中，可能会泄露用户的隐私信息，如姓名、联系方式、消费习惯等。

（2）数据处理过程中的隐私泄露。在数据处理过程中，由于数据分析工具的使用，可能会导致敏感信息的泄露。例如，使用数据分析工具对数据进行清洗、整合、挖掘等操作时，可能会暴露出用户的隐私信息。

（3）数据共享过程中的隐私泄露。在商务数据分析过程中，数据往往需要在不同部门、不同系统之间进行共享。在这个过程中，如果没有采取有效的隐私保护措施，可能会导致数据泄露，从而影响用户的隐私权益。

（4）数据存储过程中的隐私泄露。在商务数据分析过程中，数据需要进行长期存储。如果数据存储方式不当，可能会导致数据的泄露。例如，将敏感数据存储在不安全的服务器上，可能会导致数据的泄露。

2. 商务数据分析过程中的隐私保护对策

（1）加强数据收集过程中的隐私保护。在进行数据收集时，应尽量减少收集敏感信息的数量和范围，避免在收集过程中泄露用户的隐私信息。此外，还可以采用匿名化处理、脱敏处理等方式，保护用户隐私。

（2）提高数据处理过程中的隐私保护水平。在使用数据分析工具进行处理时，应选择具有隐私保护功能的工具，并确保工具的正确使用，同时，加强对数据处理过程的监控，防止隐私信息的泄露。

（3）严格数据共享过程中的隐私保护管理。在进行数据共享时，应制定严格的数据共享政策，明确数据共享的范围、权限、责任等问题。同时，还应加强对数据共享过程的监控，确保数据安全。

（4）加强数据存储过程中的隐私保护。在进行数据存储时，应选择安全可靠的数据存储方式，如加密存储、访问控制等，定期对数据存储设备进行安全检查，防止数据泄露。

商务数据分析过程中的隐私保护问题是一个复杂而重要的问题。企业和机构应高度重视这一问题，采取有效的措施，保护用户隐私、维护用户权益。

7.4.3　决策中的道德风险和防范措施

商务数据分析与决策过程中的道德问题主要涉及隐私权、透明度、公平性和数据产权等问题。这些问题在大数据时代尤为突出，它们直接影响企业的运营和消费者的利益。

1. 大数据杀熟

大数据杀熟是指企业通过收集和分析消费者的个人信息，了解他们的消费习惯和偏好，然后根据这些信息提供不同的价格或服务。这种行为可能会导致被视为"高价值"的消费者支付更高的价格，这不仅侵犯了消费者的隐私权，也违反了市场的公平竞争原则。

从企业角度来看，应该采取措施来避免大数据杀熟。首先，不可滥用个人信息进行定价。企业应该使用匿名数据来进行定价，以避免对消费者进行"针对性"定价。其次，企业应该公开其算法，以便消费者了解其如何使用数据来进行定价。再次，企业应该限制其数据使用范围，以避免对消费者进行"针对性"定价。最后，企业应该遵守相关法律法规，确保自己不会进行大数据杀熟行为。

2. 透明度

透明度是指在数据处理和决策过程中，企业和消费者能够看到和理解商务数据分析的过程和结果。透明度可以帮助消费者了解自己的数据被如何使用，也可以帮助企业证明自己的决策是基于客观和公正的数据。企业应该提供清晰、透明的数据处理和决策过程。同时，企业也应该遵守相关法律法规，保护消费者的隐私权。

3. 大数据产权

大数据产权是指在数据处理和利用过程中，数据所有者拥有的权利，包括数据的收集、存储、使用和分享等权利。在商务数据分析中，产权问题主要涉及数据的所有权和使用权。企业应该尊重数据的所有权，不应该未经许可就收集和使用数据。同时，企业也应该尊重数据的使用权，不应该无理由地阻止数据的使用和分享。

总的来说，商务数据分析与决策过程中的道德问题需要企业和消费者共同努力来解决。企业应该尊重消费者的隐私和公平性，提供透明和公正的服务。消费者也应该了解自己的权利，保护自己的隐私和利益。

本章小结

本章介绍了大数据和物联网等新兴信息技术的特点以及在商务数据分析中的应用。随着移动互联网、云计算、物联网等技术在人们日常生活和工作中应用的普及，各类数据呈现爆炸式的增长，需要研究新兴信息技术对商务数据分析的影响。本章探讨了商务数据分析对组织的影响，包括对组织结构、重构业务流程、工作满意度、工作压力和焦虑以及管理人员活动和绩效的影响。本章还探讨了商务数据分析可能涉及的法律问题、隐私保护和道德问题等内容，这些内容对商务数据分析的未来发展与应用将产生深远的影响。

复 习 题

1. 大数据挖掘与传统数据挖掘的区别有哪些?
2. 试举例说明物联网环境下商务数据分析的应用。
3. 浅谈商务数据分析对企业的影响。
4. 如何在商务数据分析过程中保护消费者隐私?